ENTSCHEIDUNGSFOLGEN
ALS RECHTSGRÜNDE

結果志向の法思考
利益衡量と法律家的論証

グンター・トイブナー［編］村上淳一／小川浩三［訳］

東京大学出版会

Entscheidungsfolgen als Rechtsgründe:
Folgenorientiertes Argumentieren in Rechtsvergleichender Sicht.
Gunther Teubner (Hrsg.). Baden-Baden: Nomos Verl.-Ges., 1995
Japanese rights are arranged between Nomos and
University of Tokyo Press, by courtesy of Dr. Teubner.
Translation by Jun'ichi Murakami and Kozo Ogawa
University of Tokyo Press, 2011
ISBN 978–4–13–031185–4

はじめに

村上　淳一

　ドイツの社会学者ニクラス・ルーマン (Niklas Luhmann, 1927–98) の著作には、1993年の大著『社会の法 (Das Recht der Gesellschaft)』を始めとして法に関する多数の論考があるが、多くはルーマン独自のシステム理論的思考を複雑に展開するものであり、ルーマン自身の他の研究により補完されるべきところもあって、一般の法学研究者や学生にとっては何れも難解の憾みがある。法や裁判についてのルーマンの作品を解りやすい形で読む機会は、容易に得られないのである。ここに訳出したグンター・トイブナー編『法的根拠としての〈裁判の結果〉——比較法的観点から見た結果志向の論証 (原題)』(1995) は、ルーマンが1968年から93年まで社会学教授として勤務したビーレフェルト大学の学際研究センターにおける討論 (本訳書第3章のマコーミック論文を参照) によって欧米の法学者との交流を深めつつ、法と裁判の法理論的把握を試みたことを示すものである。同時に本書は、その「ビーレフェルト・サークル (Bielefelder Kreis)」における「結果志向的法思考」についての国際的な討論の成果を示すものであって、日本の比較法学が法解釈論 (Rechtsdogmatik) の枠内に留まらずルーマンのいう法理論 (Rechtstheorie) にまで視野を広げる手がかりとして、裨益するところ多大であろう。

　内容的には、本書はドイツ、イギリス、アメリカ、イタリアといった国別の比較を横糸としながら、縦糸たるべき個別の訴訟類型、とくに量刑における結果志向が大きな比重をもつ刑事訴訟に及んでいない。しかし、たとえばディーター・グリムの論文 (第7章) が注1で網羅的に引用する文献中のヴィンフリート・ハッセマー『刑事法律解釈に際しての結果の顧慮』(W. Hassemer, Über die Berücksichtigung von Folgen bei der Auslegung der Strafgesetze) がその欠を補うであろう。また、憲法訴訟についてはイタリアとドイツそれぞれの憲法裁

i

判所における裁判実務を経験した学者による紹介がある。こうした訴訟類型による比較を縦糸として「法律家的論証（juristische Argumentation）」を論ずる構図のなかに、日本のいわゆる「法律論」が如何に位置づけられるかは検討に値する問題であろう。訳者の一人として訳稿の作成と点検に尽力すると同時に独自の比較法的分析「論証の論証——日本における法律家的論証と結果志向」を寄せてくださった小川浩三教授に深謝する。なお、訳稿はすべてドイツ語ヴァージョンで原著に収録されている 7 編の邦訳であるが、訳文のうち〈　〉で囲まれた部分は原文のなかで一つのまとまりとして読んでほしい部分、［　］のなかは訳者による補足である。また、文中のアステリスク〔*〕はその段落末に訳注を置いた印である。

　ドイツのチュービンゲン大学で 1977 年に教授資格を取得した後、ブレーメン大学教授とフィレンツェの欧州大学院大学教授を歴任して原著刊行当時ロンドン大学 School of Economics に在籍し、1998 年以降フランクフルト大学法学部の私法・法社会学講座を担当するグンター・トイブナー教授は、周知のようにルーマンの良き理解者であり、本訳書刊行の企画も、ルーマンの功績を広く法学界に受け止めてほしいというトイブナー教授の熱意に動かされた村上の微力によって動き始めたものであるが、ドイツ側でこの企画に協力された原著編者のトイブナー教授、および本書の刊行に関する諸事万端の処理に当たられた東京大学出版会の後藤健介氏に、衷心より感謝する。

2011 年 8 月

結果志向の法思考――利益衡量と法律家的論証

目　次

はじめに……………………………………………村上　淳一　i

第 I 部　序　　論
第 1 章　結果志向……………………………グンター・トイブナー　3

第 II 部　〈結果志向の論証〉理論について
第 2 章　法律家的論証
　　　　　その形式を分析する……………………ニクラス・ルーマン　15

第 3 章　法における論証と解釈
　　　　　〈規則結果主義〉と合理的再構成…………ニール・マコーミック　41

第 4 章　裁判の帰結………………………ダンカン・ケネディ　59

第 5 章　法における論証について
　　　　　法的根拠としての〈裁判の結果〉…ルードルフ・ヴィートヘルター　99

第Ⅲ部 〈結果志向の論証〉の憲法裁判実務

第6章 ヘルメノイティクと結果志向
イタリア憲法裁判所の論証実務について…ルイージ・メンゴーニ 145

第7章 法的根拠としての〈裁判の結果〉
ドイツ連邦憲法裁判所の論証実務について…ディーター・グリム 165

分 析 論証の論証
日本における法学的論証と結果志向………………小川 浩三 189

1. はじめに 189 ／2. 論証と論拠 189 ／3. 論証の具体相 190 ／4. 日本の判決における論証 195 ／5. 結果志向の裁判と論証 210 ／6. 論証の論証──「法学のための闘争」 219

索 引 231

第I部　序　　論

第 1 章
結果志向

グンター・トイブナー
(London)

1.

今日、さまざまの裁判［法的決定（Rechtsentscheidungen）］* をその実際の結果（Realfolgen）に依存させるのが、世界中の法律家の〈型どおりのやり方〉である。〈そんなことは認められない〉と知った上で——少なくとも知り得たはずなのに——そうするのだ。

* ドイツで法的な決定というときは判決（Urteil）と決定（Beschluss）の両者を含み、これを〈裁判〉と訳すのが通例だが（山田晟『ドイツ法律用語事典（改訂増補版、1991年）』）、本訳書では判決と決定の上位概念としての Entscheidung を文脈の如何によってかなり自由に、〈決定〉または〈判決〉または〈裁判〉と訳す。

このパラドクスによって阻害されているのが〈実際の結果なるものが法的根拠として役立ちうるものか、役立てられるとしてもどの範囲でか〉という問題について行われるべき理論的省察である。そういう事情があればこそ、結果志向（Folgenorientierung）についての法律家たちの議論が——いきなり始まったのと同様に——いきなり終わることになったのだ。［20 世紀の］70 年代には法律家たちの世論の眩しい探照灯が、或る新種の結果主義（Konsequentialismus）に光を集中していた。結果志向は〈法のモダン〉の希望の星であった。だが、いまではそれは、奇妙な薄暗がりに包まれている。法社会学者（Rechtssoziologen）も法理論家（Rechtstheoretiker）も、方法論者（Methodologen）も法解釈論者（Dogmatiker）* も、いまでは〈論拠（Argumente）としての結果〉について多くを語らない。それでも、この薄暗がりに守られて、［結果志向という］一貫した建前が裁判所とりわけ憲法裁判所や上告審裁判所** によってとにかく実践されて

いるのである。理論と実践のこうした驚くべき矛盾は、〈法における結果志向とはなにか〉という問いを新たに投ずるきっかけになるべきであろう。

　＊　本訳書では、第６章のメンゴーニ論文で扱われる Hermeneutik（解釈学）との混同を避けるため、Rechtsdogmatik の意味で用いられる Dogmatik を「法解釈論」と訳す。
　＊＊　ドイツで連邦憲法の問題について裁判するのは連邦憲法裁判所（州憲法の問題について裁判するのはその州の憲法裁判所）であって、連邦レヴェルで上告審となるのは事件の種類によって連邦通常裁判所（一般の民・刑事事件）、連邦行政裁判所、連邦税務裁判所、連邦労働裁判所、連邦社会裁判所である。これらの上告審裁判所は憲法訴訟を扱わない。

　こうした状況において、他ならぬ結果志向のパラドクスに注目することが必要になる。一方で法実務が自己の決定［裁判］の結果志向なしではやっていけず、他方で法律家たちが——論理的・社会理論的・研究実務的な理由からして原理的に——みずからの決定［裁判］の結果を予見し、先取りした結果に合わせた決定を下すという状態にないのは、いったいなぜか。それに加えて、〈法律家たちはこうしたパラドクスの壁に直面してどうすればいいのか〉という問題もある。このさい新しい方向を探りながら歩みを進める他はないとしても、結果志向のパラドクスそのものに狙いを定めて取り組むことが決定的に重要なのではあるまいか。キイワードは、〈脱パラドクス化（Entparadoxierung）〉である。〈結果主義を標榜しながらのパラドクス〉によって阻止されることなしにそのパラドクスを観察することが、可能だろうか？　そして、適切な区別を導入することができさえすればパラドクスも有用になると言えるとするなら、法における結果志向を脱パラドクス化するにはいかなる区別が適しているのか？

2.

　結果志向そのものが、法における新現象だというわけではない。かの著名な功利主義（Utilitarismus）も疾うに、法的決定［裁判］を結果の有用性に依存させることを推奨した。問題は、法においてはそのような有用性の考慮が規範定立と規範解釈にさいしてのみ許されるのか（規則功利主義／Regelutilitarismus）、それとも、あらゆる個別ケースの決定［裁判］を利益計算に服させることまで許されるのか（行為功利主義／Aktutilitarismus）、という点にのみ存した。これに

対して、結果志向的な法的論証 (Rechtsargumentation) への真に新たな刺激は、むしろ社会学と経済学からもたらされた。そのさい魅力的だったのは、功利主義者においては〈決定の結果の予想と評価〉が日常的な印象を与えるもの、常識に照らすものだったのに対して、理論的にも経験的にも要求水準の高い結果主義が示されたという点にあった。

結果を知ろうとする法律家たちが社会学に期待することができたのは、経験的な社会調査による処方箋である。望まれたのは、〈ひとたび下された法的決定［裁判］のさまざまの結果についての的確な経験的研究から、より一般的なモデルの数々を発展させた上で、立法者や裁判官の行為を予測できるようにする〉ということである。それらの予測が、さらに、具体的な法的決定［裁判］に賛成または反対する法律家的論拠 (juristische Argumente) へと翻訳できるかもしれない、とされた。

法律家の結果志向は、経済学者が経済行為のデータの輪から法規範*を取り出してそれに経済的分析を加えるようになった時点で、経済学にも多くを期待することができた。そのさい、法的決定［裁判］の結果の予測を指導したのは、経験的な研究手段ではなく合理的な経済行為の理論モデルであった。だが経済的分析は、予測のための合理的なモデルを提供するにとどまらず、決定の結果を評価するための基準（配分の効率、取引コストの節減、経済的合理性への刺激）をも展開したのである。

　*　本訳書では Rechtsnorm を、文脈の如何によって一般的に〈法規範〉または具体的に〈法規〉と訳す。

そのような学術的天気概況において、開明的な法律家たちは、もっぱら自己の決定［裁判］の結果を志向するに当たって強力な社会科学的〈追い風〉を当てにすることができた。これに対して今では、同様の志向に従うならば同様に強力な〈向い風〉に曝される。今日指導的な社会科学者であるトヴァースキとカーネマンが結果志向的な決定のチャンスについて意見を述べるとすれば、判断はごく懐疑的なものになる。

　　必要なフィードバックがしばしば欠けている。……なぜなら (i) 結果が出るのは遅れるのが普通であり、たやすく特定の行為に帰せられない。(ii) 環境における可変性 (variability) は、とくに蓋然性の低い結果が含まれる場合、フィードバックの信

頼性を損なう。(iii) 別の決定がなされたならばどんな結果が生じたであろうかについての情報に欠ける場合が多い。(iv) 最重要な決定はユニークであり、したがって学習すべき情報をほとんど提供しない。[トイブナーによる引用]

　空模様のように変わりやすいこのような動きの根拠は、多様である。社会学においては社会科学の予測可能性についての新たな疑問が示されており、それが法における結果志向の信頼性を失わせている。しかも、この疑問は今日、より成果に富む自然科学に対する社会科学の〈一時的で程なく克服されるかもしれない遅れ〉にのみ起因するものではない。疑問はむしろ、基本的なものである。自然科学自身から輸入されている諸理論が、一定の状況において——出来事が完全に決定されており法則性が知られている場合でさえ——予測可能性を原理的に否定されているのだ。そればかりでなく、社会的な過程の複雑性が、〈予測はきわめて制限された範囲でのみ可能だ〉ということの原因だとされる。「言語学的転回」以来、社会科学の役割も、もはや社会変化についての因果論的説明や予告や社会技術的推奨にあるとされるのではなく、〈社会として観察される世界（soziale Welt）〉を従来とは別様に解釈することに求められているのだ。

　自分たちの合理性モデルによって法律家の結果志向を支えようという経済学者のオプティミズムも、もはや破綻のないものではない。かれらは、合理的行為という想定を制限せざるをえず、「拘束された合理性（bounded rationality）」といった観念に手を出すや否や経験に従属し、他の社会科学と同じ問題に直面する。ここでも、疑問はより根元的になる。かれらは、こういう問題を提起する。〈法律家は決定［裁判］の結果についての論証において、経済学者たちの極度に単純化された社会像に従うべきなのか……相互的な利益調整の巨大なネットに他ならない社会のために〉。

3.

　どちらかといえば懐疑的なこの所見と対照をなすのは、奇妙なことに、今日の法実務において結果志向が広範に実践されているさいの自明性である。[以下、本論集の寄稿者の所見をひとことで紹介しておけば]ルイージ・メンゴーニ（Luigi Mengoni）[本訳書第6章]とディーター・グリム（Dieter Grimm）[本訳書第7章]

は、［前者はイタリア、後者はドイツの例に即して］現代の憲法裁判権が大幅に結果を論拠として用いていることを印象的に裏付けた。だが、これら二つの論考は、裁判実務における結果志向の実際上の程度を記録しているばかりでなく、同時に、裁判官による論証のこうした形式がいまや不可避になっていることを示すものである。その最も重要な理由は、現代法の「政治化」に求められる。政治が法を政治的操作のために組織的に利用すればするほど、法内部の論証様式も自己を切り替えざるをえない。政治的に制定され操作目的のために用いられる現代福祉国家の法は、〈紛争解決のために過去を取り上げる法的論証〉をもはや不可能にしているのだ。それは、新種の規範構造と論証方法を必要とする。それは、自己の論拠を未来志向へと切り替えざるをえない。それが法的論証にとってもつ意味は、〈法的決定［裁判］の結果〉が、必然的に最重要な決定根拠になるということだ。

　ダンカン・ケネディ（Duncan Kennedy）［本訳書第4章］は、現代法の政治化と取り組むことを明言している。かれは一種の思考実験として、政治化を極限まで推し進める。法律解釈のための法的決定［裁判］がもはや裁判所によるという形をとらず、議会のあれこれの委員会によって下されるとしたら、法的論証の形式はどんなものになるだろう？　法的論証は実際に、もはや何よりも法的決定［裁判］の一貫性という要請によって導かれるものではなくなり、はるかに強くその政治的結果に従属することになるであろう。ケネディはその実験を利用して具体的に、このモデルから逸脱する特殊＝裁判所的な論証について詳細な分析と批判を行っている。

　ニクラス・ルーマン（Niklas Luhmann）［本訳書第2章］もまた、まさしく現代法の政治化を取り上げて、〈結果志向的な法思考〉という問題を法的論証に関する自己のテーゼの証明の手がかりとしている。ルーマンによれば、法的論拠は一方で、法における可変性（Variationsmöglichkeit, Varietät）＊を生み出すのに役立つ。他方で、それは、決定［裁判］の整合性の確保すなわち万端性（Redundanz）＊＊によって、可変性を制限する。ところで今日、政治システムがその幅広い前線において政治的に利用すべく法を投入する場合、それは、法システムにおける可変性と万端性の関係への政治システムの介入であって、その関係は法的論証によってバランスを回復されなければならない。法はますます結果志

向的論拠に頼り、自己の可変性を一挙に高めるが、同時に十分な万端性を確保するには至らないのである。こうして、パラドクスはきわめて尖鋭化した形をとる。法律家の結果志向は、必要ではあるが不可能なのだ。

＊　本訳書では、一般に「多様性」と訳されることもある Varietät がここで Variations-möglichkeit と等置されていることにかんがみ、また、Varietät を「多様性」と訳しては Redundanz（万端性）との対置が曖昧になることを考慮して、Varietät に「可変性」という訳語を充てる。

＊＊　あらゆるケースの出現に備えていること。「万端性」という訳語については 25 頁の訳注＊を参照。

ルードルフ・ヴィートヘルター（Rudolf Wiethölter）［本訳書第 5 章］は、もう一段基本に遡って、法的な結果志向のパラドクシカル（逆説的）な状況を分析する。かれは近代における法発展の主要な諸段階を再構築し、結果志向の問題を〈法の新たな自己規定性〉という矛盾した関連のなかに位置づけるが、その自己規定性は同時に、〈外部への再連結〉への依存度を従来よりも一層高めることになる。この関連で、かれは、〈法における結果反映〉のプロジェクトと結びついていた〈高い期待〉と〈影響するところ多大だった幻滅〉の、短い時期について論じている。それが挫折したのは、近代の法が存在論（Ontologie）から不確定性（Kontingenz）に切り替わったからだ、とされる。そして、構成主義（Konstruktivismus）への法の再転換に、結果志向が新たな推進力を得ることの期待がかけられる。ヴィートヘルターは、提供されている三つの現代的理論——システム理論と経済理論と批判理論——を順序立てて取り上げ、〈［まだ生じていない］結果の反映（Folgenreflexion）〉というパラドクシカルな状況に対応するそれぞれの可能性を問うのである。

4.

法律家は、結果志向というパラドクスにどのように対処しうるのか？　古いパラドクスを消滅させ、みずからのパラドクスを不可視化することに成功しさえすれば、脱パラドクス化は可能である。ルーマンによれば、〈それは、法システムの可変性を耐え難く高めて法の機能性を脅かすに至ることのないような結果顧慮形式を見いだせるかどうかに懸かっている。法律学を頼りにすることはで

きない。法律学が関わると原理的に、万端性を高めるばかりでなく可変性をも強めるからだ。しかし、利益衡量の広汎な普及のような新しい状況に対する法内部の反応も、万端性を強化するのではなくむしろ可変性を強めるように作用する。法にとっての挑戦は、決定［裁判］の不確実性の強まりに直面して、法に残された万端性を新たに形成できるかどうかである〉、とされる。

　ドウォーキン（Dworkin）は、〈法とは意のままにならないものだから法を結果志向から完全に切り離そう〉と提案して、大いに注目された。その提案が興味を惹くのは、〈可変性を生み出す結果志向から全対象領域を切り離すことによって可変性と万端性との関係における重みを明らかに後者にかけることになる〉、と思われるからである。かれがそれによって、〈人間の行為が保護されるべき基本領域〉を政治的処理の恣意から引き離そうとしていることには、共感できる。しかし実は、対象領域はすでに選択されており、その選択に問題があるのだ。諸権利をその結果から守ろうとするなら、それは、昔ながらの自由主義的願望を蒸し返す不毛な試みにすぎない。社会的行為の緊密な相互依存関係に照らして、合法的な行為から生ずる結果を顧慮せずに各人の諸権利の範囲を明確に区切ることはできないであろう。そして現代福祉国家の権利創出活動を見るならば、〈権利の政治化とその結果を同時に顧慮しないですむと思うのは幻想だ〉ということになる。

　はるかにリアリスティックなのは、〈結果主義が示されるべき対象領域〉ではなく〈顧慮されるべき結果〉の範囲を制限しようというニール・マコーミック（Neil MacCormick）［本訳書第3章］の提案かもしれない。かれが説くところによれば、法律家の結果志向が一般化された形で発揮されうるのは〈ルールの一般化可能な解釈に関する場合〉に限られ、個別ケースの決定［裁判］に関する場合ではない。かれはそのような「規則結果主義（rule consequentialism）」を、法における普遍化可能性によって基礎づける。だが「行為の結果主義」とは異なり、そのような「規則結果主義」は、確かに万端性拡大のため、可変性縮小のために役立つことになるであろう。

　これに対してグリムは、意味のある結果の、むしろ規範化された限界づけを期待する。かれは、決定［裁判］から生ずる膨大な数の結果からの選択の基準を開発することを以て、何よりも法解釈論の問題だと考える。とりわけ、法にお

ける目的思考の体系的な展開から示唆が得られるものと期待されるのである。そうなれば、〈法律の拘束力という公理に立脚して法における結果志向に反撥する〉伝統的法学方法論からの主要な異論も、一掃されることになるであろう。

最後にヴィートヘルターは、別の方向で抽象化を試みている。かれにとって現代法の重要な作用は社会の部分領域間に生じた――法と道徳、法と政治、法と経済の――新種の抵触に見られるのであり、新種の抵触法 (Kollisionsrecht)［抵触を解決する法］がこれに反応しなければならない、とされる。結果についての考察は、まさにこうした抵触に関わるものだ、ということになる。それは決定の結果に関わるよりは決定に伴う問題に関わるものであり、法的所産の結果に関わるよりは法生産の態様がもたらした結果に関わるものだ、とされる。

5.

本稿を結ぶ二つの考察をここまでの線に沿って――必要ではあるが同時に不可能だとされる〈法における結果志向〉の現実的な制限を探りながら――続行することにする。二つの考察は、〈結果主義 (Konsequentialismus) の対象領域の制限〉ではなく〈意味ある結果の範囲の制限〉をめざすものである。

社会科学的分析の予見能力が当初の期待よりも遥かに制限されたものだということが正しいとすれば、〈法律家的な結果主義〉を〈将来の結果の予見から実際に生じた結果〉に切り替えないで済む道などありはしないであろう。肝心なのはもはや、〈将来の行動を予見するための社会科学的モデルを何を措いても法変化への反応として用いる〉という野心的な目標ではなく、はるかに控えめに、法的決定［裁判］によって実際にいかなる結果が生じたかについての事実に関する情報を集めることなのだ。そのために、決定に当たる法的機関［≒裁判所］は自己の決定の結果に直面してそこから結論を引き出そうと努め、みずからの決定についての高次の責任を引き受けることになるであろう。

こうして、予見的要素を除けば法律家的結果主義の本質的要素は保たれる。決定［裁判］は依然として、いかなる結果をもたらすかによって評価されるであろう。ただ、将来の結果を予見できるということだけが断念され、実際に生じた結果に限定してそれが将来の決定［裁判］のために学ばれるのだ。そのさい、

決定はその法的結果ばかりでなく現実の社会的結果によって評価されるであろう。こうして法と現実との関連が決定的に重視されはしたものの、疑問を残す将来の関連まで立ち入るまでもないとされたのである。法は今後とも社会科学的情報を心得るように求められるであろうが、だからといって理論的に構築された合理性の、疑問の余地がある仮説に固定される必要はないであろう。

　このような第一の考察によって結果志向は予見という負担から大幅に解放されたが、第二の考察は、原理的に終わりのない因果作用の重要性に狙いを定め、数こそ少ないが決定的な作用に限定して論を進めることになるであろう。法規（Rechtsnormen）の「読み直し」とは、現実によって制約された結果志向を指す。それは実態としては、唯一の決定［裁判］に絞って結果を分析するということだろうか？　重要な社会領域における法変更は、関係者（アクター）たちによって現実にどう読み取られるのか？　費用／便益計算の要素としてか？　教育プログラムの変更としてか？　こう考えることによって、社会的現実においては、〈法規が法的行動の予期として読まれるのではなく、それぞれの言語ゲームにおける「読み直し」によって経済的・政治的・教育的に再構成される〉ということを意味する。〈関係者たちがそれぞれの社会的文脈においてこうした法規の読み直しにどう反応するか〉という本来不可能な予見に、反応する者がいるとは思えない。それでも、法がその都度〈ただ一つの結果（nur die eine Folge）〉に――すなわち法的決定［≒裁判］が社会的な文脈における読み直しによっていかなる形をとるかに――気付きさえすれば、法は確かに現実性を増したということになるであろう。

第 II 部 〈結果志向の論証〉理論について

第2章
法律家的論証
その形式を分析する

ニクラス・ルーマン
(Bielefeld)

1.

　法律家的論証作業 (juristisches Argumentieren) についてよく説かれるところによれば、それは法的決定を根拠づけるものだとされる。論証 (Argumentation) が根拠づけ (Begründung) のためになされるということは、法律家にとって——そしてこの (Argumentation という) 概念を用いるほとんどすべての人々にとっても——すでにその概念 (Begriff) において自明であり*、あらためて説明するまでもない[1]。以下の考察もこの前提から出発するものであるが、論証に携わって良き論拠 (Argument)、説得力ある論拠を求める人々に何らかの助力を提供することを目指すものではない。決定 [≒裁判] (Entscheidungen) を根拠づけること、そのさい説得力に富む論拠と乏しい論拠を区別することのもつ意義は、疑問を容れない。そもそも決定に関する限り、どんな決定も別様でありえたかもしれないということは、容易に否定できないのであって、決定のこうした不確定性が前提とされている以上、別の決定の可能性ではなく或る一つの可能性をとる根拠 (Gründe) を示すことは無意味ではあるまい。だから以下においては、一切の根拠には根拠がないということを明らかにしようと努めた——そして成果を挙げたと認めてよい——古来 [古代ギリシャの懐疑論者以来] の懐疑を、再生させようというわけではないのだ。そうではなくて、われわれは、〈根拠づけられない根拠、すなわち根拠ならざる根拠であっても、それを必要とする〉というパラドクスによって刺激され、さまざまの論拠を扱い馴れた人々 (法律家) の態度を観察し記述することによってそのパラドクスを「展開 (entfalten)」してみたい。

15

*　ドイツ語の Argumentation や Argument が英語の argumentation や argument とは違って複数の主体間の〈議論〉を意味していないことに注意。

　したがって、先に進む前に論証（Argumentation）という概念をまず明らかにしなければならず、それを根拠づけ（Begründung）の同義語としてとらえることをやめなければならない。それは同時に、〈作動的（operativ）で非目的論的（nicht-teleologisch）な概念*〉への移行を要請する。言い換えれば、〈不成功の場合を初めから除外して考える「根拠づけ」のような概念形式〉をとらないことが必要なのだ[2]。この［作動的］概念を規定するのは、(1) 作動／観察、(2) 外部観察／自己観察、(3) 異論がない／異論がある、の区別である。われわれはこれらの区別の一方の側を選択するのであって、（法的）論証を法システムの自己観察の作動として理解する。この自己観察の作動が、そのコミュニケーション的文脈において法／非法という［二値的な］コード値の割当てに関する見解の相違［法か非法か］に反応するのだ[3]。これは観察の問題である。根拠あるいは誤謬を手がかりとして区別し、区別の内側をマークするということが肝心なのだから。法システムの場合、区別は法／非法（Recht/Unrecht）のコード**による区別の問題である（他の論証の場合はそれぞれに応じて真／偽、善／悪のコードによる区別の問題になる）。そしてこれは、自己塑成的（autopoietisch）な［生体システムを例にとれば、たとえば傷ついた脳神経細胞がその可塑性（Plaszität）によってみずからを修復し脳全体の機能を保つような***］システムの問題であって、そこでは或るコミュニケーションの特性が、先行するコミュニケーション及び今後のコミュニケーション（ここでは意見の違いとその解消）との関連で再帰的（rekursiv）に、システム内部におけるフィードバックを経てのみ決まりうるのだ。

*　たとえば万人に共通する「正義の実現」といった所与の目的に導かれるのではなく、システムが外部からの刺戟を自己の内部に転写した上で作動（operieren）するという、システム理論的な前提。
**　こうした文脈においてルーマンのいう Unrecht が Nicht-Recht を意味するということを、訳者はトイプナーとの会話における教示に負う。
***　「可塑性」という概念、とくに脳神経細胞の可塑性について、たとえば Gerd Kempermann, Nicht ausgeliefert an Zeit und Welt: Die Plaszität des alternden Gehirns, in: Peter Gruss（Hrsg.）, Die Zukunft des Alterns, München 2007 を参照。訳者が Autopoiesis, Autopoiese の訳に当たって以前から用いる「自己塑成」という造語は、まさにこの可塑性モデルに符合する。

16　第 II 部　〈結果志向の論証〉理論について

換言すれば、われわれは法システムにおける振舞い、正確に言えば論証的コミュニケーションを、観察し、記述する。そこにはすでに、対象に関して制約がある。参照されるシステムは法システムであって、このシステムの外部で（[さまざまの人間の]心的システムにおいて、また学術・哲学・政治等々のシステムにおいて）生ずることは参照されない。さらにわれわれは、論証的コミュニケーションは常にシステム自体においてのみ効果を挙げる、という前提をとる。そうだとすれば、法律家的論証は、法システムがみずからを説得的にする手段、すなわち、自己の作動を（他の方向ではなく）或る一定の方向をとるものとして展開し継続していくための手段なのである。これに関わる他のもろもろの心的システム[としての側面における人間たち]がそれぞれの意識においてそれをどう考えるかは、全く別の事柄であり、〈さまざまだ〉というしかない[4]。

　法システムのすべての作動（Operationen [ここでは、みずからを法システム中に位置づけるすべてのコミュニケーション]）は、法と非法（Recht und Unrecht [＝Nicht-Recht]）の差異に照らすことによって自己が属するシステムが法システムであることを明示しなければならない[5]。だが、こうして明示される法システムへの帰属は、区別が観察されることを要求するにとどまり、必ずしも区別の諸論拠（Argumente）を要求するものではないのだ。

　システムのすべての作動が、論拠を挙げてコミュニケートするものだとは限らない。換言すれば、システムはさまざまの論証（Argumentation）だけから成るわけではない。そのことを明らかにするために、法的状況についての処理（Verfügungen）と論証とを区別することにしよう。法的状況についての処理は、法的立場の変化をもたらし、「通用している法（geltendes Recht）」*というシンボルを利用したり移し変えたりする、と言えるかもしれない。それは法律の制定や契約によって、また、拘束力のある裁判、行政行為、遺言、登記簿への登記、等々によってなされるであろうが、さまざまの処理のこうしたレヴェルは直ちに効力を示す作動レヴェルであって、そこでは法システム自体が一件ごとに再生産される、すなわち、立場の変化への対応によってみずからの立場を確保するのである。これらの作動がみずからを法システムに組み入れることによって——たとえばホテルの宿泊客が自室のベッドで喫煙して火災を起こした場合のように何らかの仕方で問題を起こしたことによって（失火罪の被疑者という）

法律的な資格を認定される場合や、偶々バスに乗り込んだだけで (幸いにもそうした事実的振舞いのすべてのケースについてではないが) 法律家が言うように [いわゆる事実的契約関係 (faktische Vertragsverhältnisse) の成立によって] 契約を結んだことになってしまい、(運送契約の当事者という) 法律的な資格を認定されたりする場合のように——単なる事実から区別されるのだ。事実と処理の境界は明確に引かれるものではないが、それは当面の問題ではない。ここで重要なのは、システムの自己塑成的な再生産という作動レヴェルが論証だけから成り立つわけではない、ということである。論証もやはりシステム内部の作動として行われはするが、類型を異にする作動なのだ。論証が行われるのは、システムが法と非法という両コード値の割当て自体をめぐる意見の違いによって刺戟される場合だけであり、そうなって初めて、どこまで十分な根拠があるかという問題が解決を迫られることになる。

* 日本の法律学は、gelten, Geltung に〈妥当する〉、〈妥当〉という訳語を当てるが、〈効力をもって通用すること〉を指す。

すなわち、法律家的論証作業 (juristisches Argumentieren) は二重の観点から区別される。まず、その論証作業が法システムの枠内で展開されているか否か、次に、法システムのその他の [論証作業以外の] 作動から区別されるか否か、によって。これらの区別がなされるということが、論証作業がいかなる機能を果たすかという問題についてのわれわれの関心を惹くのだ。この問題を解いてはじめて、法システムが自己観察という作動レヴェルで高度の複雑性と技巧、かつてそう称されたこともある司法的合理性 (juridische Rationalität*) を発展させるべく駆り立てられる理由、権利＝法はいつも上流人士のもの、党のもの、軍のものといった単純な論拠 (Argument) を放置しなかった (これは、論証という概念にとって全く満足すべき成果だったということを、強調しておかなければならない) 理由が、理解されるのである。

* おそらく社会学者 Helmut Schelsky (1912–80) の著書 "Die juridische Rationalität" (1980) に由来する。juridisch はラテン語の iuridicus (対応するドイツ語は Richter) に由来する形容詞で、その使用例はとくにオーストリアに多く見られ、juristisch ほど一般的ではないようなので、ここでは〈司法的〉と訳す。

2.

　論証作業（Argumentieren）も法システムの作動の仕方の一つであるが、自己観察（Selbstbeobachtung）として特殊化された、特別の種類の作動様式である[6]。だが、そのさい仕事の簡略化が必要になる。論証が行われている限り、システムは自己を（[さまざまの機能システムから成る]環境のなかの）システムとしてではなく、互いに参照し合うテクストの集積（体系）として観察する。それは厳格な意味における自照（Reflektion）、すなわち[外部を内部に転写した上での自己参照]システムにおけるシステムのアイデンティティーの再構築にとどまるものではないのであって、いろいろなテクストを手がかりとする区別（Unterscheiden）と指定（Bezeichnen）なのだ*。そのさい手がかりとして利用されるのは、法律や重要な文献に出てくる法的見解であり、むろん裁判所の判決／決定や、想起する価値のある法実務上の記録である[7]。つまりテクストは、論証するという目的のために必要な限りでシステム内部のシステム[手がかりとして利用可能な部分]を代表するのであって、法律家はそのように参照し合う大量のテクストを実際上も「体系」と称している。だから、法律家の技術によってすべての論証に先立って解決されなければならない主要問題は、テ̇ク̇ス̇ト̇の̇発̇見̇、トポス論的伝統**における»inventio«［発見］である[8]。そのためだけでも法律家的手腕が必要とされ、その手腕さえあれば食うに困ることはまずないのだ。

　　* 論証作業は、システムの――自己の環境のシステム内部への転写を前提とする――自己参照ないし自照性（Selbstreferenz）という条件の下で（詳細はルーマン著、村上訳『社会の教育システム』（東京大学出版会、2004年）第一章を参照）、法システムを〈さまざまのテクストの集積〉として観察し確認する仕事だ、という趣旨であろう。
　　** 「トポス論」については、本論集第6章のメンゴーニ論文に言及がある。なお、ヤン・シュレーダー著、石部雅亮編訳『トーピク・類推・衡平――法解釈方法論史の基本概念』（信山社出版、2000年）をも参照。

　しかし、よくあることだがテクストが明確な決定を提案していない場合、やはり論証による区別が必要になる。そこで行われる〈論証による区別〉は、すでに〈セカンドオーダーの観察[9]（Beobachten zweiter Ordnung）〉、すなわち〈テクストが示す観察〉の観察、〈読者たちの観察〉である。ところで、このセカンドオーダーの観察[＝観察の観察]、依然としてテクストに束縛されテクストに依

存する〈テクストが示す観察の観察〉は、どのように方向づけられるのか？

　最初の考察段階において、われわれは論証の我執（Eigensinn der Argumentationen）に従う。すなわち論証が果たしているつもりのことから出発する。論証はみずからの区別を手がかりとして、法的出来事を観察し、記述する。そのさい根拠（Gründe）と誤謬（Fehler）が一定の役割を演ずることを、われわれは認識するのである。根拠と誤謬はいずれも形式であるが、〈それぞれに区別される必要〉があり、両者を単一の区別に還元することはできない。言い換えれば、ここに見られるのは、心的システム［としての側面における人間］の快（根拠）と不快（誤謬）のように一つの対称的な置き換え関係［たとえばプラスχ 対 マイナスχ］に還元することができない、質的な二項対立（Dual）なのだ。根拠の単なる否定は、まだ誤謬ではない。誤謬を否定したからといって良い根拠が示されたわけではないように。

　われわれは、ジョージ・スペンサー－ブラウン（George Spencer-Brown）が提案した意味で[10]、「形式（Formen）」という語を用いる。それによれば、もろもろの形式とはもろもろの区別であって、（他方の側ではなく）一方の側の指定を可能にするために（そして、そのためだけに）役立つもの、そのさい爾後の作動によって区別の線を横断し他方の側に移る可能性が保たれるもの、である[11]。こうした形式をとるのがどんな種類のシステムであろうと、生体システムであろうと心的システムであろうとコミュニケーションシステムであろうと、われわれはこうした形式をとることを観察（Beobachtung）と称し、そのさいテクスト化されたものを記述（Beschreibung）と称することにしたい。つまり、形式は根拠や誤謬と同様に、観察の用具なのだ。論証とは、これらの用具を使った観察、これらの用具によって図式化された観察に他ならない。

　根拠（Gründe）とか根拠づけ（Begründung）とかいう概念を用いて、われわれはいまや良い根拠と悪い（または、あまり良くない）根拠との区別を指すことができる。だから、［フッサールの］『イデーエン（Ideen）』という教説を受け継ぐ誰もが言うのとは違って、根拠（Gründe）はどこかに見付かるはずのアイテムではないし、根拠づけ（Begründung）＊はそれに向かう動きではない[12]。そうではなくて、根拠づけは論証を［根拠の如何によって］二値的にコード化するやり方であり、根拠の説得力を測定すること、激しい対立状況の決め手として根

拠を持ち出すこと、場合によっては（もしかすると、とりわけ）まず反対の論拠を取り上げて論証することも、ある。これは多分、経験に合致することでもあろう。論証しなければならないときは、根拠はすでに示されており、それを肯定的に評価するか否定的に評価するかが問題になるにすぎないのだ。

＊　Begründung が「基礎づけ」と訳される例もあるが、論証（Argumentation）における Gründe は論拠（Argument）と言い換えることもできる「根拠」と訳し、Begründung は「根拠づけ」とするのが適当であろう。

誤謬についても同様に、誤謬の有無が区別される。誤謬があることはとりわけ論理学によって証明されるが、前提とされた事柄が経験的にありえないという指摘も、例外なしに論拠（Argument）を粉砕する[13]。したがって、誤謬のない論証の領域内でのみ根拠を探すに値するのであって、此処においてのみ、さまざまの選好に基づきながらも持続的な論争が可能になる。むろん〈形式の誤謬（Formfehler）〉から区別された〈誤謬（Fehler）の二側面形式〉は、近年の法律学でよく見られる〈論理と演繹への批判〉が〈行き過ぎ〉であったことを明らかにしている[14]。その批判は、誤謬のない論証というだけでは良き根拠を提供するものではないとされる限りで正しかったが、だからといって、誤謬をチェックする用具としての論理が不要だと言えないことは確かなのだ。

根拠と誤謬は、［区別という］形式における一方の側の指定によっても——すなわち、区別のどちらの側が普通は指定され、どちらの側が指定されないままか、という問題においても——区別される。指定によって、〈どちらの側が主要な関心対象であるか、どこに問題があり、その先のいろいろな論拠との繋がりがもたらす結果の是非をどこで決めなければならないのか〉が明らかになる[15]。根拠にとって重要なのは、ポジティヴな側が指定されているということだ。ポジティヴな側が、その形式［＝区別］に［根拠の有無という］呼称を与える。これに対して誤謬は、区別のネガティヴな側にあることによって誤謬とされるのであり、それに対応した指定を受ける（誤謬だとされる）のが普通である。指定についてのこうした扱いの違いは、表面的な観察にとっては唯一の次元、唯一の対照であるかのような印象を与えるかもしれない。しかし、すでに明らかにしたように実はそうではない。それほど乱暴な単純化はすでに「論証の自己観察」というレヴェルにおいて、もろもろの事実関係（Sachverhalte）を著しく切り詰

めてしまうことになるであろう。

　根拠も誤謬も、つまるところ論証の文脈を予め限定してしまうものなのだ。古典的な思考体系においては、こうした限定の基礎に一つの二段階プログラムがあった。一方で（万人にとって）普遍的に通用（gelten）する諸前提が頼りにされていたが、他方で［人間によって定められた］法そのものが拠り所とされていたのである。普遍的な前提は、いまでは一般に放棄されている。根拠を判定する基準とされてきた〈疑問の余地なき原理〉から出発するやり方はもはや見られないし、無謬であることの確実性は論理的にも経験的にも保証できなくなっている。論理的には、さまざまの公理（Axiome）が計算自体によっては証明できない（！）計算要素として扱われ、経験的には、観察者の如何を問わない法則的な自然、少なくとも統計的に整序された自然という観念が——量子物理学の手本に倣って——至るところで放棄されているのである[16]。しばしば一括して「基礎的危機（Grundlagenkrise）」と称されるこの状況を受け容れなければならないとしたら、法律家にとって自己の論証を限定するために、法そのものと、その都度取り上げられるケース（抽象的に言えば〈問題〉）の他に、何が残されているだろうか？

　通用している法は、さまざまの条文という形で、前提とされる。さまざまのケースないし問題は、引用すべき条文を特定する。［上述の二段階プログラムに代わって］ここで登場するのは（おそらく機能的相補性という形をとった）［条文とケース／問題との］質的な二元性（Dual）であり、もはや［普遍的な前提との］同次元的な対立ではない。つまり、それぞれの場合において条文とケースは二つの形式［スペンサー－ブラウンとルーマンによれば形式＝区別］であり、一つの形式［＝区別］の二つの側ではないのである。したがって、ケースないし問題だけが重視される場合には、文章として固定された多数の条文が（ほとんど際限なく）複雑化しうる。こうした前提が機能する限り、法は膨大化し、論証は終わりを知らない。

　法律家的論証の、〈テクスト［この場合は条文］へのこうした依存性〉は、解釈（Interpretation）と論証（Argumentation）の関連を理解させるものである。論証の余地は、そもそも条文について異なる解釈が可能な場合にのみ、認められる（すなわち、たとえば道路における自動車の制限速度が時速 100 キロとされて

いる場合などは、論証の余地がない)。その限りで、条文と解釈の区別（＝文の「形式」＝[字引にあるような]語義（Wortsinn）と[条文作成者の]念頭にあったはずの含蓄ある意味（sinnvoller Sinn）との「区別」）が、一切の法律家的論証作業（juristisches Argumentieren）にとっての前提なのだ。ところで、解釈にさいしてはまだ個々の読み手の思考活動が念頭に置かれるのに対して[17]、作動としての論証は思考に関わるのではなくコミュニケーションに関わる事柄である[18]。したがって、条文やケースや問題は、そしてテクストという形をとって主張される解釈も、何らかの論証連関を社会的に凝集させる［コミュニケーションの要素として必要とされる具体性を与える］ために役立つことになる。それらは、同一の事項について語られているということを保証し、〈関係のあること〉と〈無関係なこと〉の差別化を可能にすることにより〈継続中のコミュニケーションの接続可能性〉を保証する。

　以上はすべて、論証行動の自己観察によって要請されるところであり、「論証理論（Argumentationstheorie）」は――少なくとも従来は――この要請に適合する自己記述を試みてきた。すなわち〈論証過程の自己観察を反映してそれを受け容れたり指導したりチェックしたりすることができるようなテクスト〉の作成を心掛けてきたのである。そこで、論証理論は、観察される［論証］過程と同レベルで「〈自己適用論理（Autologie）〉的」に作動することになる。すなわち論証理論自体が（さまざまの根拠の形式のための根拠であっても、とにかく）根拠を提供し、みずから誤謬を避けようと努め、みずから論証することになり、その結果――これが「自己適用論理的（autologisch）」ということだが――自分が論証作業を観察して発見したことを自分自身についても通用させる[19]。それは、自己参照的（selbstreferentiell）な結論に至らざるをえない。だが、これはすべて、〈理論による観察者たちの観察〉と同一の観察用具によってその理論自体が縛られているからこそ、自己適用論理的だということになるのである。残された問いは、こうである。そのままやっていくしかないのか、それとも理論にとって別の可能性があるのか？

3.

　観察の可能性を拡張する必要があること、もっと複雑な構造をもつものとして記述する必要があることは、さしあたり以下の事情だけからしても明らかである。すなわち、さまざまの根拠づけ (Begründung) が目標を達成できずにおり、誤謬なきことが同一のシステム内で保証されないという前提につねに服しているのである。論証が終わりを告げることはないのだ。われわれが生きているのは、もはやアリストテレスの世界ではない。まさにそれを争う余地がないからこそ、実用主義や相対主義や実証主義といった形式概念とか、［不完全性定理の］ゲーデルや［〈大きな物語〉の批判者］リオタールといった名前とか、〈自己の不満を表現したりユートピア的なものへと逃避したり最後にユートピア的なものへの逃避を諦めたりする対抗心以上のものではないという観察〉とかによって、自分を宥めるしかないのだ。しかし、そのことが論証作業にもたらすものは何か？　放っておけばよいとして自分の好みに合った態度をとり、自分の利益を実現しさえすればすむのか？

　そのような反応は、時流に合うものだが性急でもある。それは、われわれがすでに始めた形式分析の可能性を、無視することになる。われわれは、はっきりと問わなければならない。いかなる形式によって（すなわち、思い出してほしいが、いかなる形式＝区別によって）われわれは、〈それぞれに法的事象を観察する論証者〉を観察しようとするのか？　かれら自身の形式によってか、それとも別の形式によってか？　別の言い方をすれば、これはセカンドオーダーの観察［観察を観察すること］及びサードオーダーの観察［〈観察の観察〉の観察］という手段の利用に関わる問題であり、認識論のポリシーという視点から見れば、そのようなセカンドオーダーのサイバネティクスが、窮極の原理や根拠や公理やアプリオリや〈大きな物語 (métarécits)〉等々の問題において〈覚悟の上の断念〉により特徴づけられる状況からの脱出口を示せるかもしれない、という推定に関わる問題なのだ。ファーストオーダーの観察者がテクストを読むだけでその直接的な語義によって理解するのに対して、セカンドオーダーの観察者はテクストをどう読みどう理解するか、どの論拠を支えるかを、熟考する。そしてサードオーダーの観察者が初めて、論証作業がどんな機能を果たし、論証に携わる

者にとって良き論拠の発見がなぜ満足をもたらすように思えるかを、問うことになる。

その問いに答える一つの適切な形式として用いられるのが、情報の万端性 (Redundanz, redundancy)*、[区別を形式としてとらえるスペンサー－ブラウンに従って] 形式理論的に再定式化すれば万端性と情報との区別である[20]。一つのコミュニケーション過程は、意外性を生むかぎりで情報をもたらすが、情報加工にさいして既知の事実に立脚するときは意外性を伴わないかぎりで万端性の所産である。

* 〈冗長性〉という通常の訳語は〈いたずらに長いさま〉というネガティヴな意味をもつので、〈充溢した全体〉としての Redundanz を指す訳語として不適切である。法解釈論 (Rechtsdogmatik) は、認定された「既知の事実」に立脚する情報が法律の定める要件の下に包摂 (subsumieren) されるか否かを洩れなく論証すべきものであって、そのような準備万端の法解釈論において〈情報の充溢性＝万端性〉が前提とされるのである。

[新たな] 情報と [既存の] 万端性は互いに他方を前提としながら概念としては他方を排除するものだから、一つの区別の二つの側なのだ。どんな万端性もないところに、どんな情報も認識されない。他の情報から区別されないからだ[21]。だが、逆 [情報なければ万端性なし] もまた真であって、万端性は情報加工のためにのみ必要とされる。すなわち、情報の万端性という形式は、情報加工の過程において〈意外な（[既存の情報に反する] 新しい）こと〉と〈[万端の情報に照らして] 意外でないこと〉を画定（区別）する可変的な境界を示すのである。それは、形式が出来事と構造とを区別するということだ。意外性 (Überraschung) はつねに、出来事の一つの質なのだから（言うまでもないことだが、出来事は、システムがたとえば〈通用している法律〉のような疾うに存在している状態と初めて対立する、といった場合であってもよい）。情報の繰り返しはすべて不要である[22]。それは、情報が万端化されているということだ。そのかぎりで、コミュニケーションを、さまざまの情報のさまざまの万端性への絶えざる変換として理解することもできよう[23]。

論証についても全く同様である。当然のことながら、どんなコミュニケーションも論証だ、というわけではない。論証とは、未知を既知にするという意味で情報を提供するというだけのことではないのだ。論証作業が特殊な要求に応えるものであることは明らかだが、その要求の特徴を知るためにはシステム理論

に立脚して、情報という一般的な概念を可変性（Varietät）という概念によって置き換えなければならない＊。

　＊　トイブナーは本訳書所収の論文で、Varietät を Variationsmöglichkeit とも称している。

　可変性とは複雑性の尺度、つまり、システムにおいて情報処理のプロセスをスタートさせる出来事がどれだけ数多く、多様であるかという尺度を、指すものだとしよう。そのさい、外部の出来事は、法的な出来事としての資格を認める手がかりがある場合にのみ顧慮される。だがシステム内在的な出来事も、場合によってはシステムの可変性を高めることがある。たとえば絶えず新しい法律や命令（政令や省令など）が定められたり24)、［英米の］コモンローにおける〈拘束力ある先例〉の数が増大したりする場合25)が、そうである。前に用いた概念によって定式化するならば、これはさまざまのケースとさまざまの処理の問題、法システムの第一次的作動の問題なのだ。システムは、自己の可変性の増大につれて、受けとめることのできる（絶えず暫定的な）さまざまの状態の数を増やし、環境に対する応答可能性［万端性］を高める。――だからといって、自己の環境に次々と現れるさまざまの観念に適合したり、それらの観点からする評価をシステム内部に取り込んだりする必要はないのだが。

　システムと環境の単なる差異によって、システムが環境からの刺激に反応し自己の可変性を高める誘惑に曝される一方で、論証（Argumentation）は、既存の万端性（Redundanz）に支えられつつ万端性を回復するために役立つ。これが根拠づけ（Begründung）の機能なのだ。論証（Argumentation）は、よく知られた根拠を再活性化し、先例との区別（distinguishing）と先例変更（overruling）によって時には新たな根拠まで発見して、システムが若干の新たな情報によって自己の現在の状態と今後の状態を比較的迅速に読み取れるようにするのである。システムは論証によって、不意打ちのショックを耐えられる程度まで和らげ、「安心できる流れに加えられた若干の違い」26)としてのみ情報を受け容れることになる。

　すでに述べたように、必要性の出発点はテクストの文章形式であった。それは、絶えず変化する状況において絶えず新たな可変性を示しながら、参照先として不可欠であり続けはするが、判決／決定（Entscheidung）の十分な決め手に

なるものではない。だからこそ付加的に、裁判所の判断（ruling）や、法学的「理論」や、問題の区別や、法的結果ないし実際の結果に言及せざるをえず、それによって法を——著しい可変性にもかかわらず——決定連関の一貫した秩序として役立てうるのである。したがって、根拠（Gründe）は万端性の機能、すなわちシステムにとって余分であるどころではない〈更なる情報を余分に保つ〉という機能を有するのだ。

　いま広く見られる用語の混乱に対して強調しておかなければならないのは、これは実践（praxis）の問題ではなく創出（poiesis）の問題だということ、すなわち泳いだり煙草を吸ったりお喋りしたり、（英語で言うしかないが）推論（reasoning）したりするのとは違うということである。そうではなくて、これは、一つの仕組みの創出、システムの〈更なる再生産（weitere Reproduktion）〉の創出（＝創出したものからの創出（Produktion aus Produkten））なのだ。これは、システムの自己塑成（Autopoiesis）［自己の可塑性によってみずからを万端性へと充溢させていく仕組み］に他ならない。

4.

　情報と万端性の区別を手がかりとして論証作業を観察するならば、根拠や誤謬にこだわる必要はなくなる。記述にさいしてそれらが言及されることはない。恰も、高次の計算においてもはや定数が用いられず、変数だけが用いられるように。いかなる根拠を以てすれば順調にいくか、いかなる誤謬が犯されたり回避されたりするかは、もはやどうでもいい。何はともあれこうした万端性が求められ用いられていることを確認するためにのみ、観察がなされるのである。その上で、万端性と情報の区別、換言すれば〈万端性と可変性の区別〉を手がかりとして、観察者たちのこうした観察レヴェルで（ただし依然として［万端性が機能するという］基底的な過程に関わる！）システムの自己塑成を特徴づける諸言説が探られるのだ。

　注意してほしいが、これは——いまでは根拠づけをする者が男性か女性かに関心をもつ人々もいるだろうが、そのように——〈なにか別の区別をすればすむ〉ということではない。肝心なのは、根拠づけを（根拠づけする者による）観

察として観察すること［セカンドオーダーの観察］、そのさい自分［セカンドオーダーの観察者］が一つの区別を前提としているということなのだ。その区別とは、〈十分な根拠〉か〈不十分な根拠〉かという区別、〈欠陥のある根拠〉か〈欠陥のない根拠〉かの区別に他ならない[27]。そうなると、間に合うだけの万端性の必要がいわば〈優（gut）の根拠〉ないし少なくとも〈可（ausreichend, satisfying）[28] の根拠〉として、それ以外の仕方では秩序づけられないシステムの「見えざる手」[29] になる。セカンドオーダーの観察［＝観察の観察］という「技法（クンスト）」は、（ファーストオーダーの観察によれば）重要で不可欠だという定評のある事柄（ここでは〈根拠とされる資格あり〉とされている事柄）を、度外視することに存する。そして、この度外視は、別の事柄に光を当てるばかりでなく、それ以上細かく分節化されない諸形式を前提としながら〈観察と記述のもっと豊かな構造〉を可能にする、という意味をもつ。

　そのことを、判決／決定の、経験的な結果を用いた根拠づけという例に即して示すことにしよう。

　この種の根拠づけが今日重要な役割を演じていることに、疑問の余地はない。それは、カントの時代にはきびしく拒否されていたのだが[30]、いまや広く通用するに至っている。問題が比較的少ないのは、法的結果を得ようとする場合、すなわち判決／決定を根拠づけるために用いられる規則が通用しているとすればそれに適合していると思われる法的状態を探求する場合である[31]。これは、自己塑成的な作動によっていずれにせよ必要とされる再帰性（Rekursvität）を、十分にテストするということに他ならない。それに対して、システムの万端性にとって問題になるのは、おそらく将来生ずるであろう事態に基づいて［結果志向による］裁判がなされる場合である。裁判は今この場でなされなければならないのだから、こうした根拠づけは確率だけを手がかりとすることになる。まず、システムにおける可変性が大幅に高められ、それでもこれに対応する諸形式が投入される。たとえば両親離婚後の子の監護権についての裁判にさいしては、現在手にしうる将来のための指標が判決のための規準であるかのように用いられることがある[32]。植物や動物と同じように、法システムがかなり規則的に将来の状態と相関関係に立つ現在の実状に対する「先取り的反応（anticipatory reactions）」を展開するということは[33]、想定されているとおりである！　だが、

この相関関係は――それが一見して学問的根拠を有するように見える場合でも、まさにそういう場合においてこそ――それ自体が不確かなものなのだ[34]。およそ裁判官たる者は、法律の基礎にある想定された因果性と、意図された効果を、当てにしたがるであろう[35]。しかし、それが間違いであり、空中楼閣であることを認識したならば、かれはどうするだろうか？　通常のケースでは、そうした学術的寄与は確実性を高めるものではなく不確実性を増大させるもの、すなわち個別ケースや裁判ルールにおいて示される〈見方の可変性（Varietät）〉の増大として、評価されざるをえないであろう。

　法律家はしばしば、結果志向に由来するこうした問題を〈衡量（Abwägung）〉という言い方で捉えようとする。法益衡量（Güterabwägung）・利益衡量（Interessenabwägung）・結果衡量（Folgenabwägung）、等々。そのために、ある種のケースに即した裁判慣行のようなものが形成されるが、それが他のさまざまなケースに跳ね返っていくべきだとされるわけではない。つまり、万端性をほとんど伴わないのである。もっと正確な歴史的研究に踏み込まずに言うなら、〈衡量〉という決まり文句の起源は、〈「自己の権利を行使する者は何人をも害さず」といったタイプの規則を破り、その意味で合法的に行為した者に損害賠償義務を負わせた裁判状況〉に求められる[36]。それは、法／非法という明確なコード化が指針として役立たず、そのため、合法的に行為した者を特別の条件の下では非合法に行為したかのように扱うことができるような抜け道を見出さなければならない、というケースである。そうなると、利益衡量は、いわばパラドクス克服のプログラムになる。いまでは、危険責任（Gefährdungshaftung）という法制度があり、この種のケースについて――真／偽のコードであれ法／非法のコードであれコードの未来における適用について現在はまだ決定しえないという、いわば（アリストテレスの）『解釈について（Peri hermeneias）9』の前提の下で――依然として限界はあるものの、大きな適用範囲を示している。もしかすると、（危険責任という）このケース類型を、比較可能な状況が認められる限りで、注意しながらさらに一般化することができるかもしれない。しかし、だからといって利益衡量を、未来を先取りする紛争規制の一般的法原理と解することは、正当化できることではない。

　結果志向によるこうした可変性の増大に照らして、近時の法理論（Rechtstheorie)の発展が不可侵の諸権利、不可譲の諸権利による支えを求めることは、よく理解できる[37]。それは、今日もはや19世紀の法源実証主義(Rechtsquellenpositivismus)に逆らうということではなく、いかなる法的決定も法益衡量(利益衡量、結果衡量)という形式で行われるべきだという主張に逆らうものなのだ[38]。法システムが、結果への顧慮なしにこの提案［不可侵・不可譲の権利による限界づけ］を受け容れるかどうか、結果志向を免れた観点に権利という形式、法的原理という形式(たとえば拷問はいかなる場合にも許されない)を認めるかどうかは、今後の問題である。さしあたり見られるのは、どちらかといえば不明瞭な態度決定や論争なのだ[39]。こういう疑問も出されるであろう。すなわち、不可侵だと主張される数少ない人権は「結果の如何を問わず保障されている」からといって、広く支配的な功利主義を完全に免れているのか、と。とりわけ、それらの基本権がそもそも間に合うだけの万端性を確保する用具として足りるものか、そもそも注目される個別ケース(たとえば法律違反の正当化)において裁判を根拠づけるためにのみ役立っているのかを、疑問としなければならない。しかし、こうした問題において結果を顧慮すべきだという多数説〈広く支配的な功利主義〉に傾いたり、〈そうなるのも法システムの実際の傾向だ〉と見通したりしても、法システムを観察するのに［根拠の可変性を重視する］〈根拠づけ図式〉ではなく〈万端性図式〉によるならば直面する肝心の問題は、残される。「アプリオリに確立している規準や優先序列をすべて放棄した後は裁判の〈実際の結果〉を決め手にするしかない」[40] と説かれるのを聞けば、説得力があるように聞こえるし、それに異論を唱えるつもりもないが、そうした仕方で［法律家的論証(≒法律論)以外の観点を含む］可変性(Varietät)を増大させるだけで、それに対応する［法律論の］万端性(Redundanz)を保障すること、せめてその見通しを立てるための論拠を用意することさえできないシステムがどうなっていくのか、見当もつかない。法律論の万端性を前提とする〈適切な根拠づけ〉という問題を結果志向から生ずる〈情報の万端性〉によって置き換えてしまうならば、これまでと同様の事態を別の区別図式によって観察することになり、それによって別種の［すべてを結果志向に還元する］研究が刺激されることにもなるであろう。

　刑事訴訟に変更困難なものがあることの理由として、刑事法学者ハッセマーは、すべてを結果衡量の問題に解消してしまう傾向に逆らう——歴史的ではあ

るが［過去の記憶にとどまらず］持続性を示す——「法文化（Rechtskultur）」を引き合いに出した[41]。全く同様に定式化して、〈法は万端性を必要とし「固有値（Eigenwerte）」として生み出す〉と言うことができるかもしれない。そのこともまた、かつて絶対的であり無条件であったものが、法システムとその歴史に取り込まれながらもさまざまの任意的な組み合わせの解放に抵抗しうるような場を占めることを、可能にするであろう。

5.

　無条件であるものすべてが座を失い、「窮極の根拠」がその任に堪えなくなったときに生ずる空席を、そのまま放置するわけにはいかない。いずれにせよ、無条件という呼称自体が［無条件という条件を示す］パラドクシカルな、自分自身を規定する形象であった。それを放棄しても、多くを失うわけではない。だが、それに代わりうるものは何だろう？

　ここでも、〈二つの側という形式〉が役に立つ。われわれは参照（Referenz）の問題に即して、自己参照（Selbstreferenz）と外部参照（Fremdreferenz）を区別する*。この区別が一つのシステムを前提としてのみ用いられることは、明らかである。なぜなら、さもなければ「自己……」と「外部……」について云々することができないからだ。もっと精確に観察すれば、これは、或る区別がそれによって区別されたもの［外部から区別されたシステムの内部］に転写されること、すなわちスペンサー－ブラウンのいう「内部転写（re-entry）」[42]を指す。スペンサー－ブラウンの形式計算（Formenkalkül）において、この［内部転写という］形象は、計算そのものを当初の区別の恣意から解放するために役立つ。かれはこのように結んでいる。「これで判るように、最初の区別すなわち［こちらが外部から区別されたシステムだという］指定と［システムの］観察者は、互換性をもつばかりでなく、区別という形式において同一である」[43]。

*　自己参照と外部参照の区別、そして後者の内部転写についても、ルーマン著、村上訳『社会の教育システム』1頁以下、および同『ポストヒューマンの人間論』（東京大学出版会、2007年）を参照。

　一つのシステム理論的文脈において、〈最初の区別〉はシステムと［その外部す

なわち]環境の区別である。その区別はシステムが作動することによって、すなわちシステムの作動を環境ではなくシステムに帰することによって、生み出される。システムが自己観察と自己記述を始めると、そのシステムは環境との差異によって自己を示す他はない。まさにそれによって、自己参照と外部参照の区別が成り立つのである。これによって、どんな区別によっても傷つけられる「(こちらが環境から区別されたシステムだという)印づけのない状態」としての世界は、システムへの〈内部転写〉が行われる――そして(システムに)内部転写された〈システムと環境の区別〉を自己と同一化する――〈仮想空間(imaginärer Raum)〉になる。これ以後、システムは自己を自己の環境から区別することによって、すなわち言葉と事物の混同、地図と領域の混同を避けることによってのみ、〈(仮想空間としての)世界〉と交流することができるのだ[44]。

　このコンセプトを[機能的分化を遂げた]さまざまの社会システム(soziale Systeme)一般と、[それらの社会システムから成る]特殊な全体社会システム(Gesellschaftssystem)に適用するときに生ずる一切の問題には、立ち入らずにおこう。ここで関心を惹くのは、法システムが自己参照と外部参照をどのように区別するか、ということだけである。それは、法を通用させる作動のレヴェルで、規範的予期(normative Erwartungen)と認知的予期(kognitive Erwartungen)を区別することによって行われる。法システムは、規範的予期を場合によっては実情を無視して堅持しながらも、環境との関係では学習の用意がある場合、規範的には閉じられ、認知的には開かれて作動する[45]。言い換えれば、法システムは新たな状態を目前にしてどんなに論証の自由があっても、現行法から出発せざるをえない。法システムは、或る法規範に違反する者があったからといってその法規範が効力を失ったことを認めるわけにはいかない。これに対して、事実認定の領域に関わる場合、とりわけそれが法的効果を発生させるか否かに関わる場合には認知的に対応し、時には[事実に関する]予期を修正しなければならない。

　規範的な自己参照(normative Selbstreferenz)と認知的な外部参照(kognitive Fremdreferenz)の区別というこうした形式(フォルム)による差異に、論証レヴェルで対応するのは概念(Begriffe)と利益(Interessen)の区別だと思われる。むろん、そのためには[概念と利益という]これらの概念を、今世紀初め*に「概念法学

(Begriffsjurisprudenz)」と「利益法学（Interessenjurisprudenz）」の間で行われ、法解釈論（Rechtsdogmatik）の趨勢を利益法学に向けて転換させることになった、かの不毛な論争から切り離さなければならない。今日では、その基礎にあったのが滅多に見られない歴史的な見当違いであったこと、いずれかの学派をそのままの形で選びとるのはあまり意味がないことが、判っている（少なくとも、判ろうとすれば判る）。

＊　本論文が執筆・発表されたのは20世紀末の1995年。

　法概念を扱うことによって、法システムは自分自身に、すなわち〈みずからの法実務の濃縮された経験〉および〈意義を実証された［外部＝環境との］区別〉に関わる。これに対して、利益を参照することによって法システムは、外部＝環境に関わる。法システムは、いかなる利益を持たなければならないかを定めるのではなく、如上の観点からして、利益に関わる人々が自己の利益として定式化したものを扱う[46]。

　法的論証は、随所で概念に敏感に、そして利益にも敏感に進められることによって、みずからの作動レヴェルで自己参照と外部参照を区別すると同時に結びつける。それは、自己の概念性において〈役立てられてきた万端性（Redundanz）〉を保ち、新種の決定状況において〈不連続性における連続性〉のために概念を駆使し、必要に応じて概念としての質が認められるような形で新たな区別を示唆する。それが利益を指摘する場合は、形式としては外部参照ということになる。［法システムの］環境における利害関係者の、恒常的で予見可能で均衡の取れた司法への関心が想定される場合でも、それはやはり外部参照なのだ[47]。確かに、裁判官の世間知（Weltwissen）が「利益」と見立てるもののなかには、裁判官自身の考え方が多く含まれていることが判るであろう。保護に値する利益と値しない利益を区別し「衡量する（abwägen）［＝秤（Waage）にかけて重さを比較する］」必要があるために、法システムが利益として受けとめるものが予め大幅に構造化されることにもなるであろう[48]。だが、これは、外部参照的観察も〈外部の内部転写（re-entry）〉を前提とするシステム内部の作動であり、そのことによってのみ論証に持ち込まれうるということを、想起させるものに他ならない。だからこそシステムは、環境で生じていることを取り上げるために諸利益を見定めることによって、同時に、受容し加工しうる可変性（Varietät）を

調節することができるのだ。
　すでに見たように、「利益衡量」には——極端を避け、中庸（gesunde Mitte）や節度（Mäßigung）といったものを求める昔ながらの正義の定義による以外に——いかなる高次規則（Metaregel）も欠けている。［利益衡量という本来は原理と言えない］原理（Prinzip）が、いわばありとあらゆる選好を刻み付けるため、法システムによって制御できない価値の変化やさまざまのイデオロギーのための、［たとえば大理石が彫刻のための媒質だとされるような意味での］媒質（Medium）＊として［いかなる限定もなしに］作用するのである。これに対して、［システム理論に従って］〈利益と概念〉をシステムの〈外部参照と自己参照〉として対置してみるならば、そこから衡量のルールを導き出すことはできないにせよ、少なくとも、利益としてとらえられ衡量されるものがシステムにおいて下される決定の効果の〈概念による媒介［法律家的論証］〉を考慮することによって大幅に限定されていることが、明らかになる。

　＊　ルーマン著、村上訳『社会の教育システム』106–107頁の、村上によるコメントを参照。

　最後に、概念／利益の対置が万端性と可変性の関係にどんなに強く介入しているかをよく考えてみよう。利益衡量の場が広くなれば、両者のバランスは失われて、可変性（Varietät）の有利、一貫性（Konsistenz）・予測可能性（Berechenbarkeit）・正義（Gerechtigkeit）といった〈万端的に整えられた諸価値（Redundanzwerte）〉の不利に傾く。したがって、社会学的観点からすれば、明確に利益志向的な論証システムは、可変性とそれに伴う環境からの刺激可能性を、そのコストと共に増大させる。これをシステムの自律に対する制限と解する必要はないし、まして〈社会のなかの強力な利益の圧力への憂うべき屈服〉と解するには及ばない。大組織とその経済的利益をむしろ不利に扱い、法から閉め出す傾向を示す〈立法や司法の社会的トリック〉から見れば、まさにその反対である。提起されている問題は、その意味で「政治的な」問題というよりも、このような論証文化［利益志向的な論証システム、万端性の負担において可変性を強化する傾向］に対してシステムの自己塑成（Autopoiesis）がどのように反応するか、という問いかけなのである。

注

1) Siehe Gerhard Struck, Zur Theorie juristischer Argumentation, Berlin 1977; Robert Alexy, Theorie der juristischen Argumentation, Frankfurt 1978. これは、論証について非法律家が説く理論でも同様である。さしあたり Stephen Toulmin, The Use of Argument, Cambridge 1958 を見よ。
2) 近代において普及した便法は意図 (Intention) に照準を合わせ、根拠づけの努力を成功したものと不成功に終わったものに区別するものだが、やはり不成功に終わっている。この便法は「意図」によって「主観的な」状況に照準を合わせ、それが他の意図によって「客観的な」標準として用いられることになるからだ。われわれが主体理論をシステム理論に切り替えるのは、そのためである。
3) はっきりさせるために付言すれば、「個別ケースについてであれ、ケースグループの全体のためであれ」(たとえば、純粋な人命救助者たちが事務管理によって行為したものとして相当の請求権を行使しうるか)。
4) そう問いかけるだけで、パンドーラの箱を開くようなことになる。学術［システム］の場合については、G. Nigel Gilbert/Michael Mulkay, Opening Pandora's Box: A Sociological Analysis of Scientists' Discourse, Cambridge Engl. 1984 を見よ。さまざまの論拠の背後にいろいろな動機が認められるという問題についてのすぐれた洞察を示すものとして、Rüdiger Lautmann, Justiz — die stille Gewalt: Teilnehmende Beobachtung und entscheidungssoziologische Analyse, Frankfurt 1972.
5) Herbart L. A. Hart, The Concept of Law, Oxford 1961 のしばしば論及されたテーゼとは違って、われわれは「承認 (recognition) のルール」ではなく、「承認の作動的な要件 (operative Erfordernisse)」を論ずるのである。ハートの多くの論述、とりわけそのような承認のルールの制度的性格と根拠付け不能性についての論述は、［作動的要件を充足した］特定の種類のルールに限らず［作動的要件の充足（法システムへの帰属）が疑わしいものまで含めて］事実上すべての法実務が（法的）承認の要素を伴っていると主張するかのように、理解される。
6) 作動 (Operation) と観察 (Beobachtung) のこうした区別の基礎にある複雑で自照的 (reflexiv) な概念装置は、少なくとも注記を必要とする。この区別はそれ自身を二重の仕方で含むものなのだ。観察はそれ自体が、区別を二重の仕方で含んでいる。観察は、区別を助けとして作動を観察する作動なのだ。そして、観察と作動の区別は、むろんそれ自体が観察である。こうした形式をとる自照性 (Reflexivität) は、われわれが基本概念に関する問題の領域で作動／観察することの標識と解されなければならない。
7) Michael S. Moore, Precedent, Induction, and Ethical Generalization, in: Laurence Goldstein (Hrsg.), Precedent in Law, Oxford 1987, S. 183–213 は、コモンローの先例的判決のテクストが重視されていることを否定するが、それは倫理的一般化 (ethische Generalisierungen) の余地を確保するためだとする。そのような論旨を支えて道徳的懐疑 (moralische Skepsis) に対抗するかれの論拠をも参照 (in: Michael Moore, Moral Reality, Wisconsin Law Review 1982, S. 1061–1151)。これは、警告の例にすぎないものとして——テクストを離れた論証が許されれば法システムがど

んなことになるかの一例として――受けとめることができよう。
8) 印刷術のおかげで「探し当てる (invenire)」ことの心配が減ったために現在のトポス論が不十分な歴史的記憶に頼っていることは、フィーヴェーク (Vieweg) 以来の多数の文献が示すとおりである。
9) Neil MacCormick, Why Cases Have Rationes and What These Are, in: Laurence Goldstein (Hrsg.), Precedent in Law, Oxford 1987, S. 155–82 (161) [S. 155–82 は本論稿の最初と最後の頁を示し、(161) は該当頁を示す。] は » second order justification « という言い方をしている。
10) Siehe: Laws of Form, Neudruck New York 1979.
11) スペンサー – ブラウンの用語は、区別 (distinction)、指定 (indication)、横断 (crossing) である。[なお、村上「スペンサー – ブラウンとルーマン」(『システムと自己観察』(2000 年) 所収) を参照。]
12) そのような統一志向のイデー論が差異論的な出発点をとる言語理論によって追い越されたことについて歴史的に論ずるのは、Ian Hacking, Why Does Language Matter to Philosophy, Cambridge Engl. 1975.
13) ここでは心的システム[の側面における人間]を度外視しているので、合意を形成または維持しようという場合には論理的な誤謬が事情によって必要だったり少なくとも有益だったりするのではないかという問題に、触れないで済む。合意があれば誤謬の検証が不要になるのだ。これについては、Vernon H. Edmonds, Logical Errors as a Function of Group Consensus: An Experimental Study of the Effect of Erroneous Group Consensus upon Logical Judgements of Graduate Students, Social Forces 43 (1964), S. 33–38. を参照。いくつかの職業 (Profession) においては大きな不確実性という条件の下で働かざるをえないということも、ここで述べておくべきであろう。そこでは一種の〈職業上の連帯〉が機能していることを「生き残った誤謬 (surviving mistakes)」と称することができようが、当該の職業が誤謬の生き残りを許すのか、それともその職業自体が誤った実務にもかかわらず自己と自己の実務担当者の生き残りを保証するために十分な論拠を備えているのかに、立ち入らずに済ませているかもしれないのだ。
14) これについては、Neil MacCormick, Legal Reasoning and Legal Theorie, Oxford 1978, S. 33. しかし S. 197 においてこう説いている。「演繹は論拠の興味ある部分、すなわち法におけるルール設定が完了した後に、ようやく登場する」、と。
15) 「指定された／指定されていない」という (それ自体が一つの観察形式に他ならない！) 区別は、言語学的意味論において彫琢された。John Lyons, Semantics Bd. 1, Cambridge Engl. 1977, S. 305–11 を参照。
16) 知の形式のまさにこうした変化は、論証に携わる法律家たちによってまだほとんど気付かれていない。ただし、Karl-Heinz Ladeur, Alternativen zum Konzept der » Grenzwerte « im Umweltrecht — zur Evolution des Verhältnisses von Norm und Wissen im Polizeirecht und Umweltplanungsrecht, in: Gerd Winter (Hrsg.), Grenzwerte: Interdisziplinäre Untersuchungen zu einer Rechtsfigur des Umwelt-, Arbeits- und Lebensmittelrechts, Düsseldorf 1986, S. 263–80. ただしラデーア自身は、〈科学

革命と法革命における転換の或る種の類似性〉という公準を立てるにとどまっており、そのために法律家たちの関心を惹きえないでいるのは無理もないと思われる。なぜなら法律家は、そのような「認識論的リスク」の新世界においてどのように——とりわけ、ごく実際的に言っていかなる利益のために——論証に従事できるものかを、十分明らかにしてほしいと考えるであろうから。

17) 尤もここでも、いまではとくに比較的しっかりした「客観的な」解釈がなされる場合、社会的な承認、たとえばプロフェッショナルな承認を得る可能性が一役買うことはある。たとえば、Owen M. Fiss, Objectivity and Interpretation, Stanford Law Review 34 (1982), S. 739–63 (746)。そのさい、こうした〈解釈作業の解釈 (Interpretation des Interpretierens)〉がめざすのは、この「解釈コミュニティー」が「覆面パワー」として矮小化されることの防止である。ただしそのためには、(論争の両当事者における) もっと注意深く特殊化された概念の使用が必要であろう。

18) もとより、そのさい関係者が「一緒に考える」必要まで疑問とされるわけではない。この複雑な問題をより詳しく論ずるのは、Niklas Luhmann, Die Wissenschaft der Gesellschaft, Frankfurt 1990, S. 11 ff.

19) そこで、たとえば Richard D. Rieke/Malcom O. Sillars, Argumentation and the Decision Making Process, New York 1975, S. 1 は、かれらの企図を紹介してこう述べている。「本書はさまざまの論拠 (arguments) から成り立っている。全体として本書は、論証 (argumentation) と決定 (decision making) に関する一つの見方を示す例を構成する。本書のなかでわれわれはさまざまの論拠を提出し、読者にそれらの論拠を支持するように求めるのだから、本書が〈扱われる主題の練習帳〉であることを忘れないでほしい (読者への呼びかけ)」。

20) やはりこの区別から出発するのが、Martin Shapiro, Toward a Theory of Stare Decisis, Journal of Legal Studies 1 (1972), S. 125–34 (125 f.):「万端性は情報の反対である。それは反覆やパターンをメッセージに持ち込むことなのだ」。

21) だから、区別の一方の側をしばしばエントロピー (Entropie) とも称し、結果として他方の側をネゲントロピー (Negentropie) と称する。Vgl. Giorgio Lazzaro, Entropia della Legge, Torino 1985.〈可変性 (variety)〉と〈万端性 (redundancy)〉という両概念については後述するが、Henri Atlan, Entre le cristal et la fumée, Paris 1979; ders., Noise, Complexity and Meaning, Revue internationale de systémique 3 (1989), S. 237–39 をも参照。

22) Donald M. MacKay, Information, Mechanism and Meaning. Cambridge Mass. 1969 における情報と意味 (意味の場合、情報が反覆によって不要になるということがないので、万端性の代表的な例である) の区別をも見よ。

23) Gregory Bateson, Ökologie des Geistes: Anthropologische, psychologische, biologische und epistemologische Perspektiven, Frankfurt 1981, S. 515 ff., 530 ff. のエッセイ、» Kybernetische Erklärung « と » Redundanz und Codierung « を見よ。

24) 立法による法システムのカオス化によるものとするのは、とりわけ Giorgio Lazarro (Fn. 21).

25) Martin Shapiro (Fn. 20) が取り組むテーマ。

26) Martin Shapiro (Fn. 20), S. 131 の表現。
27) フェミニズムの立場から読むにしても、階級理論の立場から読むにしても、〈女性は男性とは異なる主張を優先させる〉とか、〈社会的出自によってもそれに基づく差別がもたらされる〉とかいった主張によって、やはりこうした〈セカンドオーダーの観察〉[既成の〈ファーストオーダーの観察〉の観察] のレヴェルへの到達が、少なくとも試みられてきた。かりにその観察内容が確認されるとしても、それによって到達されるのは限られた意義しかもたない命題レヴェルである。そうなると、このヴァージョンは人事政策的意義しかもたず、志願者の個性や職業適性の指標に照準を合わせる採用モデルと競合することになるであろう。
28) » bounded rationality « に当たるこの造語は、周知のようにハーバート・サイモン (Herbert Simon) によって提案されたものである。Siehe Herbert Simon, Models of Man, Social and Rational: Mathematical Essays on Rational Human Behavior in a Social Setting, New York 1957, S. 204 u.ö. なお、これも、satisfying/maximizing の区別に基づく形式概念である。
29) こう言うのは、Martin Shapiro (Fn. 20), S. 131.
30) 「行為の結果はそれが経験にもたらす快／不快の感情によってのみ明らかになるのであり、それによって賢明であるための掟が示される。しかし、権利と義務の概念は、それによっては明らかにならない」(Johann Gottlieb Buhle, Lehrbuch des Naturrechts, Göttingen 1798, Nachdruck Brüssel 1969, S. 51 (傍点は原文強調箇所)。もとより、哲学的な発想によるこの言葉がかつての法実務を適切に表現したものだったと言い切ることはできない。しかし、なんらかの安全弁はつねに存在したのであって、厳格法に基づいて幅広く理解された君主の裁判権をその容認し難い結果のゆえに修正可能にした衡平法 (aequitas) という構想が、そのことを示している。たとえば、(まだ解釈の段階にとどまり、君侯への反問という形をとるに至っていないが) Jean Domat, Les loix civiles dans leur ordre naturel. 2. Aufl. Paris 1697, S. 19:「自然法は、そこから衡平に反する結論が導かれるときは悪しき適用がなされたのである」。
31) 法的結果と実際の結果との区別については、とりわけ、Gertrude Lübbe-Wolff, Rechtsfolgen und Realfolgen: Welche Rolle können Folgenerwägungen in der juristischen Regel- und Begriffsbildung spielen?, Freiburg 1981. とくに読む価値があるのは、behavioural consequences/legal consequences と「規則のそれ自体への効果」としての〈組み込まれた結果 (inbuilt consequences)〉との区別を論ずる Bernhard Rudden, Consequences, Juridical Review 24 (1979), S. 193–201 である。それとの関連で、Neil MacCormick, Legal Decisions and Their Consequences: From Dewey to Dworkin, New York University Law Review 58 (1983), S. 239–58.
32) Irène Théry, The Interest of the Child and the Regulation of the Post-Divorce Family, International Journal of the Sociology of Law 14 (1986), S. 341–58 がフランスの法実務から挙げる基準は、(1) 両親間の合意の尊重、(2) 子の希望の尊重、(3) 現状の認識である。ドイツ法では心理学的考慮から、子は両親のなかで強い結びつきが生じた方の親の許に留まるべきだというルールが生じたようである。しかし、心

理学がそのようなルールを全く支持しなかったり、もはや以前のように断乎として支持しない場合は、どうすればいいのか？ これについては、Jutta Limbach, Die Suche nach dem Kindeswohl—Ein Lehrstück der soziologischen Jurisprudenz, Zeitschrift für Rechtssoziologie 9 (1988), S. 155–60.

33) Vgl. Robert Rosen, Anticipatory Systems: Philosophical, Mathematical and Methodological Foundations, Oxford 1985.

34) これは、とくに環境法について言えることである。しばらく前までは環境保護のために高い煙突を建てることが推奨されたのに対して、いまではまさにそれが大気汚染を一層拡大するということが知られている。この例について、Volker Prittwitz, Drei Idealtypen der Umweltpolitik, in: Udo Ernst Simonis (Hrsg.), Präventive Umweltpolitik, Frankfurt 1988, S. 49–63 (52). 一般的な問題状況についてはさらに Gunther Teubner, How the Law Thinks: Toward a Constructivist Epistemology of Law, Law and Society Review 23 (1989), S. 727–57.

35) しかも、経験的な研究は、これについてその裁判官をどこまでも支持するであろう。Vgl. dazu Armin Holland, Vom Machen und Messen von Gesetzen—Erkenntnisse aus der Forschungspraxis zur Reichweite der Gesetzesevaluation. Zeitschrift für Rechtssoziologie 10 (1989), S. 202–21.

36) その古典的なケースは緊急権 (Notstandsrecht) である。Vgl. dazu Rudolf Merkel, Die Kollision rechtmäßiger Interessen und Schadensersatzpflicht bei rechtmäßigen Handlungen, Straßburg 1895. (利益衡量について S. 49 ff.)

37) Vgl. insb. Ronald Dworkin, Taking Rights Seriously, Cambridge Mass. 1978. dt. Übers. Frankfurt 1984.

38) とくに明確で刑事手続法上の説得力をもつのは、Winfried Hassemer, Unverfügbares im Strafprozes, in: Festschrift Werner Maihofer, Frankfurt 1988, S. 183–204.

39) Robert S. Summers, Two Types of Substantive Reasons: The Core of a Theory of Common Law Justification. Cornell Law Review 63 (1978), S. 707–88 は、» goal reasons « と » rightness reasons « はいずれも許されると説いているが、それはもとより問題を解決するものではなく、問題が裁判官の〈決定の自由〉の要素とされているだけに一層尖鋭化されることになっている。Christopher H. Schroder, Rights Against Risk, Columbia Law Review 86 (1986), S. 495–563 をも参照。

40) これについて論ずるものは多いが、Adalbert Podlech, Wertungen und Werte im Recht, Archiv des öffentlichen Rechts 95 (1970), S. 185–224 (198 f.)。

41) Winfried Hassemer (Fn. 38), S. 197 ff.

42) George Spencer Brown (Fn. 10), S. 56 f., 69 ff.

43) George Spencer Brown (Fn. 10), S. 76.

44) これについては、心的システム [の側面における人間]、ないしその諸器官との関連を論ずる Jacques Miermont, Les conditions formelles de l'état autonome, Revue internationale de systémique 3 (1989), S. 295–314 を見よ。

45) Niklas Luhmann, Die Einheit des Rechtssystems, Rechtstheorie 4 (1983), S. 129–54 (139 f.) をも参照されたい。

46) とりわけ経済と政治の分野における〈利益の意味論 (Interessensemantik)〉の初期近代におけるキャリアは、まさにそのことに照準を合わせた。それによれば、利益は主観的な構成要件ではあるが、だからこそ、主体が自己の利益をみずから定義する限りで計算可能だ、とされる。Duc de Rohan に由来すると思われるスローガンを引用するものとして、J. A.W. Gunn, » Interest Will not Lie « A Seventeenth Century Political Maxim, Journal of the History of Ideas 29 (1968), S. 551–64; Ders., Politics and the Public Interest in the Seventeenth Century, London 1969. さらに Niklas Luhmann, Interesse und Interessenjurisprudenz im Spannungsfeld von Gesetzgebung und Rechtsprechung, Zeitschrift für Neuere Rechtsgeschichte 12 (1990), S. 1–13.
47) 「ひとたび効力あるものとされた秩序についての利益」について、Phillip Heck, Gesetzesauslegung und Interessenjurisprudenz, Tübingen 1914, S. 180. なお、Benjamin N. Cardozo, The Nature of the Judicial Process, New Haven 1921, S. 112 を参照。
48) まさに感動的な率直さで、Benjamin N. Cardozo (Fn. 47), S. 113 はこう記している。「或る利益が別の或る利益よりも重いことを彼(裁判官)がどのようにして知りうるのかと尋ねられれば、〈彼は立法者と全く同じ仕方で自分の知識を得なければならない。経験と研究と省察と実生活 (life itself) によって〉と答えるしかない」、と。社会学者たちはこれをもって、みずからの答えに代えることができよう。

第3章
法における論証と解釈
〈規則結果主義〉と合理的再構成

ニール・マコーミック
（Edinburgh）

1. ニクラス・ルーマンの立場について

　ニクラス・ルーマンは、法律家による論証作業の経過をよく捉えたこういうメタファーを示している。〈法はそのさい、問題にどう適用されるべきかを見出すために、いわば自己を観察するのだ〉、と。法システムは一つのコミュニケーションシステムである[1]。ルーマンの言う〈さまざまのコミュニケーション〉の若干は、他の〈さまざまのコミュニケーション〉から意味を取り出すためのものとされる。こう言うのは、法を〈法そのものについての規範的情報の運び手〉として特徴づけるテクストを、念頭に置いてのことである。

　ルーマンは法を、規範的に閉じられた、しかし認知的には開かれたシステムと解する：法律家的な決定の担い手は、法的問題を法的な諸範疇によって、〈それぞれの範疇が通用するための基準に合った法の見方〉と〈法を内容的に具体化するそれぞれの方法〉によりながら解く。その意味で、法は規範的に閉じられている。むろん、規範として権威づけられる解釈がすべて法システムの所産だというのではなく、社会的な周辺に由来する重要な情報（さまざまの利益や価値）に由来する部分もあろう。法の認知的な開放性はこれによるのであり、法の規範的な閉鎖性と全く調和しうるものなのだ。システム外の情報の重要度は、つねにシステム固有の〈基準〉と〈手続規則〉に従って決まる。法の外の諸利益や諸価値が〈法律家的決定を正当化するものと認められる根拠〉を提供する範囲や程度は、［外部の判断によるのではなく］法によって決められる。ルーマンによれば、こうした認知的開放性がシステム自体にとってのリスクを内在させていることは自明であり、そのリスクの程度は開放性の程度に大幅に依存する。あ

らゆる法律家的決定が、触れることがあるかもしれないすべての利益にとっての結果の衡量を前提とするならば、それは、システムに対する過剰な要求になり、システムがこの過剰負担となった関連情報を処理しようとすれば、もっと恣意的にならざるをえないであろう。

　法にとって利益衡量に割く余裕がどれだけあるとしても、〈法律家的論証論 (juristische Argumentationslehre)〉は、決定の周辺で処理することができ、重要でもあるような諸情報の〈制御不能な多様性〉を縮減するメカニズムだけは用意しておかなければならない。これは、ジョセフ・ラズが全く異なる出発点から始めながらも到達した考察と一致する。すなわち、ラズによれば、法律家の論証過程において法的ルールは〈排除効果をもつ根拠 (exclusionary reasons)〉として機能する[2]。つまりそれは、さもなければ或る事柄における決定について〈あれこれの「未熟な理由 (raw reasons)」の衡量を手がかりとして賛成または反対すること〉を、排除するのである。その限りでさまざまのルールは、特定の決定に賛成する根拠にもなり、その決定に賛成または反対する重要な根拠を顧慮しない根拠にもなる。さらにそれは、そのような〈論証の基本方針〉に賛成するすぐれた実践的根拠でもある。それが初めて、追体験可能であるゆえに社会から責任を問われうる公的な決定形成のシステムを可能にするのだ。さもなければ、システムは——ルーマンの言い方によれば——多すぎる制御不能な「可変性 (Varietät)」（少なすぎる「万端性 (Redundanz)」）を内在させることになるであろう。

　ルーマンの〈根拠づけ論 (Begründungslehre)〉はその他にも、すぐ理解できる論点を含んでいる。法律家にとっての基本的な情報が——単行法にせよ法典にせよ〈法律のテクスト〉という形をとる場合も、〈さまざまの裁判例 (Präjudizien) のテクスト〉という形を取る場合、すなわち裁判例が拘束力をもつか、少なくとも法律家特有の決定の源泉としての説得力をもつとされる場合も——テクストに含まれていると見る点でも、われわれの見解は一致している。われわれは、これに反するモーアの所論を拒否するものである[3]。その限りで、法律家の論証は根拠づけとして、つねに解釈 (Interpretation) を求める。いま下すべき決定についての根拠を示すために、かつて下された決定を支えた根拠が同時に解釈されるのだ。規則 (Regel, rule) のテクストの解釈によって示そうとされ

るのは、自己の決定についていかなる有利な根拠を挙げることができるのか、そしてその根拠が——稀ではないことだが——何らかの別の解釈や決定に馴染むような根拠になぜ優先するのか、ということである。

これは、実践 (praxis) であると同時に創出 (poiesis) でもある。決定を下す一方で、根拠づけ行為により既存のさまざまの裁判例のテクストにもう一つのテクストを付け加えるのだから。これは確かに、法がまず自己観察を行い［第一段階］、解釈を行うことを決め［第二段階］、最後にシステムとして新たな自己構成を行い決定と解釈的根拠づけの過程から得られた新情報による自己拡張に至る［第三段階］というケースの一つである。このように単純な意味で、法的展開過程は「自己塑成的 (autopoietisch)」なのだ。もっと異論の余地があるのは、「第三段階」における〈根拠づけ過程との取組み〉がそもそもルーマンの言う［ふたくみの］二値的概念セット、「情報と万端性」または「［自己の情報の万端性を前提とする］自己観察と［自己の情報の万端性を前提としない可変性すなわち］外部観察」に基づいてのみ、少なくとも最も成果に富む仕方で遂行されうるという主張かもしれない。ルーマンの第三段階の基礎をなす二つの初期段階をもう一度振り返ってみよう。第一段階では、根拠づけは規則テクストを調べてその文言だけから直ちに或るケースや或る法的問題についてのその重要性が明らかになれば済む。ここでは、規則テクストの引用と、規則の概念的基準値に合することが確認された当該ケースの諸事実の引用を以て、根拠づけをしたことになる。だが、テクスト解釈と事実の性質決定から何らかの問題が生ずることも少なくない。その場合は根拠付けの第二段階に移らざるをえないのであり、法律家的根拠づけ (juristische Begründung) は問題の考えられる解決の一つのために最善の根拠を案出しなければならない。そのさい、望ましい解決にとって不利な根拠や拒否された解決にとって有利な根拠については、明示的または黙示的な言及が必要になる。

ルーマンは、実践的論証のこの第二段階を超えること、そして、かれの論証形式を——第二段階における実践的論証に用いられているのとは異なる諸概念によって——理解させることを以て、法理論の課題とみなしている。法律家の伝統的な手がかりに対するかれの批判は、論拠の説得力についての同一の基準を、理論レヴェルと実践レヴェルの双方について用いるところまで及ぶのであ

る。そのような手がかりは——ルーマンの言うところによれば——二つの異なる点を判断するために同一の論拠が用いられるという見方に由来する。或る決定や解釈の良き根拠として挙げられるものは何か？ その根拠はなぜ良き根拠とされるのか？ こうした見方から導かれる手がかりを、私も、〈自己適用論理〉的 (autologisch) だと称してみたい。これに対してルーマンは、第二段階を超えて第三段階を設定し、そこから最初の両段階を観察できるようにすることに、手がかりを求める。その限りで、かれは、論証作業の過程を実はメタ・カテゴリーによって観察することを目指しているのだ。上述の情報／万端性という図式も、こうした目標に向けられている。ルーマンはこれを、維持しえない〈自己適用論理的な手がかり〉とも、やはり非生産的で（いまでは信頼を失っている）直観的な自明性の意味における何らかの「窮極の根拠」の援用とも異なる、唯一の有意味な選択肢として提示するのである。

　私は、法律家的論証の本質を解明するためのルーマンの試みが結局〈期待はずれ〉に終わっていることを、認めざるをえない。だがこうした留保にもかかわらず、われわれ両者の間には一致点がある。たとえば、法律家的論証作業を個別ケースにおけるさまざまの利害を持続的な均衡に導く——法律家的根拠づけにおける「行為の結果志向ないし行為結果主義 (handlungsbezogene Folgenorientierung; act consequentialism)」と称することができるかもしれない——法的な規則やシステムが重大な欠陥を有するというルーマンの見解は、確かに正しい。それに従う法システムは、不意打ち (Überraschungen) だらけになるであろう。決定過程は、重要視される個別ケース限りの、つまり比較を容れない情報を満載して進むことになるであろう。結局のところあらゆる問題を裁判官の決定に委ねざるをえず、そのことが、裁判実務における法的安定性と予見可能性と統一性にとってきわめて長期的な影響を及ぼすであろう。そのことは、実はルーマンによる第三段階の分析において十分に示されている。もっと簡単に得られる結果に辿り着くためにシステム理論の仕掛けのすべてについて「吟味する」必要があるかどうかは、疑わしいが。

　こうして、解釈の問題が〈フィルターにかけられていない個別利益の衡量〉に尽きるなどということは、決してない。しかし、行為の如何を問わない結果志向という形をとる見方（「非行為結果主義 (non-act consequentialism)」）は、ルー

マンの根拠づけ論によって、少なくともいまのところ取り上げられていない。それは評価と論証に関わる難問であって、このタイプの論証問題はルーマンの分析において明らかに省略されているのである。

　第二段階を超える論証理論は〈自己適用論理〉的であるかぎり直観主義的またはシステム理論的な構想によっているに違いない、と解するのは間違いである。それとは別の、〈直観主義的モデルに対する異論が当てはまらない代替構想〉もあるのだ。以下においてはそのような代替構想を、最近完結した或る研究の例によりながら紹介する。その研究の記述に続けて、若干のコメントを加えることにする。

2.　「ビーレフェルト・サークル（Bielefelder Kreis）」と法律の解釈

　ここで紹介する研究、すなわちロバート・サマーズ（Robert Summers）と私によって刊行された『制定法の解釈――比較研究』[4]は、私見によれば比較法（Rechtsvergleichung）と比較法理論（vergleichende Rechtstheorie）の最も野心的で最も刺激的な業績である。本書は法律解釈についての9編の「各国報告」（アルゼンチン、フィンランド、フランス、ドイツ、イタリア、ポーランド、スウェーデン、連合王国［イギリス］、USA）と、方法論、比較法、〈解釈と論証〉論についての各章から成っている。著者たちは、可能な限り共通の類型論と方法を心得ていた。ビーレフェルト大学の学際研究センターにおける〈論証（Argumentation）と解釈（Interpretation）〉についての何時間もの共同討論が背景になっていたのである（ビーレフェルト・サークルという呼称はこれに由来する[*]）。討論の材料を知る学者たちにとっては驚くまでもないことであろうが、同時代のさまざまの法システムと法伝統における〈解釈〉への道の注目すべき共通性を把握しえたということが、討論の成果であった。

[*]　ルーマンは1968年から1993年までビーレフェルト大学の教授（社会学）であり、1998年に歿するまでビーレフェルトで研究と著作活動を続けた。

　そのさいわれわれは、法律家的決定過程における解釈の問題にとって重要な複数の典型的論証モデルを取りあげた上で、いくつもの具体的なケースについて、さまざまの論証モデルが一つの法的決定を根拠づけるさいにどのように影

響し合ったり妨げ合ったりするかを議論することから始めたのである。法解釈論の論拠（Argument）はすべて、われわれの提案に従って三つの主要範疇に、すなわち言語学的範疇と体系的範疇と目的論的／評価的範疇に分けられた。若干のかなり重要な論証類型、とりわけさまざまの仕方で立法者の意思を手がかりとするタイプはこれらの範疇を横断する関係にあるものだから、「範疇横断的（transkategorial）」と名付けることにした。これらの範疇がカヴァーする範囲を、サマーズと私が用いた概念と関連させながら若干の例によって示しておこう。

A：言葉の論拠は二つの現象形式で現れる。それは通常の意味に関わるか、それとも、法律家のテクストで用いられる技術的な意味に関わる。

(1) 〈或る語が通常有する意味（Bedeutung）〉から導かれる論拠は、法律の規定が通常の言語文脈（Sprachkontext）で理解可能である場合、通常は明白な意味だと考えるような意味と合致するものとして解釈されるべきだ、ということになる。

(2) 語の技術的意味から導かれる論拠は、或る法律の規定（Gesetzesbestimmung）が特殊な技術用語を用いる何らかの特定の事象に関わる場合、技術的な概念と表現がその技術的意味を保つように解釈されるべきである。

B：法律家が扱うテクスト（法的テクスト）をとりわけ法システムにおいて占めるその位置に照らして理解しようとする諸論拠の輪を、体系的（systematisch）と称する。これらの論証類型はいずれも、それぞれの法システムの特徴を背景として、矛盾なき解釈に寄与することをめざしている。具体的に言えば、それは、

(3) さまざまの法文（Gesetzestexte）の「調和をめざす」比較に基づく諸論拠

(4) さまざまの裁判例（Präjudizien）に基づく諸論拠

(5) さまざまの類推（Analogien）に基づく諸論拠

(6) 概念による論理的な諸論拠

(7) 法律家的な諸原理による諸論拠

(8) 歴史的－文脈依存的な諸論拠

から成る。

C：目的論的－評価的な諸論拠は、法的テクストの実現によって追求され具体

化される諸目的と諸価値に関わる。それはとりわけ、好ましい解釈の指針として価値と目的の優先度に関わる。ここでは、それを二つの変化形態に分けて扱う。

  (9)　目的と関連する論拠：或る特定の法条または或る法律全体に何らかの一般的な関心または一般的な目的が帰せられるならば、その法条は、具体的なケースへの適用にさいして求められた関心事や目的に適合するように解釈されるべきである。

  (10)　実質的論拠 (substantive reasons)：或る特定の目標または或る特定の状態が追求すべきものとされたり、正しさ (Richtigkeit) についての或る特定の観念が法秩序の主要な関心事として通用している場合には、その結果を実現する解釈が、或る特定の法条の唯一の解釈たるべきである。

D：範疇横断的な論拠は、他のどんな範疇の要素とも結びつくものだから、これらの論証類型を横断することになる。そうなると決定的に重要な役割を演ずるのは、立法者意思の参照である。それは主観的な形をとったり客観的な形をとったりしながら示される。そのさい、意思への立ち返りは、上記の (1) から (10) までの論証類型に含まれているすべての変数に関わりうる。だから、このリストを補完するものとして、

  (11)　立法者の意図に由来する論拠

がある。

　以上の分析は、法律の解釈についての研究にさいして生じたもの、その限りでとくに法律解釈の諸問題を扱ったものである。しかしながら［マコーミックの研究協力者］バンコウスキ (Bankowski) と私は、さまざまの法律家的資料を読んださいに生じた手がかりの差異を過大評価するのは間違いだと考える[5]。われわれの見方によれば、法律解釈における解釈上の論拠は少なくともコモンロー法圏にとっては端的に、コモンロー的な論証のいくつかの現象形態の一つを示すものである。その限りで、この分析は一般化可能であって、類型を異にする法的テクストに関わる解釈的論拠の別様の形式についても、必要な変更を加えて通用するものなのだ。

　いずれにせよ、法における解釈的論証 (interpretative Argumentation) が極度に複雑化しうることは、直ちに見て取れるであろう。さまざまの類型に属する

多数の論拠（Argument）があり、いずれの論拠も所与のテクストのそれぞれ異なる解釈を根拠づけうるからである。こちらと張り合っている解釈の命題 I_1, I_2, I_n はいずれも、こちらと張り合うあれこれの解釈を根拠づけるかもしれないさまざまの類型の既存の論拠を持ち出すかもしれない。だから、さまざまの論拠や「論証クラスター」に順位をつけて〈解釈の対立〉を解消する論証局面が必要なのである。

　ここで、さまざまの論拠が顧慮される順位の比較的単純なモデルを考えてみてもいい。すべてのシステムに共通する傾向は、まず言語学的論拠から体系的論拠に移行し、明確な結論に導くその他の論拠がない場合に初めて目的論的／評価的な論証に向かう、というものである。そのさい重要なのは選好の順位ではなく、むしろ、さまざまの論拠が評価される通常の順番についての手続が開始されるということである。モデル構成における次のステップは、問題を分析的に取り上げるか規範的に取り上げるかを問わず、われわれを難局に導くことになる。説得的な論証モデルは、いろいろな論拠が横並びでバラバラに同一の帰結を支えるのではなく積み重なって支えるような〈諸ケースの評価〉に基づいてのみ、作成される。そのさいわれわれは、とくにコモンロー法圏において判例から得られる論拠との関連で知られているような或る論拠の〈形式的優位（overriding）〉が認められている場合と、或る論拠または或る集積的論証モデルがそのような先行的確定なしに互いに衡量される（されうる）――その上で何らかの考慮の選好が具体的な決定連関における重みの大きさによって決まってくる――場合の違いをも、考慮しなければならない[6]。

　この思考過程を細かく繰り返す代わりに、二つの例を示すにとどめよう。まず、暴力行為の被害者に対する国家の補償（Entschädigung）を予定する規則（Regel, rule）を取り上げる。そして、機関車の運転士が、自分の列車への投身自殺という怖ろしい体験に起因する精神的ショックと苦痛を理由として、［国家に対する］補償請求権を行使したものとする。「列車に身を投げる」というのはイギリス法によれば犯罪行為であるが、加えて暴力の問題がある。むろんこの例では、行為者［1994年の民営化までは国鉄 British Rail に対する加害者］自身が［投身自殺という］暴力を行使したのだ。この規則は、暴力が直接の被害者［国鉄民営化後はそれぞれの列車運行会社］に向けられ、その被害者が国家補償を求めるとい

う暴力行為［鉄道自殺］だけを捉えるものと解さなければならないのか？　それとも、運転士の請求の余地を認めるためにもっと広く解釈されるべきか？　補償の規則の目的から、そして答責性（Verantwortlichkeit）の一般原則を類推によって隣接する法領域に引き写せる限度で、「暴力行為」という語の通常の理解にも依拠しつつ論証を試みるならば、これらすべては［間接的な被害者にすぎない運転士の国家に対する補償請求を認めないという］制限的解釈を支持するように思われる。これに対して、正義（Gerechtigkeit）という論拠は運転士にとって有利に主張されうる。そのさい、このケースは「暴力行為」の意味内容に即した理解の下で政府によりカヴァーされるであろう。他方で、広い解釈の下で〈被害者の広い範疇〉が確立され、自虐的な暴力行使の巻き添えになったケースで精神的ショックを受けた被害者までそれに含まれることになる。これに対して、こうした状況は、良識（common sense）によって、そのような規則の適用を受けないことになるかもしれない[7]。

　次に、寡婦給養（Witwenversorgung）についての規則を取り上げよう。自分の夫を殺害した結果として寡婦になった者の給養を、どう考えるべきか？　寡婦として生活していく人々の必要から考えるならば、そうした寡婦とその他の寡婦たちとを区別することはほとんどできまい。それに、自分の夫を故意に殺害した寡婦を例外的に扱う明示的な規則がない限り、そうしたケースについての規定を普通に読めば、一見して［公的扶助の］支払いが義務づけられるかのように思える。これに対して、相続法やその他の法分野の確立した原則には、〈何人ももっぱら自己の可罰的行為に基づく権利を行使しえず〉というものがある。正義やその他の良識に照らして、〈給養を受ける権利もまた、そうした場合の給養に適用されることを欲しない〉というのが素直な解釈であろう。したがって、寡婦給養の規則に、〈夫の死が［その結果寡婦になった］妻の可罰的行為に起因する場合には適用されない〉という例外を読み込まなければならないか、それとも、その規則が場合の如何を問わず、つまり、かつての妻の行動と無関係に適用されなければならないのかを、まず比較衡量せざるをえまい。結局のところ、何れが理性的な解釈なのか？[8]

　現実の背景をもつこれら二つの事例は、或る特定の解釈に賛成または反対する論拠の積み重ねを注意深く比較衡量しなければならない状況への法適用とい

うケースを示すものである。賛否それぞれの立場には一目置くべき論拠があり、相手の論拠のそれなりの説得力を直ちに撥ねつけることはできない。いまになって見れば、これらのケースが準拠するイングランドとウェールズの法体系は、さまざまの論拠の相対的な重みをまず決めておく仕組みを予定するものであった。つまり、その間にこの種の状況に関連する拘束力を伴う裁判例（Präjudizien）が現れているのだ。

　被害者補償の規則は機関車運転士のケースにまで拡張されるに至っていないし、寡婦給養の規則は給養を必要とする事態をみずから故意に招いた寡婦のケースについて制限された範囲で認められるものと解釈されている。さまざまの裁判例に立脚する諸論拠は、その他の解釈的手がかりが「開かれた」決定状況においてどんなに重みをもつとしても、それに優先するものとされている。

　こうした解説は、二つの簡単な事例についてなされたものであるにもかかわらず、確かに難解であり、複雑である。だが、ここで展開されたのが秘術（Geheimwissenschaft）だというわけではない。互いに競り合う論拠の競争の背後にあるものを見出すことは、あまり難しくないのだ。これは明らかに、諸価値の軋轢、さまざまの比較的安定した法治国家的価値の間の、すなわち法の［単純な］明白性と［複雑な］予測可能性の軋轢、特定の法規の思いがけない解釈という危険に直面してさえ法のシステムとしての統一性を念頭に置く〈システムの「完全性（Integrität）」〉の諸価値間の軋轢、正義と良識といったむしろ動的な価値間の軋轢、最後に特定の法律的規則と結びついた特殊な観念の間の軋轢である。結局のところ［複数の］論拠は——〈互いに競り合い部分的にのみ比較可能な諸価値〉、まとめて言えば〈抽象的または具体的な法的秩序の諸価値〉の相対的な重みの測定が試みられないままに——衡量（abwägen）されずに終わるのだ。それらの価値すべてが具体的なケースにおいてなんらかの役割を果たすこともあるが、先例を引用する論拠のように、観察者が他のさまざまの観点を取り上げて新たに衡量する途を知らないために静的な諸価値がアプリオリに優先するものとされることもある。

　法律家的論証における諸要素の多様性が明らかに縮減不能だということは、特別の意味をもつ。したがって根拠づけ論（Begründungslehre）は、諸要素たとえば論証類型の複数性、または軋轢解消モデルの複数性を考慮する場合にの

み、満足できるものになる。根拠づけ論は、また、解釈の決定やその他の決定にさいして決定の担い手がみずからと競合する規則－結果志向（「〈規則結果〉主義者（rule consequentialist）」）の考慮に影響されるとき、不完全な比較しかできない価値の複数性に直面することになる。互いに排除し合う二値的な図式や形式に縛られている思考様式は、こうした複数性に由来する複雑性（Komplexität）に対応することができない。しかしルーマンは、法律家的根拠づけについてのかれの態度決定とそのなかに位置づけられる結果志向についての討論において、この［二値的な図式や形式に縛られている］思考様式に肩入れしている。私見によれば、法律家的根拠づけ論にはルーマンとは異なる手がかりを必要とする諸問題があるのだ。私はここで、そのような手がかりのアウトラインを示そうとしたのである。

3. 法律家的論証における結果志向の根拠づけ

　解釈類型についての議論において、私は法律家的根拠づけ（juristische Begründung）についての自分のテーゼを再び取り上げることができた。それは、正当化としての法律家的根拠づけにおいて、特定の類型の結果志向の論拠には最終的に大きな重みがある、というものである。われわれが法的なテクストや条文や一般的な意味での原理の、対立する解釈と考えられるものを対置してみるならば、こうした解釈の対立からその都度生ずる結果が両者の間の合理的な決定のための基本線として重要だ、という結論が得られるであろう。或る特定の解釈が正当化されるのはそれが一般化可能である場合、すなわち一つの尤もな解釈が当該の具体的ケースのみならず〈問題の規則に関して考慮すべきケースのいずれにおいても採られる場合〉だけなのだ。そのさい考えなければならないことは、こうである。それに対抗するさまざまの解釈はわれわれの法秩序において、すべての考慮すべきケースに通用するという前提の下でどのように評価されるべきものであろうか？　さまざまの含意と結果（Implikationen und Ergebnissen）は、そのあれこれを一般的な規則として宣言する場合——対立する立場からそれぞれ適切に見積もられた考慮すべき法的諸価値に照らして——どのように判断されなければならないのか？　解釈問題に関してこの種の考慮が、とり

わけ第10類型の論拠、すなわち基本的な論拠（Argumente grundlegender Natur）［実質的論拠］に関して重要であることは、言うまでもない。なぜならそこでは、特定の解釈に賛成または反対する根拠として明示的に、その［実質的論拠の］一般化を伴う適用が〈正義（Gerechtigkeit）をはじめとする法秩序にとって重要な目標や価値〉との対決をもたらすかのように論じられているからである。しかし、こうした問題性は、静止的または体系的な性質の諸価値に基づくものだから、その他の論証類型との関連でも現れる。その限りで、解釈の結果の評価は、分析的に見れば解釈過程における根拠づけの最も深い、窮極のレヴェルを成すということが、確認される。ここで「結果（Konsequenzen）」とは、個別的利益に関わる具体的決定の具体的な結果ではない。われわれが或る解釈の結果の観察というとき前提とされているのは、一般化されてあらゆる適用ケースに通用する〈法律の読み方〉によらなければならないという見方である。さらに、われわれは、結果を具体的ではなく抽象的に観察する。最後に、われわれは、われわれの法システムそのものを根拠づけるものと解されている諸価値の光によって観察する。その限りで、これは「決定の含意としての結果」を評価する過程なのだ[9]。それは、完全に特定された個別的結果の直接的分析を意図するものではない。だからといって結果の直接的分析に無関心だというわけではないが、法律家的根拠づけ（juristische Begründung）は、人々とりわけ各裁判所が行為にさいして的確な法解釈から出発することに繋がっている。したがって、高く評価されるべき法解釈は、法システムにおける重要な諸価値がみずからに帰せられている特定の読み方による〈法適用の繰り返し〉によって実現されることを、目指すものである。

　この種の根拠づけを、或る意味で結果志向的（folgenorientiert）と称することは、全く可能である。しかしわれわれは、ケースごとに語のどのような意味を念頭に置いているかを正確に区別すべきである。結果志向（Folgenorientierung）が行為に関わるものか規則［Regel/rule］に関わるものかという「行為功利主義（act utilitarianism）対　規則功利主義（rule utilitarianism）」の区別が、しばしば見られる。二つのヴァージョンのうち前者が〈一定の行為についての具体的な利益計算〉に注目するのに対して、後者は、〈既存の規則〉または〈それ自体が一般的な利益をもたらす効果によって支えられると想定される規則〉との適

合性によって判断する。したがって、上に素描した結果志向的論証は「規則結果主義者 (rule consequentialist)」における〈「規則の結果」志向的 (regelfolgenorientiert)〉な論証であり、それを「行為結果主義者 (act consequentialist)」における〈「行為の結果」志向的 (handlungsfolgenorientiert)〉な論証と称することはできない、ということになるかもしれない。

ルーマンが本書に寄せた論考［第2章］において注目しているのは、〈「規則の結果」志向的な論証〉ではなく、法が一定の場合に要求するような個別化された利益衡量、私見によれば法律によって定められた「行為結果主義 (act consequentialism)」と名付けたいものである。「行為結果主義」を念頭に置いた論証が若干の例外を別として法律家的思考に適合し難いものだと見る点において、私はルーマンに全く同意する。私見によれば、その種の論証は〈根拠づけの普遍化可能性〉という法にとってきわめて特徴的な掟に、かなり背くからである。ルーマンがそれに対して示した憂慮も、よく判る。

もとより本書は、法における結果志向の全般を論ずるものである。その限りでわれわれは、完全性を志さなければなるまい。法律家的論証の全体を評価しようというなら、「規則結果主義者」と「行為結果主義者」の諸要素に発する複雑な問題に直面することを避けるわけにはいかないのであって、そのさい重点を「規則結果主義」に置かざるをえないのである。なぜなら、「行為結果主義者」の根拠づけが及ぶ射程は、ルーマンがあれほど厳しく批判している〈立法分野における現代的傾向〉を顧慮するとしても法の全体との関係において極めて限られているのだから。尤も、ここで提案した手がかりの方法論的信頼性如何という問題が消え去ることはない。次にその問題を取り上げることにしよう。

4. 合理的な再構成の方法について

法律家的根拠づけの、いま素描したばかりの分析を、どのように確保することができるだろうか？ これは［法律家による］一つの〈自己適用論理的 (autologisch)〉な過程にすぎず、われわれはその過程において従事すべき分析に、上述の分析が示そうとする〈良き論証〉に見られるのと同一の判断基準を（再－）適用していくということなのか？ これに対する答えは、はっきりと否定的であ

る。私がここで提供した分析の態様は、〈いくつかの法体系内での実務〉や〈現に通用しているさまざまの法システムの明示的・黙示的な素材の合理的再構成についての考察〉に基づいている10)。では、「合理的再構成」という概念の意味するところは何か？

　合理的再構成とは、断片的な、互いに矛盾するかもしれないさまざまの情報の、〈理論的な図式や対象の参照〉による説明の過程を指す。それに照らされることによって、個々の情報が複雑ながらもよく秩序づけられた、比較的まとまった姿を示すのである。社会的・文化的な対象としての法は、われわれがそれに関わる人々の行為を、関係する人間の合理性のゆえに何らかの仕方で合理的に構想されたものと解しうるかぎりで、一つのまとまりのある全体とみなされる。ここで取り上げた問題について言えば、われわれは解釈的根拠づけを〈構造化された数々の論拠 (Argumente)〉と解し、それらの論拠すべてを法律家的根拠づけの〈よく秩序づけられたモデル〉に属する特定の類型に属させることができるものとした。つまり、われわれはすべての論拠を合理的に再構成したのである。こうして、この仕事は法律家的な法解釈論 (juristische Dogmatik) の体系化的伝統の内部に及んだ。この仕事は——ルーマンによってではないが——誤解されたこともある。法学者 (Rechtswissenschaftler) は立法者や裁判官のような真の決定権者たちの、かれらに由来する規則を伝える単なる助手 (Hilfskräfte) ではない。法解釈論者は法の自己観察と自己構成に内奥から参加しているのだ。法解釈論 (Rechtsdogmatik) は、決定権者に由来する断片的な材料を合理的・統一的・体系的な全体としてまとめるために、〈紀律された知的想像力〉を追求する。

　この過程は再構成 (Rekonstruktion) であって、単なる模写や伝達ではない。法律家がその仕事において携わるさまざまの情報は、不定的で断片的な性格のものだから。解釈を伴う決定、すなわち法律 (Gesetze) や［政令・省令などの］命令 (Verordnungen) や［裁判所による判決・決定などの］裁判 (Gerichtsentscheidungen) はすべて、当面の政治目標や法に関する争いによって偶々求められるときはいつでも、それをきっかけとして発せられる。それらは一時的に意味をもつ特定の主題に合わせたものなのだ。それらが予定するのは、人間行動の通時的・持続的なものとされている規範的枠組みへの新たな要素の混入であって、それ

らの要素の定式化は、具体化と抽象化のあらゆるレヴェルで可能である。ただし、その決定過程には多数の人々の知能が注がれるのだから、その過程が長期に亘る場合は別として、或る時点で提供される新材料に何らかの完璧な全体構想が示されている確率は極めて低い。混沌への傾向が秩序への傾向と肩を並べることになる。

その限りで、〈システムの合理的・統一的な視界を開く〉という課題は、〈みずからの多数の断片が合理的な行為に由来するにもかかわらず潜在的な混沌状態にある材料〉が〈諸原理によって導かれ構造化された秩序〉になる可能性への、空想力に富んだ洞察を要請する。規範的秩序は人間社会にとっての自然的所与ではなく、組織された知性が苦労して手に入れた生産物である。その課題は、母語の基本構造を探求する言語学の課題に比せられるに足りるものなのだ。

ここに提示した法律家的論証 (juristische Argumentation) の理論は、規範的な材料と価値論的 (axiologisch) な材料との合一体の、再構成をめざすものである。それは、正当化のための根拠づけとしての法律家的論証が有する性格についての考察に立脚している。法律家的解釈 (juristische Interpretation) は実践的論証の一形態としての法律家的論証に根ざしており、法における決定の根拠づけに適合するものである。その限りで、合理的な実践的論証とその法律家的適用の特定の見方によってのみ、等級基準の合理的再構築を法解釈論の実践に提供することができるのだ。したがって課題は、法解釈論的実践の合理的な性格を実践的根拠づけの現象形態として再構成することにある。

そのさい純粋に記述的な説明 (Darstellung) を提供しようとするならば、この目標を完全に達成するに至らないであろう。なぜなら合理的な再構成は、合理的に再構成された主要な構造について合理的な人間たちの決定の〈良き根拠づけ〉ないし〈認めてよい根拠づけ〉だけを前提とするかぎりで、規範的な要素を含んでいるからだ。根拠づけに関する規範についてのあらゆる記述は、〈良き根拠づけまたは認めてよい根拠づけとして通用しうるもの〉という特定の見方によっており、この見方が説明に反映しているのである。材料がただでさえ多少不明確であり、欠けているところがあるのだから、記述にさいしてそれを展開したり補完したりするために、やはり説明から判る規範的背景の想定に及ばざるをえないのである。したがって、記述的な理論の質も、やはりこれらの基

準によって判定される。ルーマンが全過程を〈自己適用論理的〉として特徴づけるのは、この点に関わるのであろう。ただ、そのような特徴づけは、その［自己適用論理の］やり方やそれによる分析に対する批判として理解されるべきではあるまい。

　すなわちここでは、法律家的論証の断片的な諸要素に意味を認めることだけが要求されているのだ。それは、この諸要素が法システムの内部で適用されるさまざまの論証モデルに対応して、それらの論証モデルを可視化する〈正当化の論拠〉と認められなければならない、という要求に及ぶ。したがって、それは、システムが良い論拠と悪い論拠、決定への賛成と反対を区別する〈やりかた〉を示すことができる。法律家の根拠づけが、相対抗する解釈上の決定に賛成または反対するさまざまな考慮と、これらの考慮が正当化する決定との〈十分な検討を加えた吟味〉であるという性格は、こうして明らかになる。論証にとってさまざまの黙示の等級基準のこうした組み合わせから生ずる説得力は、同一の等級基準が［人為的に］〈構成されたモデル〉や〈構成プロセス〉における［何らかの要件として］当てはめの対象になったところに、単純に依存しないどころか、全く依存しない。これに対して、上述のようなモデルの判りやすさと説得力は、若干の例外を除いて——もっとはっきり言えば、若干の十分明確に表現された例外を除いて——何らかの種類の根拠づけがおよそ何らかの種類の実践的な決定発見を正当化しうるのかということに依存している。その意味で、実践的論証や合理的な実践的討議についての一定の背景措置をとらずに法律家的論証の判りやすく信頼できるモデルを構築することは、不可能なのかもしれない。

　これが「自己適用論理的 (autologisch)」ということだとすれば、そのような位置づけに逆らうつもりはない。どちらかを選べと言われたら、自己塑成 (Autopoiesis)［この難解な概念の意味内容についてはさしあたり本書16頁の訳注***を参照］よりもこちら［それほど難解でない〈自己適用論理〉］を採るであろう。法律家的決定を根拠づける過程についての考察は、結局は法律家的根拠づけを〈規範的に全く閉じられたモデル〉として捉えうるための限界を示すからである。さまざまの法源 (Rechtsquellen) と［成文法国における主要な法源である］実定法的諸規定との関連で、法システムは確かにみずからの関連概念を一種の自己塑成的な仕

方でプリセットする。それは、法律家的行為の担い手が法律家的根拠づけにおける〈正しさ〉について或る程度まで完結的な確定をなしうる、ということさえ意味する。むろん、それには限界が定められている。一つの根拠が一つの決定を明白に支えているという観念も、根拠づけが〈実践的な前提による実践的な結論の正当化の方途〉を示しうるという観念も、法システムが自己の内部から展開しうるものではないのであって、実践的・理論的な関連のなかにこそ、一定の制度的予防策によって変化を免れている根拠づけの、正しさの規準が存するのだ。これが、およそ論証（Argumentation）というものの判りやすさの、一つの基本的な条件である。説得力に富む法律家的論証の典範を合理的に再構築する計画が、随所で合理性と実践的論証の形式と可能性の仮定に立ち返っているという事実は、そのような計画自体を疑問視するものではない。なぜなら、合理的な法秩序は何れも、こうした定めにとって規範的に開かれているからだ。

注
　　第 2 節と第 3 節の論述の一部には、Z. Bankowski, J. Wroblewski, R. S. Summers, in: MacCormick/Summers (eds.), Interpreting Statues: A Comparative Study の、関係箇所と一致するところがある。英語からドイツ語への翻訳について Prof. Heike Jung に衷心より感謝する。
1)　Niklas Luhmann, Juristische Argumentation: Eine Analyse ihrer Form, in diesem Band.
2)　Joseph Raz, Practical Reasons and Norms, London 1975.
3)　Michael S. Moore, Precedent, Introduction and Ethical Generalizations, in: Laurence Goldstein (Hrsg.), Precedent in Law, Oxford 1987, S. 183–213.
4)　Neil MacCormick/Robert S. Summers (Hrsg.), Interpreting Statues: A Comparative Study, Aldershot 1991.
5)　Vgl. Neil MacCormick/Robert S. Summers (Fn. 4), Kapitel 10.
6)　この複雑性は、Summers と私によって Interpreting Statues (Fn. 4) の 15 章で論じられている。そのさいこの考察は、むろん依然として暫定的な性格を有している。
7)　Vgl. R. v. Criminal Injuries Compensation Board, ex. p. Warner (1985) All. E. R. 1069.
8)　Vgl. R. v. Chief National insurance Commissioner, ex. p. Connor (1981) QB 758.
9)　Neil MacCormick, On Legal Decisions and Their Consequences: From Dewey to Dworkin, New York University Law Review 58 (1983), S. 239–58.
10)　Vgl. Neil MacCormick/Robert S. Summers (Fn. 4), Kapitel 1.

第4章
裁判の帰結

ダンカン・ケネディ
(Cambridge, Mass.)

1. 問題の手ほどき

　私見によれば次のことは否定できない。すなわち、イデオロギー集団間の抗争のかなりの部分は裁判官による法定立に関わるものであって、裁判官による決定の過程は裁判官を良かれ悪しかれ〈イデオロギー的な抗争の関係者〉たらしめるのだ。この見方が正しいとすれば、われわれの政治システムが〈法治国家の素朴な理論〉といえるかもしれない原理に立脚しているなどということは、少なくとも疑わしい。その〈素朴な理論〉によれば、裁判官たちは法を適用するが法を創ることはしない、法は人民（Volk）により憲法として直接定められ、また、立法や、或る時点で合衆国の法として採用されたイギリスのコモンロー（Common Law）のさまざまの創造者たちによって、定められたのだ、とされている。

　この〈素朴な理論〉の変種の一つが、しばしば自由主義（ホッブズやロック等々）の政治理論の構成要素になっており、民主主義的な政治システムの一要素とされているのである。〈裁判官の法律への拘束〉が、〈裁判官による決定の枠内での、市民に対する国家権力の投入〉を──裁判官の意思から〈さまざまの自然権と人民意思の何らかの組み合わせ〉へと遡らせることによって──正統化するのだ。法律による拘束なしには、裁判官は「解き放たれ」、民主主義的制御なしの政治権力になってしまい、市民たちは裁判官たちの職権（Amtsgewalt）によって虐待される危険に曝されるであろう、というわけである。

　〈こうした素朴なヴァージョンの法治国家論を信ずる者は合衆国にはもういない〉、と言われることもある。その主張が全く現実離れしているわけでもないの

で、本稿を〈裁判官による判決発見のイデオロギー的要素〉の概観から始めること、そのさい裁判官の立法者的活動を——立ち入って根拠づけることなしに——前提とすることは、無意味ではないと思われる。

　〈裁判官による決定〉がわれわれの政治システムにもたらす結果についてのこの研究にとっても、こうした素朴なモデルに反論する必要はないであろう。しかしわれわれは、〈裁判官たちが単に法を適用するにとどまらないならばいったい何をするのか〉という問題に巻き付く蔓草のような〈諸理論の茂み〉に踏み込むことを、もはや避けてはいられない。われわれは、〈この問題についてあれこれの主張をするさまざまの自由主義理論に反論したり取って代わったりするために藪に踏み込みたい〉とは思わないが、全く同様に、〈われわれの政治システムが自由主義の理念に忠実であるべきだとすれば裁判官はどうすべきかを明らかにする〉という意図をわれわれが抱いているかどうかも、ほとんど明らかではない。つまり、われわれは、そのようなシステムが実現不能であることを示す意欲を有しているわけでもないのだ。われわれの目標は記述することにある（その目標が中立的な社会科学に存するのではなく、何らかの政治的プロジェクトの一部たることに存するとしても。これについてはより詳しく後述する）。

　私の理論は、われわれの現在の〈裁判官の判決発見実務〉と〈その実務についてのわれわれの現在の理解〉との組み合わせが、われわれが別の実務と別の理解をもったとすれば存したであろう政治的結果とは異なる政治的結果をもたらしている、というものである。この目的のために私が適用する発見的手段は、別の決定システム、現在われわれが理解している裁判官の判決発見の決定的に重要な側面を消し去るシステムを、提案することにある。そのシステムから出発して、私は、それが政治システムに及ぼす影響について詳細に考察することにしたい。この方法の特色は、さまざまの作用如何という問いを比較的明確に仕分けしながら、すべての議論が推測に基づくという事実を抑圧しないという点にある。

　われわれが立法に携わる組織を増やしてそれらに上告審の機能を委ね、「法的問題」の決定を任せるものとしよう。また、法的紛争のいずれの当事者も、つねに法規を定義する権利をもち、立法に呼びかける権利をもつものとしよう。また、実績のある、そして異議の余地のない立法実務があり、それが〈法規範

(Rechtsnorm)を確定する法律〉を制定するものとしよう。こうした実務の枠内で、立法は、法規範が遡って適用されるのか爾後適用されるのかについても決定することになる。

さらに、こう考えてみよう。裁判官による最終決定という制度が廃止されたものとする。それも、法律が合憲だという判決に対して立法部[議会]への上訴を可能にするというやり方で。そうなると結局、次のことが一般的に承認されなければなるまい。すなわち、立法部はさまざまの裁判所からの問い合わせに、憲法の優位という規則に従いながらも「通常の」立法にさいして適用するのと同じ決定規則[議会の多数決]によって、答えることになる。

そうなると、判決文はもはや存在せず、論争と立法資料があるだけ、という状態になるであろう。立法部はいまでもそうしているとおりのやり方で、事実と認められる根拠を多かれ少なかれ精査するであろう。「両当事者」は、提出したいと思う材料を何でも資料として提出できる。一件が立法部に回った以上、確立した手続規則が適用されることはないのだ。

これは、大きな射程を伴う変更であろう。しかし、射程はどこまで及ぶのか？答えは、裁判官の活動について人々がどんな観念をもっているか、そして、裁判官の活動についてのどんな観念が〈さまざまの世論において支配的だ〉と信じられているか、による。この二つの問いを区別する必要があるのは、裁判官による判決発見実務[裁判実務]の現実について、いかなる合意も見られないからである。その実務についてはきわめて多様な見方があり、それらの見方が裁判官による判決発見自体ばかりでなく立法部の活動にも影響を及ぼしているからだ。それらの見方が互いに矛盾していることは明らかだから、いくつかの見方はおそらく当たっていないのである。

それに対して私の仮設的な体系においては、（個々のケースをどのように決定すべきかについて、もしかすると新しいシステム自体についても、当然のことながら意見の違いが見られるにもかかわらず）この過程についての共通の理解がある。決定的に重要なのは、法的規則が比較的透明な立法部の手続によるのではなく、上述のように意見の相違を伴う〈裁判官による決定〉の手続によって発見されるならば、それは政治システムにどのような作用を及ぼすか、という問題である。

私見によればときどき (manchmal)、いま裁判官が法的問題について与える解答と、私の仮想的システムにおける立法者の解答との間には大きな違いが見られる。別の言い方をすれば、私が出発点とするのは、実際に司法と立法の違いを記述する〈法律の拘束力のもっと複雑なモデル〉、すなわち〈裁判官を拘束しているモデル〉があるという見方である。問われるのは、その問題が〈書かれた法条への解釈者の忠実 (Treue) を求める規範〉に立脚する特別の裁判手続から切り離され、そうした規範を知らない手続に委ねられたとき、どんなことになるか、ということなのだ。
　裁判官は〈法条への忠実〉という規範の下で仕事をするのだから、〈拘束なき決定〉という立場をとるならば、それは裁判官にとって間違い (Fehler)、罪 (Sünde)、または契約違反 (Vertragsbruch) である。これらの立場を区別することには——スタンレー・フィッシュが指摘するようにこれまで拘束されない決定を下した者がなかったにも拘わらず——価値がある。〈解釈者の忠実〉という規範の下で仕事する裁判官たちは、多くの重要なケースで、そのような仕方で拘束されていることを考えることなく、自分が立法者であれば定めたであろう規則とは異なる規範を立てているのだ。
　判決発見過程における〈裁判官の法形成〉の一部は、解釈としてではなく一つのイデオロギー的決定として記述されるのが最善である。その決定は、強い〈しきたり〉が決定の可能性を否定する討議において、多数が「悪意の (bösglaubigな)［決定可能性がないことを知りながら決定する］」アクターたち［裁判官たち］によって下される。われわれの法創造の大部分がこうした条件の下で——つまり、〈比較的透明な立法部による〉という私の選択する条件によらずに——行われるということが、どんな違いをもたらしているのか？
　以下のようないくつかの線に沿って単純なモデルから始めるのが、良いであろう。〈あらゆる法的問題が、解釈問題として捉えられるかぎり「所定の正答」を有するか否か〉、というモデルである。所定の正答をもたない問題は、やはり答えられはするが、その結論は〈より良い〉解釈と〈より悪い〉解釈のどちらを採るかの決定ではなく、対抗する二つのイデオロギー的プロジェクトのいずれを採るかについての裁判官の決定と解するのが、最も適切だと思われる。結局のところ、関係者が信じているのは〈裁判官たちは法を適用するのであって創

造するのではない〉という法的拘束力の素朴な理論であろう、ということなのかもしれない。

　この見方が尤もだと思えるのは、それがフォイアーバハとマルクスの批判構想に適合するためであろうか。〈われわれは神が存在しないことを知っており、資本主義体制が関与者各人に各自の社会的寄与に応じた報酬を与えるように機能するものではないということを知っている〉、というのがその構想の基本的な想定であった。しかし、人間たちはその反対に、神は存在し市場は個人の寄与に対応する財を分配する、と信ずる。いずれの場合においても社会的な［コミュニケーションによって成り立つ制度的な］世界において決定（Determination）は虚偽の外見を呈するのであって、その〈虚偽の決定〉が〈人間の行為による現実の決定〉を覆い隠しているのだ。言い換えれば、人間たちは自己の能力から疎外（entfremden）されている。これに続いて、決定の虚偽の外見を信頼したことの結果が、〈何が起ころうともそれは関与者たちが信じたものではない〉というもっと確かな意識の下に、分析される。次の一歩において示されたのは、〈事物は実際に何か他のものによって決定される〉ということである。神の意志による決定は、たとえば食料を摂る必要による決定を隠すものであり、市場の力関係による決定は階級の力による決定を隠すものであり、法による決定は、たとえばイデオロギーによる決定を隠すものだ、とされる。

　こうした幻想および人間の諸力の疎外（Entfremdung）は、社会生活の諸範型を神秘化するよりも、むしろそれを形成し、それに影響を及ぼし、部分的にはその原因となる。〈人間たちは、神の意志や市場の力による概念規定が他の人間たちによる概念規定の仮面にすぎず、そうした他の人間たちは自分たち自身から区別されるところがないということを認識するに及んで、実際の関係［現実の支配／服従関係］を受け容れなくなる〉、というのが古典的な理論の仮説であった。外見上の決定が幻影ないし詐欺であり、実際には別の概念規定（食料採取の必要や資本の論理）があることが明らかになるや否や、その〈実際の関係〉は事実によって信頼を失うことになる。

　そうなる原因は、批判の企画が事実上の関係の分析にとどまらず、同時に事実上の関係に対する信頼を失わせようとする道徳的アピールであることに存する。コミュニズムが理想として創出されたのは、〈支配的なユダヤ／キリスト教

的道徳が世俗世界に適用されて護教論的欺瞞であることを暴露されていた古典的ポリティカル・エコノミー〉の幻影なしに観察されたことによる。この道徳的な一歩は、それゆえ第二の、また別の決定である。そこでは、人間たちが疎外されていた〈神秘化された世界〉において弁明として作用したのと同様の諸原理が適用されたのである。

　左翼のこうしたプロジェクトはわれわれのプロジェクトのモデルではあるが、真理であることの標榜を断念するまでに修正されたモデルである。第一の修正は、〈具体的で確定された解答をもつ法的問題と、イデオロギー的決定によってのみ解答可能な法的問題の間には客観的な境界がある〉という観念の放棄に存する。第二の修正は、〈端的な幻想〉ないし〈間違った意識〉の観念を一層複雑な〈意識的曲解 (Bösgläubigkeit)〉という発想によって置き換えること、すなわち真実と幻想の不連続性を二つの意識レヴェルの不連続性によって置き換えることに存する。第三に、私は、裁判官の決定による法創造の結果を、〈実際の〉関係に基づく別の決定 (Determination) を提案することなしに考究したい。われわれが誤りの暴露に反応すべき道徳的な決定を提案することも (何らかの仕方で反応すべきだとは思うが) やめておきたい。

2. 〈裁判官による判決発見〉の制限

　われわれはなぜ、決定的で正確な解答を有するか否かによって法的問題の宇宙を区別しえないのか？ ある種の問題について確定された解答があると言えない場合、われわれは法律が裁判官に課している制限の結果をどうすれば探し出すことができるのか？

　私は、「裁判官が χ ％のケースで縛られているという事実から何が言えるか？」という問題を、「裁判官がしばしば縛られていることを経験するという事実から何が言えるか？」という問題に切り替えることを提案する。裁判官も外部の観察者も、或る法的問題に与えられた解答が本当に正しかったかどうかを、自信をもって確言できないのだ。それにもかかわらず、われわれは〈裁判官による決定の結果〉の研究を続けることができるのだが、それはわれわれが、裁判官が別のことをしたいと思いながらも〈せざるをえない〉と感じたことによる〈行

動に影響する被拘束性〉の経験を、説得的に記述しうるからである。

アメリカの文化において「裁判官」は重要な人格 (Person) であるが、それは、その人格が本来正しいと思うイメージに反しても法に従うであろうと期待されるからでもある。裁判官による法創造の帰結についての研究は、こうした自己制限と結びついたカリスマ的な力が〈選択の自由や論争やイデオロギーの要素を本来備えた裁判〉を支えるためにどのようにして役立ちうるのかを、顧慮しなければならない。

二種類の制限

裁判官が法律に拘束されているという記述が説得力をもつ状況が、二つある。それらの状況に対応するのが、裁判についてのかなり異なる二つの経験である。第一の経験を〈意識されない規則遵守〉、第二の経験を〈テクストによる制限〉と称しうるかもしれない。意識されない規則遵守の場合、裁判官は事実を前にして唯一の規則を念頭に置いている。かれの注意は生じた出来事に向けられており、よく定義された二つの対照的な答えが可能である。その一つが「本当に」生じたことのヴァージョンであるならば、被告が当該の規則を冒したことが明白であるように見える。他のヴァージョンが当たっているならば、被告が当該の規則を冒していないことになる。

こうした状況において、法規の〈別の解釈の可能性〉について考えを巡らす者はいない。事実がひとたび確定されれば、その法規が無意識に適用されるだけのことである。われわれが公衆 (Publicum) であるならば、裁判官が認定した事実と異なって実際に生じたかもしれないことについて注意を喚起されることがない。こうした状況において裁判官が法規についてどう考えるかは、問題ではないのだ。裁判官は、その法規が全く見当違いであって立法部により改正されるべきものだという意見をもっているとしても、この状況においてはそれを従来どおり適用するのである。

材料（大きな分類枠）を、それが眼前の事実に適用されるときは無意識裡に或る結果を示唆するものとして受けとめ、それからこの結果を規定の適用という形で述べる裁判官は、概念のきわめて含蓄に富む意味で「拘束されて」いる。われわれは、さまざまの指示に唯一かつ自明の意味を帰せしめる日常的経験を

第4章　裁判の帰結（ケネディ）　65

しているわけだ。それらの指示が何か別の意味をもつかのように、あるいは多くの異なる可能な意味を有するかのように振舞うことは、悪意や不服従や責任回避の所業だということになる。ドアを閉めてほしいと頼まれたときは、難しい解釈問題を課されたとは思わないのが普通である。それについてよく考えてみなくとも、何のことだか判るのだ。私が窓を閉めてもドアを閉めたことにならないが、私にそれを注意するのをためらう人はいないであろう。

これと正面から対立する拘束性 (Gebundenheit) のモデルは、〈事実は知られているが規定の正しい適用が問題になる〉というものである。裁判官は規定の明白な解釈から導かれる結果を拒否し、別の解釈のために役立つ諸論拠を見出すために大いに苦労するが、成果がない。第一の場合においては、法は裁判官の行為を「指導する」ことによって問題なく機能する。第二の場合においては、法は正しいことの実行を制限し妨害する。第一の場合には法創造を考えるというアイディアを思いつく者がいないし、第二の場合には裁判官だけが「新たな」(つまり明白ならざる) 法を創り出すように努力するが、材料 [既存の法条] に対する忠実義務に違反してそうする可能性を見出せない。

両極端の中間に位置づけられる場合がないわけではない。別の選択肢としての規則を発見しようという抗議や真摯な試みは見られるであろうが、それは明らかな失策として受けとめられる。もしかすると、論争を始めようという努力が見られるのかもしれないが、それには何らの制約も課せられない。別の選択肢の提案は、まともな疑問を引き起こすに至らないからである。あるいは、規則を疑問に引き込もうとする若干の〈あやふやな〉試みがありうるが、それはすぐに、〈自動的な適用〉という当初の感情に再び服する方向で、放棄されるのである。

制限の経験の曖昧性

両極の中間に位置づけられる〈制限 (Beschränkung) の経験〉のあらゆる場合において、行為の観点からすれば自己の願望には影響力がないという意味で〈法が結果を規定する〉と言うことができる。けれども、行為者が出来事をそのように記述するとき、法的問題は常に〈決定された解答〉を伴っていた、とまでは言えないのである。これはつねに感じ方 (Empfindung) の問題にとどまり、もっ

と多くの仕事や別種の仕事がなされれば別の結果になったかもしれないのだから。

　裁判官たちが規則に対する当初の意識的ではない態度を放棄して、法規の解釈という仕事に取りかかるや否や、どれだけの仕事を果たさなければならないか、どのような方向で仕事しなければならないか、ということを決めざるをえない。この仕事の一般的な対象は周知のとおりである。それは、判例や法律の条文や学説を探索し読解すること、通用分野のさまざまの区切り方や拡張／縮小を試みること、規則のあれこれの定式化に賛成または反対する潜在的論拠を作成することを、内容とする。

　制限がある場合、この作業は失敗に終わる。裁判官がこれは〈材料［法条］への忠実〉に矛盾しないという感覚を持てるような〈規則の別様の定式化〉を見出すことができないのだから。キイ概念は「発見不能」である。法学の場合、探索の結果は、使える時間や予備知識や器用さや偏見といった多数の要素の関数（Funktion）なのだ。

　同様に重要なのは、探索の結果が探索にさいしてとる道に依存するということである。法律家の仕事は偶然を当てにするものではなく、なんらかの方策（Strategie）＊の適用にある。複数の解決の道から択一的な選択をするや否や、時間とエネルギーを投入しなければならない。一旦選ばれた道を進むことは、立ち戻って新規に始めるのに比べてコストの節約になる。

　　＊　Strategie をつねに「戦略」と訳すのは、無神経すぎると思われる。

　法律家の仕事のこうした「経済的」次元のゆえに、裁判官たちは、自分の「失敗」が時間不足や知識不足や経験不足や偏見や法律学の「内在的特性」の、いずれのせいだったかを知ることがない。自分たちは「束縛されて」いたという発言は、額面どおりに受け取ることができる。だがこれは、直(じか)に確かめられた内在的特性についての発言ではない。この法的問題はこれこれの条件に服するこれこれの裁判官たちにとって一つの決まった解答をもっていたと言えるにしても、別の能力を有して別の方策をとる別の裁判官たちにとっては別の解答をもつか、そもそも決まった解答をもちえない、ということである。

　問題は、決まった解答をもつ法的問題の割合がどれだけ大きいか、ということだ。私は裁判官たちがさまざまの制限を受けていると論じたが、制限されて

いるという経験は、法的問題が〈決まった解答〉をもっていたということを証明するものではない。規則が意識されずに適用される場合、法的拘束という現象は、解釈コミュニティー（interpretative community）や「慣例（Konventionen）」に帰せられるのが普通である。それが、〈すべての関係者が時には特定の解釈を自明視するということ〉、つまり〈かれら全員が同様の解釈を自明視すること〉を意味するにすぎないならば、異とするにたりない。

しかし解釈コミュニティーを審判（アンパイヤー）として扱うこと、あたかも一つのアルゴリズム［計算規則集］によって問題を正しく解決しうる審級（Instanz）であるかのようにみなすことは、間違いである。このゲマインシャフト［コミュニティー］を実際に〈問題がない〉と感じるかどうかは、誰がそのメンバーであるかによる。〈意識されない合意〉がない場合には、誰かが異論を唱えるであろう。それがきっかけになって法律家的論証（juristische Argumentation）が始まるのだ。

われわれすべてが経験によって知っていることだが、意見の違いが生じた後にまず双方で法律家的論証作業が開始され、当初は普遍的だった見方が「法律家的に見て間違い」という結果に終わることがある。ある規定によって直ちに原告の権利が認められるという見解は、誰も被告に有利な規定解釈を反駁する道を見出せないことが判明した場合、新たな制限論によって取って代わられる。誰もがとくに意識せずに一定の見解を主張したとか、誰も異論を唱えなかったとかいった事実は、〈われわれが関心をもつ何らかの仕方で結論が決まった〉ということを証明するものではないのである。

反対のケースも考慮すべきであろう。法的問題が明らかに論争を招くことになると思われることもある。それは、最初に提起された時点ですでに「政治性を内在させる」ケースや「性質上イデオロギー的な」ケースである。［合衆国最高裁が〈政府の政策に対する抗議のために国旗を焼却した行為〉の違憲性を否定した］国旗焼却ケースはその一例にすぎない。判決を下すべき裁判官たちが欣然として、または、ためらいながら、問題はやはりイデオロギー的なものではなく法律家的論証によって〈全員一致〉を感じるようになったのだ、という結論に至ることもある。

しかし、そのようにはならず、法律家的作業が済んでからも論争による決定

が必要な場合でさえ、それは問題の内在的な不確定性を証明するものではない。もしかすると、もう少し苦労すれば、または、別の解決方法をとって苦労すれば、〈これしかない〉という (Determiniertheit) 感覚が得られたかもしれないのだ。

　意識しないで規定を適用することも、制限を［むろん意識して］経験することも、〈当該の問題が規定された解答をもつこと、またはもたないことを保証しない〉とすれば、われわれは別の基準はないかと見回すことができる。別の基準など無いという見解を詳しく根拠づけることは、やめておこう。その見解は明白であるように思われるから。決定 (Determination) の経験的研究を計画している或る法社会学博士課程学生の思考実験を取り上げてみよう。裁判官の反応の客観的基準はなんだろう？　監督裁判官たちのグループか？　その回答の正しさを保証するのは誰か？　等々。

「法律への拘束」——一つの定義

　では、〈法律への拘束〉とは、〈立法者の優位〉と比較していったい何を意味するのか？　ここに見られるのは、組織されたグループ間の抗争に由来する〈結果の歪み (Verzerrung)〉である。その歪みは、裁判官たちが〈忠実な解釈〉という一つの規範に従って仕事をしているつもりであるからこそ、生ずるものなのだ。だが裁判官たちは、〈これが正しい判決〉だという自分の確信とは異なる判決を下すように、その規範［の忠実な解釈］によって義務づけられていると感じることもある。

　こうした手がかりは、(法的素材「内部の」) 開放性［自分の確信による〈忠実な解釈〉に従いうること］と閉鎖性［自分の確信とは異なる〈忠実な解釈〉に従わざるをえないこと］を経験して読み取れるのは何かという問題を、解決するにも拒否するにも役立たない。問題はむしろ、先延ばしにされるか括弧に入れられる。私は、こうした根本問題に答えなくとも裁判官の法創造について言えることがある、と考える。われわれは、深部に達することを試みずに表面を調べることができるのだ。裁判官たちが、手の届く表面の構造が一定の結果にとって決定的だという印象を持った上で、〈無意識の規範遵守という手法〉または〈［意識的な］制限的手法〉によってその結果を招くことがあるが、われわれは、そのことが政

治システムにもたらす結果を問うことになる。

制限の図像学 (Ikonologie)

「裁判官」という形象は、アメリカ文化において重要な意義を有しており、さまざまの多彩な意味と連想が、背後にある種々の神秘的な力と共に付与されている。その形象の一つの特徴が、〈忠実な解釈〉と、それが生み出すいろいろな〈制限 (Beschränkungen)〉なのだ。裁判官に期待されるのは、自分の個人的な利害を「超越」し「無視」しなければならないこと、自分の本能的または直観的な共感や、利益集団への帰属や、イデオロギー的関心を「克服」し「超越」すること、である。裁判官に期待されるのは、自分自身の人格よりも「もっと偉大」で「もっと高次」なものに服すること、である。

裁判官という形象はその神話的な雰囲気を、〈これは宗教的ないし修道僧的な理想と十分に比肩しうる内面的な戦いに他ならない〉という信念に負うところがある。この闘争の目標は、人間の自然の〈自然的ではあるが堕落し陳腐化した要素〉を克服して、人格から切り離すことにある。裁判官は自分自身の制限を求めて戦わなければならない。誰もがそれ[自己抑制]を試みること、そして或る程度まで成功することさえできるが、これは、われわれが才能 (Talent) と高尚 (Größe) と天分 (Genie) の可能性を認める領域、われわれが文化の〈担い手論 (Akteurtheorie)〉を手にしている領域でのことなのだ。

われわれは〈制限〉を追い求めるに止まらない。別の二つの〈深く根を張った〉裁判官像は、道徳的直観を身につけた英雄としての「裁判官」と、腐敗に対する鞭 (Geissel) としての「裁判官」を示している。第一のタイプの裁判官は些細に見える相互行為から〈容易に解きほぐせない複雑性〉を見て取り、当該のケースにおける正義のディレンマを考え抜くために眠れない幾夜かを過ごす。第二のタイプの裁判官は技術的な細部の〈表面から隠された真実〉を読み取り、恣意的な支配の尊大を破って正義の基本原理に立脚し、抑圧された人々を保護して〈事物の正しく自然的な秩序〉を回復する。第一のタイプの裁判官は弱き人間理性[道徳的直観]以外の基礎を持たずに、自分の手で流さざるをえない血についての責任を感じて密かに悩む。第二のタイプの裁判官はわれわれ全員に代わって〈自分の家に放火して全焼させた Ku-Klux-Klan〉を相手に立ち上がり、

高い地位の友人たちの漠然たる忠告を気にしない。

　裁判官は、町の独裁者になったり、汚職の誘惑に負けたり、官僚化したり、英雄的精神に欠けていたりすることによって、失脚することがある。裁判官の神話的な模範は、父なる神、大家族の良き父、国王、モーゼ、ソロモンであり、裁判官の（または裁判官たちの）むしろ世俗の道連れは、司祭や牧師、警察官、博士、医師である（それに操縦士も）。「裁判官」を指して［RichterとRichterinを区別するドイツ語の場合とは異なり］性別を問わない語を用いるならば、イメージを損なうことになる。なぜなら、裁判官はさまざまの〈男性的な徳と力〉の数多くの原型の一つであって、〈母〉や〈神託を告げる巫女〉や〈女性看護師（Krankenschwester）〉や〈人身御供の処女〉等々に見られる〈女性的な徳と力〉とは記号論的対照をなすものであるからだ。

　われわれは、こうした〈シンボル複合〉における裁判官たちの機能を認めない限り、〈制限〉の政治的な結果を理解するに至らないであろう。制限は実際に、そして頻繁に経験され、例外なしに〈内面的な葛藤〉を伴う。裁判官たちはそのように［きびしい制限の枠内で］振舞うものだというわれわれの印象が、われわれがかれらを「信ずる」理由の一つなのである。裁判官たちがきびしい規則によってそのように振舞うように躾けられており、実際そのように振舞うことが多いと信ずればこそ、われわれはかれらを称賛し、尊敬し、畏れて、われわれの運命を左右する力を喜んでかれらに委ねるのだ。

　しかし、われわれにこうした感情を注入するその政治文化には、逆方向の流れ、すなわち〈林檎の虫喰い〉、〈書記の裏切り〉、すなわち、裁判官の正統性とアウラを覆滅しようとする破壊的かつ「虚無主義的」な原理が、認められる。そして、これらの批判に対抗する防御や応酬も、また見られる。

　私はここで、状況のこうした側面に視線を向けることにするが、それは、次のような意図による。私見によれば、文化（物語と音楽）に再現されるような〈さまざまの制限の本物の経験〉は法創造の状況における裁判官の権威を正当化し、強化する。なぜなら、そのような状況において〈制限のイメージ〉は実際に行われていることの一部をとらえうるにすぎないのだから。言い換えれば、制限の現実性から生ずる結果の一つが、〈裁判官の決定〉すなわち〈制限がさまざまの要素の一つにすぎない状況における選択と論争とイデオロギーの神秘化〉

なのである。私はそれを論証するためにこう説くであろう。法的問題の立法者による改正案において「裁判官の」地位は低下することになるかもしれない、かれの地位は従属的なものになり、かれの力は縮小され、結局は「父」と言うよりは執行者（Ausführender）のようなものになってしまうのだ、と。

　だからといって、立法者の優位が良いアイディアだとか（まだそう決めたわけではない）、上述の作用が難解に見えるかもしれないとか、言うつもりはない。しかし、イギリスを含む西ヨーロッパにおいて、「裁判官」が合衆国におけるほど強力な姿でなくなってから久しい。その響き、その神秘的社会と日常的社会、そのカリスマ的な力は、合衆国におけると同様に現実的ではあるが合衆国におけるよりも顕著に弱まっている。その程度はこちらとあちらで自然的だとか必然的だとか言えるものではないが、複雑な文化的差異についての簡単な説明は見当たらない。ただ、違いがあるということは、二つの文化で〈共通している要素〉と〈共通していない要素〉が裁判官の人格においていかなる役割を演じているかについて思いめぐらすように誘うものである。

3.　〈裁判官による決定〉におけるイデオロギー的な選択と論争

　この節で扱うのは、裁判官の決定における〈イデオロギー的な選択と論争〉である。私は（すぐ見て取れるように、あまりこだわらずに）、裁判官による規範定立として成り立つ「法（das Recht）」は——それが［裁判官による］〈意識されない規範遵守〉である場合も［意識的な］〈制限〉である場合も——「決定的（determinierend）」だとされうる、という前提をとる。「法」がこれを決定的なものと認めるのは、裁判官が解釈の忠実性というルールの下で、自分が立法者であれば下すであろう決定とは別様に決定するからである。

　しかし、こうした仕方によっては、法律家の現実を或る程度まで理解できるにすぎない。すでに述べたように、法律の拘束力についての理論の素朴なヴァージョンが裁判官の役割の全貌を明らかにするものではないということについては、いまではほとんど見解の一致がある。すべてとは言わないまでも大多数の観察者、あるいは若干の観察者、それに、もしかすると裁判官たち自身までこう言うと思われる法的問題が、数えきれない。すなわち、「〈解釈者の忠実〉＋

〈提出されている材料〉＋〈法律家的論証の技術〉という定式では結論を説明し尽くせない」、と。

　それらのケースのいくつかは〈法律の条文〉と〈法律家的論証の技術〉によって「決定されていない (undeterminiert)」ものであったと指摘したり、きわめて異なる二つの結論に照らして条文も技術も「未確定 (unentschieden)」であったと言ったりすることには、意味がある。実務家なら、「選択」が役に立つと指摘して、当該のケースを無意識の遵守からも意識的な制限からも区別するかもしれない。

　もう一つのカテゴリーを形成するのは、観察者によって解答が極度に分かれるケースである。全員が語気鋭く、選択の余地はなかったと断言する。何人かが「選択の余地はない。唯一可能な決定は p であった」と述べ、別の何人かは「選択の余地はない。唯一可能な決定は q であった」と述べるであろう。さらに、次のような発言が聞かれるケースもある。「あの裁判は言語道断だった。だが、本件の判決はそんなに悪くない。私はそれが間違っていたと思うが、それにも尤もな理由があったことは理解する」。観察者と関係者は、両当事者がそれぞれ尤もな理由をもつケースと、そうでないケースを区別するのが普通である。

　われわれは、法とは「実際に」何であるかの理論を手にしているわけではないし、誰が「実際に」「権利を有していたか」を示唆する事情を知らないが、それでもこれらのケースに関心をもつ。それは、選択の要素を内在させたり、解釈コミュニティーの内部がきわめて論争的であったり、きわめて決定困難であったり、イデオロギー的集団抗争 (ideologische Gruppenkonflikte) への重大な影響を及ぼしたりする〈裁判官による法創造〉のケースがあるように思えるからである。そればかりでなく、アメリカ的な法文化のなかではほとんど誰もが、これは集団抗争の問題にとどまらないという共通の見解をもっている。われわれは、イデオロギーの抗争が裁判官自身に (少なくとも) 影響を及ぼすおそれがあるという見方に傾いているのだ。

〈裁判官の決定イデオロギー〉に対する批判の歴史的起源

　われわれの文化に特殊な〈裁判官の決定に対するイデオロギー批判の形態〉は、次のような外観を呈する。

(a) 裁判官が或る法的問題について自分が選んだ答えを説明するだけでは、十分ではない。その説明が不十分であるのは、〈規則のその解釈が資料によって要請されたものだったのか、それとも規則の意味に最も適合したものだったのか〉といったことを、説得的に根拠づけないからである。
(b) しかし、二つの可能な規則解釈から一つを選ぶことが集団間のイデオロギー的な抗争の結果にとって或る顕著な作用をもったことは、明白である。
(c) 問題の決定にとっての唯一の合理的な基礎は、この実際的結果である。それは「不可避的に」一つの「政治的」問題なのだ。
(d) 決定が判決理由によって一応十分に説明されないために、また、決定から生ずる結果の合理的評価が「政治的な」要素を含むために、そしてまた、「政治的な」問題がイデオロギー的対立に開かれているために、オリヴァー・ウェンデル・ホウムズ［Oliver Wendell Holmes, アメリカの裁判官／法学者 (1841–1945)］の言葉を借りれば「裁判官が自己のさまざまの社会的または経済的なシンパシーによって」、提案された二つのルールの一つを選択するさいに影響されなかったか、という問題が生ずる。

　こうした批判形式のステップ (a) はまだ比較的弱いものだということを、確認しておくことが重要である。弱いというのは、それがはるかに強力な、しかしまさに逆方向の批判的見解を避けるものであるからだ。(1) 裁判官による根拠づけがわれわれに〈結果の法律家的必然性〉を信じ込ませることはありえないとか、「社会的な構成」による法が「不可避的に」イデオロギー的構成物ないしそれに類したものだとか、主張されているわけではない。(2) 他方で、法律家的論証は〈裁判官が考えられる答えの一つを斥ける限りですでに〉制限を生み出すと主張されているわけではない。裁判官が〈解釈者の忠実〉を (意図して、または意図せずに) 侵したと想定されてはいないのである。

　ステップ (a) は事件ごとの判断 (Urteil)＊ は内部的 (intern) な［司法部内の］校閲 (Textkritik) であって、根拠づけの鎖に間違いがあり、当該の結論の必然性を根拠づける要求に応えられないことを、証明するものである。それは、裁判官を「現場」に連れ出してその文章における裁判官の「先入見」を証明するものではない。そうではなくて、この手法が最も良く機能するのは、あらゆるイデオロギー的論議を超えたところに示される判断が問われる場合である。

＊　Urteil は、ここでは判決言い渡し前の担当裁判官の「判断」を意味するものと解するが、言い渡し後の「判決」と解することも可能である。

　たとえばホウムズは、「汝は他人の財産を損なわないように汝の財産を扱え」という格律に基づくような判断を、無内容なものとして批判している。決定すべき問題は、両当事者の何れが、賠償義務を負うことなしに他方の権利を侵害しうるか、というものであった。ホーフェルド［Hohfeld, アメリカの法学者（1879–1918）］は、資本と労働の対立に関する一連の判決を、一定の種類の権利はそれと質的に異なる別種の権利を含むであろうという誤った前提をとるものとして批判した。この種の批判は「普遍的な」一貫性の諸基準に立脚するものであって、それらの基準は文脈や所属の如何を問わずに誰にとっても説得力をもつ、とされる。

　論証の第二のステップは全く異なる性格をもつ。それは、決定の「分配的性格」、すなわち〈イデオロギー的な集団間の争いに関わる決定〉の現実的結果を明らかにすることに存する。言い換えれば、裁判官が適切な法律家的根拠づけなしに国家権力を行使したとき、われわれは誰の利益になるのか（cui bono?）と問う。実は技術的な細部の背後にあるものが、最初の経験的分析によって明らかになるや否や、われわれは経験的知識に頼ることになる。

　第三のステップは、この問題は「不可避的に政治問題だ」という受けとめかたである。それは、法の素材と法律家的論証は問題を解決することができなかったし裁判官を制限することができなかったから、裁判官にとってイデオロギー的な争いのある論拠を示さずに決定することは不可能であった。

　このステップはその信頼性を第一のステップ（a）に負っている。第一のステップにおいては、広汎ないし普遍的に承認されている合理性基準に照らして、当該の判決が法律家にとっての何らかの必然性を示しえなかった（間違った論拠を用いた）ことが明らかにされた。しかし、言うまでもないことだが、こうした部内の批判があるからといって、〈閉鎖的だとか事実上の結果だけを取り上げているとかいう［部外の］一般的感情〉を生み出すような根拠づけが〈ありえないもの〉になったわけではない。

　第四のステップは、一つの想定でしかない。裁判官が説得的な法律家的根拠づけを示さなかったのだから、そして決定の合理的な根拠づけはイデオロギー

化された集団抗争への影響を顧慮したものになったであろうから、イデオロギーが何らかの役割を演じたと想定したくなる。そうした関連において、イデオロギーの意義は単純化すること、特殊的であることに存するのかもしれない。被用者に好意的な裁判官は被用者に好意的な決定を——もしかするとやや複雑な形をとりながらも——下すものだ、とされる。

　思うに、20世紀におけるアメリカの法思考の歴史をこうした〈批判とのやりとり〉をめぐる長い論争と解するのが、説得的であろう。そのさいとられる立場は、〈きっぱりとした拒否〉からさまざまの妥協形態を経て〈全面的な支持〉に及んでいる。論争の経過において、判断を取りまとめるやり方は、それを正統的な法創造として擁護するものから純然たる批判に至るまで、数多くの変更と洗練に服してきた。批判は、ありとあらゆる方向の理論形成の出発点になったのである。

　たとえばホウムズ自身、時には法における社会科学の役割を発展させる挑戦として批判を解しており、少なくとも若干の〈裁判官による決定〉におけるある種の政治的要素を不可避として承認すべきだという要請として批判を解するには至っていなかったようである。同様に、法リアリズム論者たちの間にも注目すべき緊張関係があった。若干の論者は批判を手がかりとして〈技術的・管理的な専門知識を有する「公的利益」という活動家的観念〉を展開しようとしたが、別の論者は〈社会秩序における非合理性の要素の受容の始まり〉として批判を捉えた。

　論争の経過は、〈一般的な左翼と右翼の論争の明確に区別できる一部〉という位置づけから影響されること多大であった。この関連については後に詳論する。ただ、次のことはいまから確認しておきたい。(a) 批判自体がみずからを特定の諸法規や裁判官の権力一般に対する左翼一般からの攻撃の一翼を担うものとして展開したこと、そして、(b) もともと左翼的な理念との間に体系的な結びつきが見られることである。

　第一の点は、歴史的である。こうした批判の案出者たちや展開者たちは、裁判所における一定の保守的成果と、およそ〈司法の支配〉なるものに対して、かれらの批判を繰り返した。かれらが批判の進化、すなわち批判の維持と発展を、かれらの左翼的企図に適合させたのは理解できることである。司法部に対する

批判のほとんどすべての古典的事例、「政治」［の影響］は避けられないという受けとめ方、［保守的］イデオロギーによるものだという想定が、リベラル派や急進派によって保守的な法規や裁判官に向けられた。

　尤も、左翼の法文化（Rechtskultur）にも、批判するばかりの方策を拒否して、その代わりに裁判官の間違いは〈間違った法的結果を生み出すこと〉にあるという戦果主義的（maximalistisch）な立場をとるものがある。こうした批判を支持するコンサーヴァティヴな法文化の小グループさえあるのだ。つまり、あれこれのケースにおいて憲法も法律もコモンローも左翼の勝利を認めているのに、裁判官が間違った法的論拠によってその成果を奪ってしまう、という理屈である。だからといって、かれらが自分たちの普遍的なイデオロギー的立場を「見失った」わけではなかろうが、この問題については後に論ずる。ここではひとまず、この批判には特にリベラルなところもコンサーヴァティヴなところもないと解するにとどめよう。

　われわれはここで、二つの拡張を必要とする。第一の拡張は、判決批判の、論理的誤謬の単なる例証を超える拡張である。［論理的誤謬を代表する］著名な〈形式主義の誤謬〉を何も示さない判決でさえ、制限の根拠づけとしてはほとんど説得的でないことがある。多くの判決は、内部の論理に綻びがないにもかかわらずみずからの論拠に対する明白な反論と取り組まないからこそ、説得力をもたないのだ。判決がいくつもの類型化された保守的論拠を用いながら、どの論拠についても説得力の劣らないリベラル派の反対論拠があることを認めない場合には、それは論理的欠陥のある判決と同様にみずからの課題に答えていないのである。

　しかし、これは、そのように類推されるというだけのことである。「純粋に」内部的な批判［判決理由の非論理性の指摘］と異なり、判決が説得的でないという主張は、合理性の広範または普遍的に承認された標準に依拠することができない。法的言説について〈こういう型にはまった仕方で組み立てられている〉などと言えるかどうかは争いの余地があり、個々の判決のいずれについてもその「説得力」を吟味するのに役立つような一般に認められた標準はないのだ。

　最小限主義（ミニマリズム）のプログラムに忠実であろうとするなら、その論拠の形式は、〈すべての判決は法律家用語で書かれているゆえに必然的に説得力

をもたない〉といった主張をすべて避けることになる。全く同様に、〈裁判官は犯罪者だ、解釈における忠実を破って「間違った」結論に達したのだから〉という主張も、すべて避けなければならない。それは、〈この判決にはその要求を打ち砕く反論があると思われる〉という形式をとらざるをえない。反論は内部の批判に基づくのではなく、判決とその裏側の鏡像（Spiegelbild）との対峙に基づく。〈法の内部には像と鏡像のいずれかを決する明白な根拠がない〉ということ、〈二つの判断は或る集団抗争の対象についての対立するイデオロギー的立場をそれぞれに代表している〉ということを前提とすれば、裁判官による二つの可能性からの選択はイデオロギーによって影響されたものだというのも尤もだと思われる。

　第二の拡張は、批判のステップ (c) に対して唱えられた〈イデオロギー的集団抗争という特殊ケースについて決定する唯一の理性的な方法はそれを「政治的」問題とみなすことだ〉という異論への答えである。その異論は、〈このケースを「イデオロギー問題」の意味における「政治的問題」として扱う必要はない、なぜなら裁判官が中立的な態度をとることは可能で（望ましくも）あるからだ〉と説く。ここで中立的とは、立法者の態度とは異なって或る程度イデオロギー性の弱い態度のことである。

　これは、一つの控えめな反論である。この反論は、法律家的判断（juristische Urteile）がイデオロギー的集団抗争の成り行きに影響を及ぼすことを、否定しない。また同様に、この反論は、法律家的判断がしばしば論理的な破断面を示すものであり、そのおかげで、結論が〈法律家の服する制限〉に由来するものであって〈裁判官のイデオロギー〉に由来するものではないという所見がしばしば説得力に欠けるように見えることを、否定しない。また、法律家的判断がしばしば説得的でないのは、他方で［その裏側の］鏡像判決（Spiegelbild-Urteil）の可能性を意識的に否定する［独自性を打ち出そうとしたがる］からである。この反論は、裁判官たちがしばしばイデオロギー的な法創造を自己の決定［裁判］によって追求していることを、否定しない。この反論は、すべての難しい法的問題が──政治がイデオロギーと同じでないと理解される限りで──何らかの政治的要素をもつことを、全く否定しない。

　論拠（Argument）＊は、裁判官による判決発見の一方法である。それがあまり

頻繁に用いられなくとも、そして、われわれが［アメリカにおいて］イデオロギー的な法創造の大きな部分を実は裁判（Rechtsprechung）に負っているとしても、それは〈法律への拘束〉という理論によって問題視されることではない。裁判官は自分に期待されることを為すことができるし、そうすべきでもある。批判は、裁判官の間違った振舞いについて当たっているかもしれないが、リベラリズムにも法律への拘束という理論自体にも関わらないのである。

* 正確に言えばさまざまの論拠を挙げた論証（Argumentation）であろう。ただし、独訳される前の英語ヴァージョンでargumentationと同様の意味でargumentとなっているとすれば、それは本訳稿の原典となっている独訳ヴァージョンではArgumentationとするべきであった。

裁判官と立法者の二分法を再構築しようというこの企図に対するミニマリズムの反応は、この再構築の各部分を内部的批判に服させるというものであった。裁判官の中立性という特殊な手がかりが［司法の政治化を阻止するために］機能していないことを示すというのが、その目標である。だが、この手がかりはイデオロギーのための余地を残しているか、それとも、矛盾する要求を掲げるものなのだ。

そのさい気付くべきは、批判的プロジェクトと再構築プロジェクトが、判決理由や理論的論文のさまざまの箇所でしばしば同一の人物によって支持されるということである。同一の人物が判決の立証を粉砕したり、同じように納得できる［裏側の］鏡像判決があること、裁判官の独立性についての最新の理論が役に立たないことを指摘した上で、もっと良い判決理由や、裁判官の役割についてのもっと良い理論を、示してみせることになる。

この人物はしばしば再構築プロジェクトの参加者のつもりでいるが、実際にはその仕事の批判的部分だけが持続的な価値をもつのであり、再構築的部分は反応を呼び起こすに足りる注意を促すにも至らない。批判的プロジェクトは時の経過と共に——特殊な再構築が粉砕され続ける特殊な諸ケースと、反覆可能な定型的批判のレパートリーの拡張によって——拡大されていく。第一学期の法学部生はいまや、「他人の財産を損なわないように汝の財産を扱うべし（sic utero tuo ut alienum non laedas.）」に対するホウムズ独自の批判や〈特権（Privilegien）から請求権（Ansprüche）を導き出すこと〉に対するホーフェルドの批

判を学び、適用しなければならないのだ。

　これと同様に、一定の法規グループ（たとえば労働法、人種差別、地方自治、競争法、職業上の責任）の批判者と擁護者には持続的なイデオロギー論争がある。批判者たちは、さまざまの判決やそれらを解説する理論的著作を問題視することにより、こうした規則を問題視しようと努める。それに加えて、批判者たちが裁判官の中立性という理念そのものの問題視に成功しているか否かについての議論がある。どちらか一方の側が勝利を収めるという見込みは、あまりない。その他のイデオロギー合戦におけると同様に、利益と成果の定義そのものが争われているのだ。

　ここで私の関心を惹くのは、もっぱら、裁判官による法創造がこうした議論の文脈において見られるだけで「誰が権利をもつか？」というタイプの争いにおいてではない、という事実から生ずる結果なのだ。そういうわけで、私は再構築プロジェクトの一覧を提供しないであろうし、それぞれのプロジェクトに短い反論を加えることも——最初の草稿ではそのやり方を試みたが——やめておく。私は［最小限の成果で満足する］ミニマリストだから、〈いかなる再構築も可能でない〉ということを証明することが可能だとは思わない。明日にでも誰かが〈裁判官の中立性の理論〉を携えてやって来るかもしれないし、その理論によって私は〈裁判官はイデオロギーに影響されずに裁判することができ、そうするだけで他のことは何もしないように努めなければならない〉と確信するようになるかもしれない。しかし、私は、既存の諸理論のいずれかが、せめてそれに近づくことができるとさえ思わない。

　もっと重要なのは、裁判官がいかにして中立でありうるか、中立であるべきかについての合意を強制することによって現在のイデオロギー的方法論争に終止符を打とうとしている理論が、いまのところ見当たらないということである。それどころか、現在主張されている対照的な中立性論の多くはいずれも的を射たものではないということの、むろん覆せない証明ではないにせよ強力な証明であると思われる。それらの相互批判は感嘆に値する。私はポズナー（Posner）に対するドウォーキン（Dworkin）の批判を、ドウォーキンに対するオールトマン（Altman）の批判や近日中に発表されるに違いないフィス（Fiss）のオールトマン批判、それに（存在するならば）ポズナーのフィス批判と同様に、支持す

る。こうして循環していくわけだ。

　この状況を次のようにまとめてみたい。アメリカの法文化においては、特有の批判手順の積み重ねが、あらゆるイデオロギー化された集団間の抗争において、相手が〈裁判官による法創造の正統性を否定する注目すべきテクノロジー〉を備えることを可能にしている。相手がそうしたテクノロジーを用いようと決めるや否や、法的制限を受けたと［相手に］感じさせる説得的な判決理由を作成することは［裁判官にとって］困難になる。判決における裁判官の法創造には、〈衣の下のイデオロギー〉だという重大な嫌疑がかけられるのだから[1]。

　他方で法律家にとって欠かせないプロジェクトが〈賢者の石〉の探索であるとすれば、それを一度に否定してしまうような決定的失敗を見出す者は誰もいない。成果を挙げる批判はつねに「局所的 (örtlich)」でしかないのであって、それは局所性が〈裁判官の中立性〉という完璧な理論である場合も同様である。局所的でありながらも〈決まっていること〉は、それが批判によって崩され続けるとしても、われわれの経験のやはり強力な要素なのだ。

　こうした背景の下で次に踏み出せる一歩は、ミニマリズムの［これだけは譲れないと思われる］批判的論拠を多少とも具体的・特殊的な形でまとめることである。これについて提案できることは、〈問題が政治的なもので判決から裁判官の選択を説明できないときは、裁判官のイデオロギーがなんらかの役割を演じたものと推測される〉ということだけである。唯一の真の方法があると信ずる者がいるとしてもすべての裁判官が従うわけではないと認められている限り、その議論には興味を惹くものがあって然るべきである。

解釈のさいの〈方策を立てる態度 (strategisches Verhalten)〉

　「1. 問題の手ほどき」において私は、裁判官たちはその仕事の過程においてイデオロギー的に構造化された素材と直面すること、そしてかれらが相手にする弁護士たちは〈イデオロギー化された集団抗争〉として組み立てられた自己のケースを提示することを、論証した。かれら［裁判官と弁護士］によってなされた当該ケースの境界づけと、かれらによって用いられるさまざまの規則や政治的原則の限られた用語は、かれらが内容の如何を問わずイデオロギー的に行動せざるをえないように作用する。

しかし、そう言うだけでは、ここでのわれわれの目的にとって十分ではない。裁判官は、かれが眼前にする素材のイデオロギー的性格と弁護士たちのイデオロギー的な意図をよく心得て、みずからもイデオロギー的な役割を演ずる用意があるかもしれない。それでも、かれは、自分が扱うことになる素材が両当事者のいずれかに有利な決定をするように自分を制約するということを、経験するであろう。その場合、かれは、〈イデオロギー的な歴史と意味〉をもつ論拠を投入することによってイデオロギー的な集団抗争を終了させることになる。ただしわれわれは、裁判官自身のイデオロギーが何らかの役割を演じたと言うわけではない。

　こうしたケースにおいて結果を規定するのはイデオロギー的なプロジェクトであるが、それは、過去の弁護士や裁判官たちのイデオロギー的プロジェクトなのだ。言い換えれば、かれら［過去の弁護士や裁判官たち］は当該の問題を、かつてのイデオロギー的論争において予め解決することに成功していたのである。だが、われわれがここで取り上げるケースでは、別の事態が見られる。現在ではイデオロギーが、裁判官の意図と行為によって作用するのだ。

　私見によれば、この経緯を理解する鍵は、解釈過程の内部における〈方策（Strategie）を立てて臨む態度［みずから方策を立てていくやり方］〉という概念に存する。この概念を用いるさいに私の念頭にあるのは、素材に意味を与える試みである。初めは〈適用しうる規則の存在とその解釈〉から出発する裁判官は、自分に［裁判官にふさわしい］役割を課する制限の枠内で自由な研究を試み、〈当初有した法的確実性の感覚〉を解消する方途について深く考えることにより、自身の経験を疑問視するようになる。そればかりではない。自分の役割が限定されていることから、かれ［裁判官］は、敗訴しそうな側の弁護士が［勝訴の見込みがあるという］自分の当初の印象は間違っていたということを率直に語るさいに、その苦労に少なくとも耳を傾ける義務があると感じる。その弁護士のさまざまの論拠が裁判官に少なくとも疑問を起こさせるならば、それは裁判官に、裁判官としての役割においてこの疑問を深く考えさせることになるであろう。

　だが法律家的論証は偶然を探るプロセスであり、裁判官はそこで偶々出会った新たな法的刺激のすべてを、胸襟を開いて受け止める。そのさい「このケースが別の展開を見せないか」が熟考される。これは、当初は正しいかに見えた

のと別様の素材解釈が探られるということだ。つまり、重要であるかもしれない新たな規則が見付かるかもしれないし、見付からなければ古い規則が確認される、ということである。

　適用されうる規則とその解釈が確かなものだという当初の経験を、〈(かつてみずからを創造した者[立法者]のお蔭を蒙ったにすぎない)「法」から裁判官へのコミュニケーション〉として捉え直すことができる。尤も、私は当初の確実性を揺るがして、そのような仕方で[解釈変更を]〈素材に対する一つの反応〉として捉えることが可能だと考えるものではない。法律家の仕事が始まる前から存在するテクストは、述べざるをえなかったことを述べたのである。いま問題になっているのは〈法律家として仕事をする者がテクストの意味を変えることができるか〉、なのだ。

　他方では、テクストの意味の変更を促す実験という意識の下での、新しい解釈の展開も始まっている。その仕事から良い結果が得られなければ、当初の解釈を受け容れるつもりなのだ。捜し物は法の「内部に」ある。なぜならそれは、代替させようとする物と比べてテクストに近いところにあるからだ。その探索は既存の法知識によって導かれる。――発見が期待されないところで探索する者はいない。

　裁判官にとっては――素材から受けた第一印象による意味を変えたり、当初は可能であった意味を排除するような意味を素材に与えたりする試みによって――素材に対して〈方策を立てて臨む態度〉をとることは、つねに可能である。他方において、裁判官がそのようにする状態にあることは決して確かではないし、そのようにすることは決して必要でもない。結局のところ、裁判官が作業についての特定の方策をとった結果として、かれが別の方策をとれば得たであろう内容とは異なる内容の決定が得られたということは通常は確認できない。

　或る特定の解釈を〈良い解釈〉に見せるという意味で方策を立てて臨むことは、つねに可能である。イデオロギーだけがそうした振舞いの理由ではない。その他の動機の内実は、個人的または党派的な利害である。そうした苦労をしないように裁判官を押しとどめる効き目があるかもしれない立法による定義は無いし、[逆に]法律への拘束があればこそ裁判官が時にはそうした苦労をするというのも、少なくとも尤もである。

しかしながら、方策を立てて行動しなければならないというわけではないし、とりわけイデオロギー的な方策を立てなければならないというわけではない。多くの裁判官は素材がなんらかの意味をもつに違いないと信じてそれに接近するようであり、私が法律家的「作業 (Arbeit)」と称したことを実行する才能や好みをあまり持たないように見える。かれらは、〈偶然見付かるかもしれない捜し物〉にも似た過程の終わりにそれを見付けるに至って、自己を感情に委ねることにより結末を経験するのである。もしかすると、かれらは方策を立てる能力をみずから抑圧しているか、それともそんな能力を獲得したことがないのであろう。

　われわれの観点からすれば、こうした裁判官たちの〈裁判官による法創造〉への「インプット」が——かれらの〈方策なき態度〉を〈生じている事態をより良く理解する裁判官たちの態度〉と区別するために注記しておくべきではないかと思いめぐらす余地はあるものの——偶発的に見られることもある。だが、イデオロギーと結びつかないその偶発的な法創造を〈意識されない規則遵守〉や〈条文による制限〉といった受け身の態度から区別することが重要なのである。これは〈意識されない規則遵守〉ではない。なぜなら裁判官は、或る法的問題の存在を心得てそれに対する解答を見出そうとしているからだ。これは〈条文による制限〉ではない。なぜなら制限は、素材に特定の意味づけを与える［裁判官の］試みの阻止を意味するからだ。

　普段から自己の方策 (Strategie) に従って素材と取り組む裁判官は、イデオロギー的な意味づけによって左右されず、それを自己の意識から追い出すように努めるであろう。かれが、素材のイデオロギー的構造に適合せず、素材のもつ〈イデオロギー的というよりは特異体質的 (idiosynkratisch) と言えるような構造〉に適合する〈さまざまのイデオロギー的計画〉を持っていることも、ありうる。そのような裁判官は、言説 (Diskurs) を利用してさまざまの論拠 (Argumente) に耳を傾けなければならないのであって、状況の理解に関しては、なんとなく他人の理解に従うのではなく、〈同様の事態が繰り返し生ずる〉という受けとめ方をするのである。

　つねに方策に照らす (strategisch な) 態度をとるからといって、規則にいつでも当初の意味と異なる意味を与えることができるとか、法には確かに自由主義

的側面があったということを示すために従来未解決の問題だとされてきた事柄を取り上げることができるとか、いうわけではない。いつでもその種の細工に努めることはできるが、目標を達成できずに終わることもある。

　実際には、どんなに細工（manipulieren）されていることだろう？［裁判官たちがみずから定めた］法的規則のうちどれほどが、それを定めたケースにおけるとは別のケースの処理と取り組む裁判官たちにとって実質的に別物になっていることか？　成果を挙げた〈方策による態度〉と比較して、〈意識されない規則遵守〉と〈条文による制限〉がどれだけ頻繁になっていることか？

　〈方策による態度〉にとって、「真の」チャンスはないのかもしれない。裁判官はそのときどきの〈方策による態度をとる〉のかもしれない。しかしかれらは、そうするときはいつでも、実際に生ずることを見誤る。法は、裁判官たちに気付かれずにかれらを［法が予定する］正しい解答に縛ることによってかれらを指揮するのかもしれない。それとも、裁判官たちは〈解釈者の忠実〉という役割を踏み外した悪意者（im bösen Glauben）ということになるのかもしれない。

　私はミニマリストとして、批判と再構築の歴史による以外にこの可能性を拒否することはできないと信ずる。ただ、私見によれば、この歴史から得られるのはイデオロギーに焦点を合わせた研究によってのみ素材の意味を変えることが可能であるということだけなのだ。さまざまの判決そのものから得られるものは、ほとんどない。

　判決の根拠づけ（Urteilsbegründungen）は、あらゆる法的問題へのその特殊な解答が、法律の拘束力についての素朴な理論によれば必然的であることを保証する。しかし、それが〈しきたり（Konvention）〉の問題であることは、明らかである。それは法的論証作業（rechtliche Argumentieren）の〈素材と作動の必然的な結果としてのテクスト〉がとる形式の、諸要請の一つに他ならない。

　これは形式の要請によるものだから、裁判官が自己の結論に至るための方法について実際にどう考えているかを判決から読み取ることはできない。これは会話の初めに「いかがお過ごしですか？」と問い、「有り難う、無事に過ごしております」と答えるような〈しきたり〉のようなものである。われわれは、そう言う者が実際に無事に過ごしていると受けとめるわけではないし、かれが実際には惨めだと感じていたとしてもかれが嘘をついたと非難するわけではない。

私は、〈方策による態度〉の成功する例が多いと主張しているにすぎない。裁判官たちはしばしば、素材に説得的な意味を見出すが、それは、或る裁判官が別の目標を達成するために示したであろう意味、または少数意見のなかで示したような意味とは、根本的に異なる。以下において私は、裁判官たちが方策として追求するイデオロギー的目標観念の、三つの類型を記述することにする。

(制限されながらも) 能動的な裁判官

裁判官が担当するケースに初めて接したとき、いかなる法規がいかなる解釈によって適用可能であるかについて明快な観念を持っていたとしよう。さらに、その裁判官が立法者としてその法規がこの種のケースに適用されることを欲したわけではなく、(遡及効を伴って、または遡及効なしに、という) 例外を認めることによる変更を欲したものとしよう。この裁判官に乞うて、〈「この法」についての不満と提案された改正についての解説〉を求めるならば、かれは当該法規を批判し、立法者としての自分の提案を正当化するであろう。この種の批判と正当化を称して、「コンサーヴァティヴなイデオロギー」(または「リベラルなイデオロギー」または「中道主義 (Zentrismus)」等々) ということができよう。最後に、この裁判官が他の多くの法規について類似の保守的立場からの批判を述べており、リベラルな立場から法規を批判したことは全くないか、ほとんどないと想定しよう。

　この裁判官には、法に従わないという意図など全くない。しかしかれは、当初の想定とは異なる解釈を生み出す試みの時間と精力を投入する。法がかれにとって「リベラルすぎる」ように思える場合はつねにそうするのだ。それが成果を挙げることも挙げないこともあるが、いずれにせよかれにとって、あれこれ考えた上で事案に適用する規範がいま思いつく最善の解決であるように思われる。かれは形式上「合法的」であるばかりでなく法の「要請に従えばこうなる」という自己の信念を反映する判決を作成することになる。

　かれの立場からすれば、イデオロギーはかれの判決においてどんな役割も演じない。だが、かれが示す根拠づけには問題がある。かれのリベラルな同僚裁判官たちは、かれの立場を道徳的な反感を買うものだと見るかもしれない。確かに同僚裁判官たちは、この立場を〈党派的であって正しくない〉とみなすであ

ろう。しかし、つまるところ、これはかれの確信であり、それも、かれの個人的な利益にとって、またはかれのグループや、そうでないとしてもなんらかの繋がりのあるグループにとっての最善だというのではなく、かれが最善であると確信するもの、すなわち公衆にとっての最善なのだ。

　私はその裁判官を能動家（Aktivist）と名付ける。それは、かれが多数のケースにおいて或る結果をその他の結果に優先させるさいに、法律家の守備範囲外の目標、すなわち正義に合した結果（ein gerechtes Ergebnis）を追求するからである。ただ、こうした形態の能動主義が諸法規（大きな分類枠）に依拠することは、確認しておく意味がある。この裁判官は、自分が適用しなければならないと思う法規よりも優先的に適用すべき何らかの法規を手にしているだけで、勝訴させるべきだと思う当事者を念頭に置かない（この点で「結果志向的（ergebnisorientiert）な」態度から区別される）。

　この裁判官は仕事の過程で、自分の新解釈の諸論拠（Argumente）を──〈素材への忠実〉を念頭に置きながら再三再四──最良の反対論拠と比較する。だが、或る目標をもってそうするのだ。かれは、自分が優先させた立法的解決が正しい法律家的解決であることを証明したいのである。その目標を追求するにさいして、かれは全く中立的ならざる態度で手立てを尽くす。かれは、一つの方策（Strategie）を案出し、本の山に埋もれ、自分の論証（Argumentation）に役立つかもしれない建材（Bausteine）［＝さまざまの論拠］を絶えず目で追っていく。

　かれ［裁判官自身］が自分の立場に対する最良の反論を展開したとき、かれの動機は防衛的であった。かれが試みたのは、誰かが自分の解決について述べるであろうことを先取りすることである。その〈誰か〉は最初の反対論拠を維持すべく、自分がその反対論拠（Alternative）を覆すのと同様に決意を固めているであろう。かれ［当該の裁判官］は、思いつく限りの反論に対して立派な返答をする自信を得たところでこの〈［想定される反論を自分の仕事としてまとめてみるための］調べもの〉を中止し、斥けなければならない別の反論について熟考しながら自分自身の立場を支える積極的な課題との取組みを続けていくことになる。

　それでも裁判官は、善意に発するこの〈やり方〉の継続中に反対の側によって説得されてしまうリスクを負うことになる。かれは実際に、そして本当に、〈最

第 4 章　裁判の帰結（ケネディ）

初の反対論拠がすべて正しい〉という可能性を認めることになってしまい、どう答えていいか判らぬままに譲歩を決心するに至る。しかしかれは、その後も以前と同様に、同定可能な「プロジェクト」、かれがそれをめざして仕事する目標、不正な規則を正しい規則に変えるという目標を、保持する。かれが（よくあることだが）不正な規則の周辺への道を全く見出せないならば、それはかれの立場からすれば敗北なのだ。

　ここで目を転じて、能動家が最良の解決という立法者的観念を抱いたが、法律家の仕事の始めからすでに〈素材への忠実〉という内的立場からは一義的な答えが得られないことを感じ取ったという数々のケースを取り上げよう。

　能動家が〈法は「正しくない」解釈を必要とする〉という結論に至るならば、かれはこの推論に反対して戦うであろうが、その逆のために良き法律家的論拠を見出せないならばこの推論を承認するであろう。かれが結局、〈数々の反対解釈のために論拠が等しく分配されており、それらの反対解釈の間の決定は選択の要素を伴っている〉という印象をもつならば、かれは自分の確信によって所与の状況において正義に合するのは何かを決定し、その結論が「不可避」であったことをできる限り詳しく説く判決を書くであろう。

　私の命題は次のとおりである。第一に、多くの裁判官は〈制限された能動家〉であり、裁判官による法創造の大部分はかれらの決定に由来する。第二に、保守的な、制限された結果志向の裁判官が示す結論は、同様の態度をとるリベラルな裁判官が示す結論とは異なる。それは大きな違いであって、違いの源泉は、素材が生む当初の印象への反応としての〈さまざまの反対論拠の方策〉次第である。厳しく良い働きをするリベラルな裁判官たちは、解釈問題へのリベラルな答えについて十分な、一見するところ（かれらにとって）必然的ですらある根拠をもつであろう。保守的な裁判官たちは、別の結論を得るであろう。

　第三に、保守的な裁判官が仕事に励むことによって、保守的な結論が必然的であるように見せるのに成功する場合、われわれは〈その裁判官が法規を一見したところと別様にした〉、と言えるかもしれない。その変更は素材が許したものである。なぜなら、そうでなければ裁判官は、変更の経過が終わるともはや作動の忠実性という制限の下で働くことができないからである。しかし、変更は必要でもなければ不可避でもなかった。法はまず裁判官に話しかけるように

思えたし、まず自己の力によって自己の諸要求の確実性についての感覚を生み出すように思えたからである。しかし「それ［法］」は裁判官に、変更の必要があるのか、どの方向に変更する必要があるかを、伝えるわけではない。

　もとより、われわれは、そのようなことが生じたかもしれない場合はいつでも――［裁判官のなかの］〈制限された能動家〉がかれの方策に沿った探索の末に発見したのとは異なる〈正しい解釈〉を見出そうと努めることによって――これに反応することもできよう。言い換えれば、〈この［正しく解釈された］法は裁判官たちによって「文字どおり解釈されただけ」の法とどのように違うのか〉と問うことができよう。しかし、それがわれわれの目標だというわけではない。裁判官たちのこうした実際の傾向がもたらす結果が〈［文字どおりの解釈しか許さない］立法体制の所産〉からどう区別されるのかが、問題なのだ。そもそも「正しい解釈」なるものを分析することが方法として一貫しているか、ないし、実践的に可能なのかという、かつて示された疑問が想起される。

差異を仕分ける裁判官

　差異を仕分ける裁判官 (Difference Splitting-Richter) の態度は、その同僚である〈制限された能動家〉の態度よりも受動的である。かれは、さまざまのグループが〈裁判官による法創造〉をイデオロギー化された抗争のために利用する方法について、抜群の感覚をもっている。かれは、裁判官による決定のこの側面に、他の関与者と同じように備えている。だが、その一方で、かれは能動的な態度に対する厳格な規則を認識している。自分の役割についてのかれのイメージは、〈自分は頭の天辺から足の先まで保守的な同僚たちのように振舞うべきではない〉というものである。かれはそのことを肝に銘じているので、かれの論証や結論がイデオロギーの影響を受けているという非難を――それが内部だけのものであっても――免れるために大いに苦労する用意があるのだ。

　この裁判官は、意識的というよりはむしろ事実上、差異を仕分ける態度をとる。つまり、かれはまず、「イデオローグたち」、すなわち自分の〈制限された能動家〉的同僚たちが折々に最上のリベラルな解釈またはコンサーヴァティヴな解釈と解するであろうものの探索を試み、その中央にある解釈を採る。それを可能にするのが、〈論点の枠付け〉や〈規則の特定〉の手続である（これについ

ては 1. で述べた)。素材のイデオロギー的構造は、連続的な法則パターンから読み取れる。リベラルな、またはコンサーヴァティヴな法則は両端にあり、その中間に一連の「穏健な」立場が位置づけられる。

　これは、裁判官による決定の「あれか／これか」、「内か／外か」、すなわち二分法的性格と、矛盾するものではない。原告または被告が勝訴することに変わりはないが、原告を勝たせるためにさまざまの可能な解釈があり、被告を勝たせるために別のさまざまの可能な解釈があるのが普通だというのは、当たっている。差異を仕分ける裁判官は、折々の両当事者と取り組むよりも法規の構造と取り組んでいるのだ。私の理解する〈差異の仕分け〉とは、イデオロギー的ではなく「穏やかな」印象を与えるために規則の定式化の仕方、当事者よりはむしろ解釈を取り上げたものである。

　こうして、差異を仕分ける裁判官は、少なくとも口先で裁判官の「中立性」という理念への信仰告白を済ませる。その理由は、かれが穏健な立場に縛られていると感じ、穏健化は他者のイデオロギー的立場の差異の仕分けを意味するにすぎないからである。かれはイデオローグたちを選択に直面させた上で、自分は中道を行くことによりかれらを立ち去らせることによって、決定を間接的にイデオローグたちに委ねるのだ。

　差異の仕分けは、矛盾に対する反応、或いは認知的不一致 (kognitive Dissonanz) に対する反応である。一方で裁判官は、裁判官の役割についての多数の理論の一つを信ずるが、裁判官の役割は法律家の仕事のイデオロギー的動機づけを排除するものなのである。もしかするとこの裁判官はドウォーキンの支持者か、フェミニズムを信奉する実務家か、それとも、裁判官は「時代の必要」に応える法形成をすべきだという広く流布した意見の信奉者であろう。

　他方で、かれ［裁判官］は、さまざまの素材と弁護士たちの論拠によって、逃れがたいイデオロギー選択に直面していることを経験する。別のレヴェルでのかれの第一印象は、このケースが両様に決定できるかもしれない、そして自分がこのケースを処理する方法が結果を左右するであろう、というものである。かれは「リベラルな」道と「コンサーヴァティヴな」道があることを心得ている。どちらの道を選ぶべきか？

　イデオロギーによって影響されたくはない。だが、さもなければ如何にして

決定できるのか？ かれは自分の理論を適用するが、結論は得られない。それとも自分の理論を適用し、それにより大多数のケースにおいて体系的なリベラリストたることを要求されるという結果に至るが、それは自分が承認できるコースではない。それとも、自分はイデオローグだと感じることさえ耐えられない。こうして、かれは、〈差異の仕分け〉というテクニックを自分が直面する選択肢にそのまま適用するか、それとも、法律家的論証作業によって中道を行く方策をとり、誰もがイデオロギー的両極化は間違いだったと信じてくれるようにするか、である。

両極的裁判官

両極的裁判官（bipolarer Richter）は、他の二つの類型の特徴を組み合わせたものである。かれは〈制限された能動家〉がするのと全く同様に、或るテーマについてリベラルに徹した立場を展開するべく尽力することがある。しかし次のケースでは、やはり〈制限された能動家〉が反対側からするのと全く同様に、徹底性においてそれに劣らないコンサーヴァティヴな結論をとる。かれの秘められた目標は、このテクニックによって下される個々の判決に存するのではなく、このテクニックによって差異の仕分け（Difference Splitting）を行っていくという〈裁判官のキャリア（richterliche Karriere）〉を形成することにある。

この裁判官は、自分が要求されていることを実行する点において他の二種類の［リベラルとコンサーヴァティヴの］裁判官たちと同様に、〈［裁判官の義務として］要求されていることをする裁判官〉として理解されることを、望んでいる。かれは、それらの［リベラルとコンサーヴァティヴの］裁判官に言及するとき、〈イデオロギー的な束縛なしに〉自己の所見を述べるのである。中庸（Mäßigung）を義務づけられているという非難は、かれには当たらない。なぜなら、かれはどんなケースについても〈リベラルな裁判官たち〉または〈コンサーヴァティヴな裁判官たち〉と完全に同意しうるからである。かれは自己の担当するケースを裁くに当たり、自由主義者でも保守主義者でも中庸主義者でもなく「自由なアクター」だという自己理解によって、可能な限りいつまでもあらゆる解決に開かれた態度を取り、両当事者それぞれの論拠に注意深く耳を傾けるからだ。

要請されるならば、かれは同じ方向をめざす〈制限されながらも能動的な裁

判官〉が生み出すような判決とほとんど異ならない判決を——その判決がその種のケースの全範囲をカヴァーするリベラルまたはコンサーヴァティヴなプロジェクトの推進をめざす場合を例外として——苦もなく生み出すであろう（ただし、両極的裁判官にとって或る法領域の全体を或る側または他の側にとって有利に決定してしまうことは十分に可能であり、そうすることによりその領域において〈イデオロギーに染まった同僚たち〉と同様に長期的な方策を実現させていくことができるのであるが）。

　この裁判官を称して両極的だというのは、かれが意識的または無意識的に二つのイデオロギーの間をあちこちと移動するという一貫した方策をとるからである。この裁判官がリベラル派として登場するいくつもの決定を下したばかりのところに、〈イデオロギーと関わるケースを担当する〉弁護士が現れるならば、そのケースにおいてこの裁判官が——もし事前に一連のコンサーヴァティヴな決定を下していたら［振り子を逆に振って］とると思われる［ややリベラルに傾く］法規解釈よりも——コンサーヴァティヴな法規解釈に立脚する蓋然性が、はるかに大きい。

　ケースには数多くの多様な側面があって、まさにその多面性が当該裁判官の気質に合うのか、それとも側面の切り替えについて当該裁判官の従来の型がかれの気質に合うのかを、予想することができる。だがそれと同様に、かれの裁判官としての気質が、それらの特殊性とは無関係に一般的な構造を示している。それは両極的なのだ。

　ここに見られるのは、裁判官にとっての問題である。かれは、〈自由なアクターとしての裁判官という自分の観念に忠実であることを義務づけられている〉と感じる。しかしかれは、あまりにも頻繁に或る側面または他の側面にある者として自己を再発見するときは、この理念への拘束を疑問とすることになるであろう。そして、かれは自己の独立性を誇りとしており、他者がその独立性を認めていると信ずるので、リベラルな判決とコンサーヴァティヴな判決の正しい割合についてのかれ自身の観念によって影響されるばかりでなく、かれの傍聴者の観念によっても影響される。

　このケースにおいては——上述の両ケースにおけると同様に——裁判官の実際の行動モデルが役制限に関するかれの解釈の結果であり、同時に、素材の

イデオロギー的構成に対する特別の反応なのだ。ここで、裁判官は自分の役割を、「独立者」ないし「自由なアクター」であることとして解釈する。良き裁判官であることの前提の一つは、いかなるイデオロギー陣営にも属さないことなのだ。実際に、こうした裁判官はいかなるイデオロギー陣営にも属さない。しかし、かれはその上で、断乎として他者のイデオロギー生産の影響を免れようとしながら、差異の仕分け人と同じくそれによって最も強く影響される。

　他者は、かれ〔良き裁判官〕が選択に迷う選択肢を定義することによって、かれに影響を及ぼすのである。差異の仕分け人とは違って、かれは、自分が同時に「独立している」みずからのイデオロギー的立場の構築に、能動的かつ無頓着に携わる。かれのリベラルな判決はリベラルな〈側〉の発展に——かれのコンサーヴァティヴな判決がコンサーヴァティズムに影響を及ぼすのと同様に——影響を及ぼす。しかしかれは、それを始めるとすぐに後退する。独立性は妥協がとる別形態だということを、明らかにするのだ。

　両極的裁判官が、〈制限されながらも能動的な裁判官〉から区別されるのは、〈自分が立法者だったならば当然とるはずの解釈を優先させるか〉という問題から出発しないからである。かれは自分の役割を、全く別様に解する。かれは、弁護士や他の裁判官たちの論拠を〈イデオロギー的に組み立てられた解釈〉として聴き、どの解釈が最も良く素材に「適合する」かを見定めようと試みる。かれは最後に自分の見解を固めるが、その拘束力はみずからの独立性を保つために、イデオロギー的モデルに従ってかなり長期間に亘る。

〈方策による態度〉の解釈

　本稿の叙述は小説風であって、何らかの「確かな」データによるよりは裁判官の活動についての仮想的再構成に立脚するものである。決定的な心理学的要素は、〈悪意（böses Glauben）〉または〈認知的不一致（kognitive Dissonanz）〉または〈裁判官が法服を着用するさいに承認する役割制限の矛盾〉である。制限された能動家は、最も解りやすい類型なのだ。

　かれは、〈解釈者の忠実〉による制限を容認する。しかしかれが、自分に課せられた義務が自分を不正な結論に導くであろうと信ずる場合、または、素材の開かれた構造を見て取る場合には、かれは素材に自分自身のイデオロギー的方

向に対応する意味を与えることをめざして、努力する。かれは判決を下すとき、〈その結論を完全に素材と自分の論証に従って決定したものとして示さなければならない〉という慣例に従う。かれは、イデオロギー的方策 (ideologische Strategie) が自己の仕事の過程において演じた役割について釈明することがない。

〈法律への拘束〉が裁判官の活動からイデオロギーを排除することを要請しているという非難に対して、裁判官は、あらゆるイデオロギー的要求を否定する判決によって応える。もしかすると勤務外では、裁判官が〈裁判には正義 (Gerechtigkeit) と関係するところもある〉と認めることがあるかもしれない。もし素材が解釈の作成を求めたり許したりする場合は、裁判官が為しうる最善の方途は〈正義に関するみずからの観念によって設定されている方向でそれに従事すること〉である。それがイデオロギーであるように見えるとしても、裁判官はそれを少しも変えられないのだ。

私が差異の仕分け人について記述したように、それは、〈節度 (Mäßigung) はイデオロギーだ〉とする穏健なイデオローグである。両極的裁判官は節度を［イデオロギーではなく］そのまま節度と称するが、自分が時の経過と共にリベラルでもコンサーヴァティヴでもない者として自分の目に映るという制限の下で、〈そもそもそうした制限がなければ［つまりリベラルやコンサーヴァティヴを標榜しえたとすれば］それは自己の実績にどう反映しただろうか〉ということにこだわらずに自己を見ている、ということが判明するのである。

差異の仕分け人と両極的裁判官は［善意 (gutgläubig) のアクターではなく］古典的な「悪意 (bösgläubig) の」アクターである。なぜなら両者［差異の仕分け人と両極的裁判官］は、生ずる事態をきわめて正確に把握していることを自分に対しても他者に対しても否定するからだ。かれらは、〈少なくとも自分たちの意識の一部、上辺のすぐ下に隠されている一部〉が自分たちのすべてのステップのイデオロギー的含意を恒常的に記録していない限り、自分たちの明確に構造化されたイデオロギー的干渉を効果的に成し遂げることが決してできないであろう。だがかれらは、〈制限された能動者〉である同僚たちと比べて、イデオロギーだという非難に対する遥かに巧妙で洗練された回答をもっている。かれらは自分たちの差異の仕分けと長期に亘る両極的な判決の数々とを示して、自分たちが実際にイデオロギーの埒外にあることをわれわれに信じさせようとする。

われわれは、これらの三類型 [〈（制限されながらも）能動的な裁判官〉と〈差異を仕分ける裁判官〉と〈両極的裁判官〉] を〈判決モデルの経験的記述〉として扱うことにより、これらすべての心理学的解釈を放棄することができるかもしれない。われわれは、若干の裁判官は〈制限された能動家〉であるかのように振舞い、別の若干の裁判官は〈差異の仕分け人〉であるかのように振舞い、また別の若干の裁判官は〈両極的〉であるかのように振舞う、と言うにとどめることができるかもしれない。

　こうしたモデルが実在する限り、われわれは、その原因が裁判官たちの意識における実際の心理学的過程にあることを確認する必要がない。なぜこうしたことが生ずるかの説明を省略できるばかりでなく、それが生じないとしたらそれは何を意味するかについて思いめぐらす必要もなくなるであろう。つまり、裁判官たちがどうすれば非イデオロギー的に決定できるかについての正確な定義は、不要になる。

　その代わりに、われわれは、裁判官の活動を〈意識的な方策 (bewusste Strategie)〉とみなすことができるかもしれない。それとも、本当に無意識の、抑圧された方策として。しかし、私は第四の道を選んだ。私の記述において、裁判官たちは〈意識不全 (halb-bewusst)〉なのだ。これは、矛盾を調整するための特徴的な態度であって、〈認知的な不一致〉または「悪意 (böser Glaube)」に対処するために知覚が修正されることをいう*。

* 法的な意味で bösgläubig とは gutgläubig（善意＝知らない状態）の反対であり、〈知っている状態〉を意味する。ここでは善意と悪意の中間の状態を〈意識不全〉と称しているのであろう。

　私が「悪意」の心理学にこだわるのは、もし裁判官たちが自分の役割の難しい性格に直面することなしに仕事をする状態にあるならば、〈かれら以外の誰もそんな [難しい] 仕事を買って出ないのは何故か〉という疑問がそれだけ説得的になるからである。イデオロギー的な要素は汚らわしい秘密、家族の秘密、自分の祖父と母との近親相姦関係のようなもので、知られている一方で否認される事柄としてすべての世代に関わっていくのである。

　裁判官たちは少なくとも部分的に、この汚らわしい秘密を抱いている。法文化に関与する人々も一般的な政治文化に関与する人々も、裁判官たちにそれを

要求するからだ。裁判官たちがイデオロギーによらない決定をすることが、可能であるばかりでなく普通でもあるというのは本当であってほしいと、誰もが望んでいる。しかし誰もが批判を知っており、法律の拘束力という素朴な理論がお伽ばなしであることを誰もが心得ている。それは、裁判官による判決発見の行く末についての研究が二つの次元をもつことを意味する。

　第一の次元は、何人もの裁判官が素材に関してイデオロギー的な方策により［受動的に］導かれるのではなく、［積極的に］それを追求するということと関連する。選ばれた方策が、所与のケースにおいて形成される法についての影響力を示す。その影響力は、立法者が法律の文言について交渉するケースとは違って選挙の成り行きにより制限されるものではない。その意味で、裁判官は立法者よりも自由である。

　他方で裁判官は、素材への忠実義務を承認することにより、立法者を制限しないような仕方で法を制限する。この義務は、規則のコンサーヴァティヴな解釈とリベラルな解釈の何れをとるかを決定する場合でなくても、きわめて多数の可能性を排除する。その意味で、裁判官は立法者よりも自由でない。

　第二の次元は、法創造者としての裁判官がイデオロギーに関わっていることを否定する言説上の約束事があることと関連する。（裁判官自身を含む）大多数の知識人は、この仕来り（Konvention）が若干の真理を含むものと信じている。かれらは上告審で法的問題について決定する裁判官の活動と、法的問題を交渉と法律の議決によって決定する立法者の活動の違いを、絶えず誇張する。

　私見によれば、〈この仕来り〉と〈裁判官による決定の（悪意による）誤った［政治的な］理解〉が、集団間のイデオロギー化された抗争の成り行きに影響を及ぼすことになったのだ。この作用は、権力を委譲された制度的アクターが選挙という過程に代わる法によって――両者［〈（イデオロギーを伴う）選挙という過程〉と〈（イデオロギーとは無縁のはずの）法〉］を経験的に区別することが困難であるにもかかわらず――制限されるようになったことから生ずる作用から、区別される。

　この種の論拠はつねに難解である。第一に、それは、仕来りと理解がほとんど正鵠を得ているものだと判明する場合、部分的に無価値である。第二に、それは、否定する主張が、〈裁判と立法の真の本性なるものがあってそれが抑圧さ

れたり否認されたりすることに依存している〉と言っているように聞こえる。だがこれは、そんな問題ではないのだ。

　肝心なのは、法律家的作業の経験と、その経験の直観的解釈が、実際に存在するということだ。それは、(〈制限された能動家〉や〈差異の仕分け人〉や〈両極的裁判官〉の)アクターたちが普通は仕来りに従って否認することである。論拠は、〈真の性質と外的表示(Repräsentation)の緊張関係〉よりは、〈経験と仕来りまたは内的表示と外的表示の緊張関係〉に依存するのである[2]。

注
1) 「これは、[第40代]レーガン大統領と[第41代](ジョージ・H・W・)ブッシュ大統領によって任命された主席裁判官ウィリアム・レーンクイストほか4名の裁判官の言葉である。それは不幸な道をたどり、むしろイデオロギー的プログラムが法的原理として追求された。」 New York Times vom 29.3.1991, S.A22.
2) 私は広義の政治文化について語っている。そこから言えるのは、支配的な理論の内部に〈否定説または悪しき信念に関わらない〉多数の人々がいるとしてもこうした論拠は有効性を保つ、ということである。法律学の通説が〈イデオロギーと裁判官による決定の絶対的な正しさ〉を信ずる理論に立脚し、〈否定と悪意(böses Glauben)〉に由来する異説も依然として何らかの役割を演じている、ということさえありえよう。

第 5 章
法における論証について
法的根拠としての〈裁判の結果〉

ルードルフ・ヴィートヘルター
(Frankfurt)

1. 黄ばんだ記念帳のなかの詩

(1)　一つの——やや気儘に取り上げる——出来事

〈法律を学び始めたばかりの法学部生たち〉のための催しにおいて、そして、さまざまな年齢、さまざまな仕事、さまざまな教養 (Bildung) の裁判官たちのための [研修施設として Trier と Wustrau に置かれている]「裁判官アカデミー (Richterakademie)」において、私は何度もこういう詩を読み上げ、そのさい、どちらが [自由人と隷属民の] 何れに属するかを決めてほしいと注文した。

　一人が問う：それでどうなるの？
　別の一人が問う：それが正しいの？
　こうして区別されるのが
　自由人と隷属民なのだ。

結果として、聴講者のさまざまなグループを横断して注目に値する分類が得られた。裁判官や学生が（文学や哲学の教養に）「囚われている」だけに、心情倫理的 (gesinnungsethisch) に「〈それが正しいの？〉と言うのが自由人だ」という答えは一層明快であった。（むろん大多数を占める）裁判官や学生が囚われることなく自発的に、素直に答えれば答えるほど、自由人の問いは責任倫理的 (verantwortungsethisch) に——近頃の流行では〈結果を考えて (folgenreflektiert)〉——解釈され、〈それでどうなるの？〉と問われるようになる。少し前に、（ドイツ南部の或る州の）文化担当の女性高級官僚が、会議で「自由の大文豪 (Freiheits-Dichter-Fürst)」シラーを引用して法文化 (Rechtskultur) についての自分の詩的啓蒙を語り、拍手喝采を浴びた。曰く、「最も自由な者の自由とはな

にか？ 法（Recht）を行うことである！」、と。この一句が私の関心を惹くのは、いずれも重要であるに違いないが〈解釈学（Hermeneutik）や諸法源の正しい扱いや解釈の自律〉、〈職業化された法運用者が法テクストによって行う歴史と社会の習得として理解された法解釈〉、〈さまざまな「個々のケース」における諸決定の「一般的尺度」に従った（再）構成として理解された諸法源（Rechtsquellen）〉、といったものを思い浮かべるからではない。なるほど、19世紀ドイツの作家テーオドーア・シュトルムは法についてカント的な考えをもっていたし、上記の発言があった当時の FAZ（フランクフルター・アルゲマイネ紙）はとにかく直ちに〈これは（シラーではなく）ゲーテの『エグモント』だ〉ということを明らかにできた。［法についてのこの程度の理解に比べれば重要なことだが］主要な諸原則を〈幻想とイデオロギー〉、〈「人格と行為」のための信念と確信〉として確保することも、私にとっては問題外である。私の関心を惹くのは、さしあたり、（歴史的－遺伝的な）発生条件の完結的－自己確信的な（実践的）利用連関だけなのだ。法は、〈不明瞭ではあるが一義的な、不確定ながらも特定の〉不変量（Invarianz）として、すなわちみずからの諸部分に対する一個の全体、さまざまな目的（目標）もさまざまの手段（経路）や上下関係も問わない不変物として、要するに、何よりも（われわれ）法律家を「万能」ならしめる「本体（proprium）」として、［上記の官僚発言の］文脈に登場するのである。

　(2)　気儘に選ばれたわけではない賢明な一観察者（Gian Battista Vico, 1668–1774）の言葉

「かれらは言う。本当の論拠によって精神に作用を及ぼし、その作用が思考に定着して切り離せないなら、それはあらゆる口達者の刺戟手段と言葉の閃光によって人々を動かすよりもどんなに良いだろう。かれらは花火が消えるや否や自分たちの自然的な態度に戻ってしまうのだから。だが、どんな弁舌も思慮（Verstand）を動かせず、気分（Gemüt）を動かせるにすぎないとするなら、どうだろう？　思慮はむろん真実の緻密な網によって捉えられるが、気分はわれわれの大まかな仕組みによって捉えられ、征服されるしかない。すなわち、弁舌の才は〈義務である事柄〉を信じさせることができるだけで、それが可能なのは聞き手に望ましい態度をとらせることができる者だけなのだ。その態度が、〈思慮のきわめて従順な従者である意志〉を通して賢者を招き寄せるので、かれら

に義務を教えさえすれば守られるのである。しかし群衆、それに庶民は、欲求 (Begehren) によって摑み取られ、奪い去られる。だがその欲求は、粗野で荒々しいものだ。欲求は身体との接触により身体の性質に従って生じた精神の乱れなのだから、身体によってのみ鎮められる。身体のイメージによって欲求を愛へと誘うしかない。なぜなら欲求は、ひとたび愛すれば信頼することを容易に学べるからだ。そして、欲求がひとたび信頼すれば、通常の荒々しさと共に信頼を欲するようにならざるをえない。これらの三つのこと［欲求と愛と信頼］を実現しない者は、説得 (Überredung) という仕事を成し遂げることができないであろう。とりわけ、人間の内面の弱点としてすべてが〈唯一の源泉であるかのような欲望 (Begehrlichkeit)〉に発する激情は、二つの専門科目によってのみ善きもの、有用なものへと向きを変えられるものである。すなわち、賢い人々について激情をいくつもの美徳 (Tugende) に変えるように調整する哲学と、美徳のはたらきであるかのように〈その他大勢〉に点火する雄弁術 (Beredsamkeit) である」[1]

(3) もっと気儘でなしに選ばれた、もっと賢明な一観察者 (Coluccio Salutati, 1331–1406)

サルターティが強調して論ずるのは、〈(スコラ学に囚われて因果性により規定された医療論としての) 医術の学に対する、(最初で最新の唯名論的・主意論的な哲学としての) 法学的技能 (Kunst der Jurisprudenz) の優位〉である。その背景にあるのは、(理論の) 存在論的・思弁的な教義に対する、(実践のための) 一切の近代的で創造的・構成主義的なモデルの優位、いわばさまざまの侵襲による (法セラピー的) 治療の初期形態、要するに〈「医術」としての「法」〉なのだ[2]。

(4) こうしてわれわれは、法学 (Rechtswissenschaft) や法体系 (Rechtssystem) や法解釈論 (Rechtsdogmatik) や法律家的方法 (juristische Methode) や法律家実務としての法解釈論 (Rechtsdogmatik als Juristenpraxis) や創出原理としての論証 (Argumentation als Produktionsprinzip)、それに、いつも付き物の〈距離を置いた批判〉の幾つかといった、伝来の単位のすべての部品を駆け足で捉えてきたわけだ。法律家たちは自分たちの身分的合意によって、かれらの環境におけるあらゆる極点間のそれぞれに正しい中庸を捉えるのである。むろん

かれらはそれを知っているわけではないし、そのようにできるわけではない。かれらはますます熱心に〈結果の省察〉に携わらざるをえないが、それに照準を合わせることはますます難しくなっているのだ。

これに対して、19〜20世紀にわれわれの法が辿った道は駆け足で辿れるものではない。その代わりに、思い出すための若干の手がかりを提供するにとどめよう。

19世紀中葉には、「改革と革命の間で」随所に方向転換が見られる。哲学においては観念論が終焉を迎え、唯物論は勝利を贏ち得ず、［両者の］生産的な再結合はほとんど見込みがなかった。自然科学と工学は、発展する経済社会への道を開いた。法学において取り替えられるのは不変量の外観である。それは、1850年より前には十戒の総和としての法という値のつかないもの、1850年以後は権力によって〈十分に理解された政治〉としての法であるが、実際には、「法律家そのもの」、「法そのもの」、「純粋に法律家的な」方法、要するに今日に至るまで「支配的な」〈法律家的実践そのものとしての法解釈論（Rechtsdogmatik）と法律家的方法（juristische Methode）の一体性〉をめざす持続的な「選択」の過程であった。フーゴがこの新たな生産単位への道を開き、サヴィニーがそれを王位に就け、プフタがそれを技術化し、ゲルバー、イェーリング、ラーバントがそれに永続性を与えた。「成熟した法律学（Jurisprudenz）はもはや歴史によって困惑させられることがない」（イェーリング）[3]。これが、「純粋に自分自身にふさわしい」、すなわち「事物の本性（Natur der Sache）に適合する」法律学（Jurisprudenz）であって、それは「体系思考（Systemdenken）」及び「法の学（Rechtswissenschaft）」と異なるところがなかった。「ドイツ歴史法学派の発明」（コーシャカー）[4]にかかるこの法学が、入れ替わる時代精神のさまざまの高みに絶えず登場したのである。サヴィニーの「歴史法学」は、歴史的正統化と同時代的な法化（Verrechtlichung）という［本来矛盾する］問題の解決を迫られることなしに、随所で〈文化的伝統との接続〉と〈同時代の社会との接続〉を完全に体系化するという奇跡を成し遂げることによって、「古典的な法律学（常に社会と関連する〈法律家の解釈論〉）」を近代的な「法学」によって置き換えた。この奇跡は、ひとことで言えば、法律学はまさに〈歴史と政治を主として志向するものだ〉と称することによって、従来〈（法律の確定と法宣言の意味におけ

る)「立法」及び「法学」のための「真の法教説 (wahre Rechtslehre)」に他ならない「哲学」としての〉資格を認められてきた「歴史」と「政治」を突き放した、ということである。

　法律家の間で過剰に論じられてきたいわゆる概念法学 (Begriffsjurisprudenz) と、いわゆる利益法学 (Interessenjurisprudenz) や〈いわゆる自由法 (Freirecht) 論をエピソード的な飛び入りとして含むいわゆる評価法学 (Wertungsjurisprudenz)〉との間の〈見かけの違い〉を別とすれば、〈パラダイムの転換と言えるほどの記録に値する方法的・理論的な変化はサヴィニー以降生じていない〉という主張は異とするに足りない。第二次世界大戦後も、法律学はすべての基本的挑戦の (ほとんど) 圏外にあった。つねに半ば自明で半ば疑わしいもの、それでも全体としてはつねに定評ある有用なものとして受け取られた〈法的・法律家的な特質 (Proprium)〉に対して改めて問われることになった新たな捉え方の必要性は、最近ようやく広く認められるようになったのである。それも、驚くに値しないことであろう。すなわち、理性と歴史の全体性が崩れ落ち、すべての学術分野がそれぞれの特殊な場の面倒をみなければならないという観念は近代の暫定的な洞察にすぎなかったが、いずれにせよ、それらの再統合は［円と等積の正方形 (Quadratur des Kreises) を作るような］解決不能な課題だと示唆されても、不思議ではない。古来の諸単位は役に立たず、新しい諸単位も同様である。だが、単位なしには尚更うまくいかないということになると、パラドクス化の脱パラドクス化作業が声高に求められる。さまざまのパラドクス化が、いまようやく、法理論の努力の中心に位置づけられる。「純粋な」法は「純粋ならざる」法と同様に、法として可能でもなければ望ましくもないが、その不存在は耐え難い。だから、もっと近代的に魔術をかけなければならない。実際、長期に亘って――法においても――そのような〈モデルによるマジック〉が、つねに新鮮で意外で有益な〈観点の抽象化〉によって、(規範的な) 社会的正統化と (経験的な) 支配の社会学の〈閉鎖的でも開放的でもある関係〉の異化 (Verfremdung［≒捉え直し］) と発見に役立ったのである。しかし、われわれは、そのマジックの――ここでも、おそらく〈さしあたり最終的〉であるにすぎない――終わりにさいして、以前と同様に賢明であった。より良き未来が (悪しき) 現在、(まして、より悪しき) 過去を押しのけるであろうという約束［たとえば革命］のためのマ

ジックがあり、(より悪しき、そしてすでに過去においてより悪しくなりし) 現在によって押しのけられるであろうという約束 [たとえば革命] のためのマジックがある。これは、従来すでにそうであった。昔も今も、世俗化された〈神の子〉[支配者] がおり、感じが悪いわけではないにしても「理解できる程度」、「辛抱できる程度」はますます低下していく。いまや「不安感」と「信頼感」が基礎に混入されるからである。そこで、新たな抽象化の推力が必要とされる。第二次世界大戦後、われわれは、自然法の再生が——「高すぎる天、遠すぎるツァー [ロシア皇帝]」という喩えのように——法解釈論と法的方法論 (Rechtsmethodologie) に配慮できる状態にないという認識に至るまでに、長い時間を必要とした。その後、神学と形而上学からの解放が結局は〈法律家的方法論そのもの〉の理論へと発展したさいに、この理論は〈皇帝の童話 [アンデルセンの「はだかの王様」: 原題の邦訳は「皇帝の新しい服」]〉におけるように何も纏わないもの、すなわちあらゆる「認識論としての方法論」と同じく〈自分自身ばかりでなく同時に自分を超えるもの [他者の目] を意識させることができないもの〉であった。第三の、つまり最新の、今日支配的な発展圏において初めて、〈法はその通用力 (Geltung) を「自律的 (autonom) に」——法に対する法による法として——根拠づける〉というパラドクスが、すでに神話や伝説や発見的方法 (Heuristik) や隠喩 (Metapher) の域を超えたものとして扱われる。われわれはこれを、みずから絶えず急進化する近時の「構成主義 (Konstruktivismus)」の新提案に負っている。

　新旧の区別は、〈連結構成プログラム (Kopplungs-Konstruktionsprogramm)〉という形式をとって明らかになる。ネオ自然法的な旧い「構成」(サヴィニー) の核心は、〈絶えず発展していく有機的全体 (＝文化体系そのもの)、(素材であり、法源であり、さまざまの法命題のまとまりである) 法制度 (Rechtsinstitut) に示される法 (＝前国家的な法的生活関係としての権利関係)〉と、〈(法規の個別化を克服してさまざまの法制度の全体を概観する) 学問的抽象化によって得られる (素材や法源や諸法規から成るまとまりとしての) 法制度において見られる現実〉との関係に存する。これに依存するのが、(法的規則、素材の形式としての) 諸法規である。体系＝さまざまの法制度の全体、法適用＝その全体のあらゆる個別ケースにおける再構成、学識法曹身分＝法による国民代表。旧い「組

織的な」法の自然論（イェーリング）の核心は、不断の発展を遂げる有機的全体である。法（＝国民国家の道具）と現実との関係が（法的関係の材料や内容として）法規に保存される。法規（Rechtsregeln）＝法命題（Rechtssätze）と法原理（Rechtsprinzipien）は、構成によって法制度へと加工される必要がある。（生産的に！　材料＝解剖・構造・骨格！、制度の構築＝心理学・機能・筋力！）。1)こうした形式取得＝学術的作業、2)体系＝さまざまの構成の分類（「行為」が「認識」以前か「認識」に立脚するか）、そして、3)利益法学的な意味で実証主義的に調整された旧式の近代化（ヘック）は、核心においてこういうものであった。すなわち、自然法と理性法に背を向けて法規と法概念の関係に着目し〈法規に直列接続される法概念（上位法命題ないし基本的法命題）〉を重視することにより個別ケースに適用される法命題の出力を高める「概念法学」が、個別ケースに適用可能な法命題を作り出せるようにする「利益法学」によって捉え直され、〈法概念は法規から導き出せるものであって、そもそも適用可能な法命題を得るために必要ではない〉とされるに至った。法典と社会的現実が、立法者という作成者の忠実な「代行者」としての法律家の〈考えながらの服従（denkender Gehorsam）〉により法命題を生むのだ、とされる。

　ここで重要なのは個々の論点ではなく、さまざまの法－作成（Recht-Fertigungen [Rechtfertigungen（いろいろの正当化）をも含意する]）それぞれにおける〈作成の仕組み〉に目を向けて今日のさまざまの後継プロジェクトを仕分けることである。すべての場合において、実地に適用されるプログラムは、「ほかならぬ法律家たち（Juristen als solche）」による法の作成の仕組みの——つねに限界はあるが傾向としてはつねにフィードバック可能な——「作成」の仕組みの解明に根ざしているのだ。近代社会において「本物の法律家たち」が携わらなければならないのは、1)「解釈（Interpretation）」問題（この用語は〈的はずれ〉ではないのであって、プロフェッショナルな〈法取扱い者〉が行う〈法テクストないし法的文脈（Rechtskontext）による歴史と社会の修得〉を指す）、2)「法源（Rechtsquellen）」問題（この用語も〈的はずれ〉ではないのであって、「特定の諸ケース」における判決や提案や計画の「一般的な基準」による（再）生産を指す）、3)「国家－社会」問題（この用語も〈的はずれ〉ではないのであって、[国家と社会の間での]分割を必要とする支配関係の実践の〈正統性を志向する展開と行使

を指す〉)、である[5]。

　そのような法を法として受けとめるために、法と〈その一時化 (Temporalisierung)、すなわち必然的でも偶然的でもない展開としての偶有性 (Kontingenzen) との関係〉、及び〈その正当化 (Rechtfertigung)〉すなわち「正義」の名における正統化 (Legitimation) との関係を、三角形として捉えてみるのがよいであろう。それは、1) 望むらくは正義への愛から、そして共通の利益のために設けられ役立てられている法と法律家の世界、2) 伝承と約束 (広く通用している意味で歴史的な、実定化以前の) 形而上学規範性の伝統、3) それぞれの「実定的 (positiv) な」時代すなわち (「強大な権力と多くの偽計」の世界としての社会) である。これをもっと複雑に、そしてもっと正確に表現することもできよう。現在の法的言説の用語によれば、法の法としての〈および通用力の根拠づけ (Geltungsbegründung)〉を法によって行うという法のパラドクスと、それに対応する〈脱パラドクス化の選択肢〉について語らなければなるまい。

　この三角形は、当然のことながら、理論的ライヴァルである大家たちの言語ゲームに苦もなく翻訳される。この言語ゲームがよく知られていることを前提として、翻訳の基本モデルをごく簡潔に描くことにしよう。

　システム理論[6]は、その自己理解によればすべての存在論的な伝統 (法の階統性、「諸法源」) と、すべての価値論的な伝統 (原初規範ないし基本規範、「法的仮説」) を止揚して、法をかつてのように (政治や道徳や宗教、それに「学術」まで、要するに正統性をもたらす真理 (veritas) や権威 (auctoritas) に起因するものとして)「外在化する」ことをやめ、いまや「法の遂行としての法」という〈徹底して差異論的に [法システムと環境の区別によって] 規定された [システムの] 一体性〉に立ち返っている*。われわれの法に残されているのは、システム理論の法廷における「悲しい眼差し」だけなのだ。法は死んだ。——法よ、生きてあれ！(Es lebe Recht! [法万歳！])。

* この点についても、ルーマン著、村上訳『社会の教育システム』第1章におけるシステム理論の基本構造をご参照頂きたい。

　批判哲学[7]は [システム理論と同様に] やはり「自律的な法」に即しながら、〈法治国家 (Rechtsstaat) の理念には先行的で優越的であるゆえに侵すことのできない手続的批判力が潜在する〉と主張することによって、まだ道徳と政治への

繋がりを弁護する。批判哲学の裁きによるならば、「われわれの法」にはこの200年来、まだいかなる新たな「法」も見出されないということになろう。その法は直ちに、また「政治」（行政）や「経済」（市場）に解消されてしまったか、それとも真の（哲学的な）法学（Rechtslehre）として、実現を見るに至らなかったからである。法なしには済まないが、法がありさえすれば済むというものではないのだ！

　政治経済学[8]は、さまざまの決定手続（市場・官僚制・団体交渉・投票）から省察によって得られた決定と手続の段取りを示している。それによれば、個人の態度と一般の福祉目標との調整は可能であって、換言すれば、法形成の要請としてのさまざまの制度経済的な前提が一般的な立法論ないし法形成論を基礎づけうる、とされる。それはさまざまの行為を（不確実性という条件の下での）選択肢の決定として再構成し、そこに「法」と「経済学」の一致する核心を見出すのである。「われわれの法」が制度経済の法廷によって取り上げられるならば、規範的な「経済」理論が（新装成った）「社会」理論として、「自律的な」法学（Rechtswissenschaft）を核融合により解消させ、それによって同時に、「経済学」に対する「哲学」の優位、［経済や社会の］理論に対する［法的］実践の優位を（再び？）基礎づける。法は、法であったものである（そもそも法でなかったものではもはやない！）。もっと端的に言えば、真の法学（Rechtslehre）は正しい制度理論なのだ、ということになる。

　これらの法理論はいずれも、〈さまざまの基準と公廷［討論の場］と手続から成っていてわれわれの通常の法観念を容れる余地がほとんどない〉複雑な編成に組み込まれている。これらの法廷の上にある一つの法廷、神の裁きの場でもなければ［演劇の舞台において］浮動する昇降台に組まれたものでもない法廷のためには、それぞれの尺度と広場と手続が必要であろう。そうなると、周知のようにトリレンマ［（システム理論と批判哲学と政治経済学の）三者択一］のケース、独占の複数制（Monopol-Pluralismen）、要するに〈党派的な非党派性〉に直面することになる。

　法の進化を眺めながらの歴史的・社会的な意図と、文化遺産としての法的約束の希望的な回顧において、［『ファウスト』における「では神様のことはどうなの？」という］グレートヒェンの難問は、ライヴァルの理論に向けられる。その理論は

「法の実定性」(自律)をどう考えるのか？「法の規範性」(正統性)についてはどうか？ 決定手続についての決定手続の規定(合法化と合法性)についてはどうか？ それぞれに「手を出せない」核心的な法形象(構造・不変性・法「改正」の可能条件)についてはどうか？

　いわば、システム理論のコード化におけるプログラミングと、それに相応する批判哲学の政治的・道徳的な不可侵性の意味論と、最後に制度経済学における決定手続の手続決定を突き止めようと試みるならば、そこで遭遇するのは〈基本的衝突〉であり、その対岸に渡れば希望と回想や、予期の地平と経験空間といった伝統的文脈、さらには〈啓蒙のユートピア〉と〈啓蒙の弁証法〉による経験につながる。それは、〈争いの客体〉としてわれわれが通常出会う「訴訟物(Streitgegenstand)」よりも深いところ、すなわち一方で不安と心配、他方で自信と信頼の(考えられるすべての交錯を含んで)沈殿層を成しているのだ。このテーマは、「リスク社会(Risikogesellschaft)」として(または他の定式によって)疾うによく知られている。ここで「法」という語が速く確実にその層に至る道を開くわけではないことは、言うまでもない。

　したがって、現在の学者のすべての努力は、少なくとも法という範疇の再構築可能性に向けられている。それらの努力はそれぞれの仕方で、いまや長続きすることが見抜かれた〈当初は神ないし自然として、その後は秩序として、市場として、自由として、「正しい割り当て」と「分配」の世界を約束したのに、その約束を守れなかった中立の(公正な)第三者たるべき「法」の欠如〉を埋め合わせる後継制度を探ることになる。そのさい、さまざまの秩序理論(Ordnungstheorien)は「服従の代償としての給養」と、さまざまの市場理論(Markttheorien)は一般的な収益プログラム、前提になる情報システム、及び社会的に必要な制度(国家と法)と、さまざまの自由理論(Freiheitstheorien)は社会理論として考えられる非経験的・認知主義的(kognitivistisch)なメタ倫理と、集中して取り組む。主要な戦いは、われわれは良き正しき秩序という観念を〈進化に取り残された夢〉として最終的に放棄しなければならない(正確に言えば、それぞれに実現されたわれわれの秩序を〈[現実に]可能な良き秩序〉として理解することを学ばなければならない)のか、それとも、まだポジティヴで普遍的なユートピアのようなもの[たとえば人口に膾炙した「公共性(Öffentlichkeit)」論]が

構想されうるのか、という問題をめぐって遂行される。

　暫定的な成果は、こうである。われわれの〈動き始めた法〉に対して社会理論的に、そして社会政治的 (gesellschaftspolitisch) に、訴訟が起こされる。これは、いわば法の全社会的な変更告知についての法的紛争であり、むろん、ライヴァル関係にあるさまざまの潮流によってそれぞれ独自の（党派的な）仕方で設定・運用されることが望ましい基準に従い、独自のフォーラム (Forum) で、独自の手続 (Verfahren) により遂行されるものである。その上で、みずからの訴訟のために、また、むろんライヴァル関係にあるさまざまの訴訟のためにも、まさしくそれらの〈法をめぐる訴訟 (Prozesse des Rechts)〉について判断するためにこそ、それらの全体を覆う〈できる限り「法的」な基準とフォーラムと手続〉についての〈できる限り公正で中立な論争〉が望まれるのである。

　そのような超越的上級審の力を、人間に〈火〉を与えるという不可能を可能にしたプロメーテウス的に「法」だと僭称し、僭称し続けるのは、〈イデオロギー化した権力〉なのだ。

　中間的成果：法は、法としてのみずからを、実際に徹底的な自己規定をめざして「解放した」。法は、みずからを内在化してさまざまの法主体や（社会）道徳から切り離す一方で、それにもかかわらず外在的なもの、規範的なものへの再連結や社会史的な正統化や構造化やコード化といったものには何も依存しない。〈法をめぐる訴訟〉について互いにライヴァル関係にある社会的な大プロジェクトがそれぞれ有する（法的）紛争についての考え方におけるこのような〈潜在的で秘匿された［みずからを内在化した上で内部に依存の手がかりを求める］再連結 (Rückkoppelungen)［=〈内部転写 (re-entry)〉］〉をめぐる（法的）紛争が——それと判る形で、十分な説得性をもつものとして——各陣営で生じないことは、言うまでもない。それは、すべての法が無力だということに他ならない。

　それでも、法的影響力の大きい大理論の抽象化と（再）柔軟化の腕前を最大限に発揮することによって、法的対応物の発見と法的生産に寄与する若干の規則が示されている。「法的関係」の「所在」を定めること、すなわち「法規則 (Rechtsregel)」によって法的関係に対するその支配を定め、「法的関係 (Rechtsverhältnisse)」によって法規則によるその支配を定めることは、（規定的な、そして反省的な）判断力、すなわち〈感覚が前面に出て測定を引き受ける〉という「適正

さの感覚 (Sinn für Angemessenheit)」[9] を要求する。分析的に言えば、それらの「作動 (Operationen)」は、用語の適否は別として通常三つの段階に分けられる (分けられうる)。「上位に」位置づけられるのは、なんらかの種類または混種 (主として「パラダイム [範例]」すなわち大きなモデルや雛形やシンボル) である。「中位に」位置づけられるのは、区別のコード化 [暗号化] とその解読、区別の区別、区別についての諸決定 ([その理解に資するための]「翻訳」と言ってもよい) であって、その核心を成すのは「もっと高次の法解釈論的規則 (Dogmatik-Regeln) すなわち習わし (habits)」であり、〈法のための闘争 (Kampf ums Recht)〉、すなわち「法律家の業務」の設営と実行のための闘争、基準を設定し公廷 [討論の場] を確保し手続を確立するための闘争、法律家的実務そのものに他ならない法律家的方法と法解釈論のための闘争である。「下位に」位置づけられるのは、技術的・手仕事的に精密な操作であって、その核心は「低レヴェルの」法解釈論的規則を適用する技俩 (skills) にある。こうして、上位には歴史的・社会的な [法／非法 (Recht/Unrecht) の] コード化規則があり、中位には [そのコードの下で担当者の] 頭と心によって操られるプログラム規則があり、下位には堅固な定式があり、すべてのレヴェルで論証 (Argumentation) が行われるのである。どんな判決の基礎にも、何らかの形でそのような段階が認められる。私が典型的な例だと考えるのは、RGZ (ライヒ最高裁判所民事判例集) 106 巻 272 頁 (1923 年) の判決であって、[論証の] 第一稿は X、第二稿は Y、確定稿は Z が執筆を担当している。これが、ごく古い賢慮なのだ。それは書かれたものだが、私は諸君にこう言いたい。〈……書かれたものだけではこれこれになる (sola scriptura)。文字は殺すが精神は生き返らせる。規則によらず……法律を [これこれのものと] 理解する (non ex regula . . . , scire leges . . .)〉、と。

「規則」の場合は、二つの伝統的適用：〈規則に適合していること (Regelgemäßheit)〉と〈規則正しいこと (Regelmäßigkeit)〉、すなわち〈条文化の方法論としての行為指示 (Handlungsanweisungen als Vorschriften-Methodologie)〉と〈手続による実践としての行為様式 (Handlungsweisen als Verfahrens-Praxis)〉を区別できさえすればよい。当然のことながら、さまざまの組み合わせが規則性 (Regelhaftigkeit) ——すなわち法解釈論 (Dogmatik) としての方法論と手続——を生む。繰り返しになるが、たとえば [自然・人文・社会系の諸学から区別さ

れた]法学 (Rechtswissenschaft) と[法学中に位置づけられる]法理論や法哲学や法史学等々から法解釈論を用語的に区別すること[たとえば日本における基礎法学と実用法学の区別]は、私の関心事ではない（私はそれら[法理論や法哲学や法史学等々]を、さまざまの区別にもかかわらず適切にも最高レヴェルに位置づけている）。だが注目に値するのは、法律家たちや非法律家たちがたとえば法解釈論（正確に言えば法学＝法体系＝法解釈論という文脈）を出来事 (Ereignis) とみなしている態度である。それは、〈客観化可能なさまざまの慣習〉、〈正しい法適用の技術論〉、〈選択された決定の合理的な検証〉（すべてヨーゼフ・エッサー）としての法解釈論、〈法適用者の評価における合意〉、〈さまざまの抗争のテクノ言語への翻訳〉、〈規範テクスト及び／または正義の操作化〉、〈科学的モデル像と実践との媒介〉（すべてフランツ・ヴィーアッカー）としての法解釈論という、指導的な法律家[というよりは法学者]たちの見方なのだ。それと趣を異にするのが、「法律家の域を超えた」法律家たちの見方である。〈実践哲学の沈殿物としての法解釈論（法哲学者たち、とりわけ、たとえばフーベルト・ロットロイトナー）〉、〈規則化する理性／経験志向としての法解釈論（法制史家たち、とりわけマクシミーリアン・ヘアベルガー。法律家的な法解釈論の始祖が神学などではなく医学であったという教示に対して、同氏に感謝する）〉、〈法律家たちの手配行為、修辞的な合意戦略としての法解釈論（[法律学の素養をもった]社会学者たち、とりわけニクラス・ルーマン）〉である。

　暫定的な結論：この200年来、法律学は、法律学的決定論と法律学的決断主義の間、諸原理と諸目標の間を揺れ動いてきた。むろん、それに伴う「第三の道」への密かな希望を放棄することなしに。その第三の道がつねに目標としていたものこそ、「法的根拠としての〈裁判の結果〉」であった。

2.　言葉は教え、範例は奪う（Verba docent, exempla trahunt）

　(1)　[ドイツ再統一が成った]1990年10月3日より前には、ドイツ連邦共和国 (BRD) と西ベルリンでは、[1989年11月のベルリンの壁崩壊後]たとえば年金生活者として西に移住し歿後は〈西に対する債務〉と〈[統一ドイツの]国家によって管理された東の所有地〉を残した〈かつてのDDR (ドイツ民主共和国) 国民〉

の相続人たちは(「さまざまの理由によって」)遺産相続を放棄した。これらの人々は、いま、その放棄の意思表示を撤回したいと考えている。世界的に見て、そうした撤回や取消しが可能な期間は短いのが普通である。〈何もしなければ終わり〉というのが、この場合も法の賢慮なのだ。長期に亘ってこうした展開を読み違えていたと称する者は、影響するところ多大な自分の決定 [相続放棄の撤回] を証明することはできるが、もはや有効にすることはできない。長期的に見ればわれわれ全員が死ぬのだから、絶えず〈影響するところ多大な決定〉がなされているわけだ。計算と博奕、これが民法の〈私的自治ゲーム (Autonomie-Spiel)〉である。バイエルンの州最高裁[10]は——当初はその余の法律界に逆らって——〈[東西ドイツの再統一 (実質的には BRD による DDR の吸収合併) が完了した] 1990 年 10 月 3 日より前には DDR における不動産の相続放棄は現地の公証官庁で行われなければならなかった [したがって、本件の相続放棄は撤回するまでもなく当初から無効である]〉という判決を下した。当時そんなことを考えた者、実行した者がいたであろうか？〈過去に生きられない (In praeterium non vivitur!)〉のでは？ したがって、〈西における相続放棄はイエス、東における相続放棄はノー〉である。司法の一筆で、法解釈論に関する図書館の全蔵書が反故になる。〈現実の結果は間違っているが法的結論は適正〉なのか？ しかし、むしろこうであろう。これは、統一条約の〈行為基礎 (Geschäftsgrundlagen) の消滅！〉を含むさまざまの行為基礎の歴史的消滅による——さもなければ対処できない [消滅前後の] 接続問題、それ自体としても、ましてそれへの対処としても独自の運命を辿るであろう接続問題の再開手続を進める——壮大な適応法学 (Anpassungsjurisprudenz) であって、狡知に長けたオデュッセウスのように法的指示を与えるのは、挿入された〈柔軟で目立たないがカヴァーする範囲の広い、遺産分割や適用された西独法と適用されなかった東独法の区別に関わる抵触規範〉であった。かつてビスマルクが言ったように、X という形式に従わなければならないがその X に Y という「実際の性格」を与えようと欲するなら、その目標を「柔軟で目立たないが及ぶところの広い表現で」達成するものだ。これを「もっと学問的に」表現することもできる。「まともな」中心がなくとも、〈役立てられる抽象化〉と〈押し通せる柔軟化〉を！ 雑音からの秩序 (order from noise) を！

(2)　連邦憲法裁判所[11]は、たとえば法律国家試験 (juristische Staatsprüfungen) についての判決や司法審査についての判決においてきわめて高い基準を設定したために、[前者における]試験委員たちや[後者における]裁判官たちの悲鳴は国中で、まだ長く聞かれることであろう。同時に裁判所は、裁判事件においてこれらの決定を是認しているのだ。〈泰山鳴動して鼠一匹*?〉　抽象化か柔軟化か？　むしろ、こういうことであろう：古いもの（法治国家的な〈自治の授権〉プラス〈「秩序に即した」手続〉プラス〈治安 (ordre public) による違反規制〉）ではもうやっていけないが、新しいものもまだ役に立たない（すなわち、〈たとえば「自律的な」試験による決定〉と〈たとえば司法による「自律的な」決定〉との二重化はまだ見られない）が、それでも、規範を具体化する「行政の」行為と、これによって先取りされた〈試験委員会や裁判官合議による「専門家」鑑定〉の、いわば二重の自己制御が見られるのである。それは（尺度においても討論の場としても手続においても）「実効性のある」、（すべての！）困惑した立場から「正当視された」新たな質の（自由主義的）自律の代表であるが、ここにもパラドクスはある。「準拠システム」がなければ、正しい個別的制御はなく、個別的制御においてどんな準拠システムを実現することもできないのだ！　連邦憲法裁判所の見解の核心は、〈ここで取り上げられるのは「法適用の実際上の困難」ではなく、一つの「憲法問題」だ〉、というにある。連邦憲法裁判所によれば、さまざまの尺度（Maßstäbe）は管轄裁判所のすべての手続において、外部からの（歪曲的！）介入なしに、無媒介に、「規則性をもつわけではない」自己展開によって守られる。処理担当者の手によって形成される自律的な「自治 (Selbstverwaltungen)」、「成功した」供給市場政策による〈観念上の全消費者〉の需要の自由 (Nachfragefreiheit)、営業的な成果を伴う組織化を遂げた使用者によって雇用された医師の〈良心の自由〉、（そして最後に、「自分の」医師によって保たれる妊婦たちの〈良心の自由〉）？

　　*　原文は、Die Berge kreißen, Mäuschen werden geboren?　（山々が産気づいて小ネズミたちが生まれる？）

(3)　所有権は義務づける！　所有権を「一般的に」拘束することは適法であり、「特別の」犠牲に供することは「収用」の場合を除いて違法である。したがって、いわゆる「収用と同等の介入」にさいして連邦憲法裁判所に対し[一般

の民・刑事事件の上告審である］連邦通常裁判所（の民事部）が示した判決は、市民的不服従の〈最も注目すべき抵抗の成果〉だとされている。ここで見られるパラドクスは、こうである。一方で、収用法が［収用の］基準を定めているなら、そして定めているゆえに、「収用と同等の介入」という［一般的に通用する］法の発展的形成（Rechtsfortbildung）志向のカテゴリーは（もはや）ありえない。他方で、〈そのカテゴリーが占める場が必要なはずだから設けるべきだ〉という理由でこうした法発展志向のカテゴリーが認められてよいというなら、（公的機関の誤った行為［職務上の義務違反］という）不法の所在を（少なくとも「特別の犠牲（Sonderopfer）」［という特殊なカテゴリー］として）突き止めることは、もはやできない。連邦通常裁判所[12]はこれについて、〈ソロモンの智慧〉によってこういう見解を示している。（〈職務上の義務違反〉または〈収用と同等の介入〉を理由とする）補償請求訴訟において、［下級審の］民事部は行政行為の合法性を、その安定性を顧慮せずに審査しなければならない。被害者たちは、（自分の見方によれば違法な措置を）「受忍しない」か（補償を）「請求する」かの選択権を、もたない［補償請求権のみが認められる］。しかしかれらは、公権力の行為を攻撃することを——非難を免れない仕方で——怠った場合、みずからの補償請求権を失う。あらゆる公共体や私的主体も、「法」への介入をますます避け、賦課に応じて責任を果たすことをますます頻繁に怠る。すべての市民は、「収用の場合と同様の」正当な補償を請求することが許されるまで、自己の利益を忠実に守ることに専念する。すなわち、（もはや）〈耐えて弁済せよ〉ではなく、予め〈たやすく避け、節約し、有効に使うことのできる清算（Liquidationen）を、受忍するな〉である。

　（4）　連邦通常裁判所は数年前に、金融機関の振替送金用紙に［義務的ではなく金融機関による注意書きとして］記された〈いわゆる「随意条項（Fakultativklausel）」〉が送金依頼者にとって不当に不利な扱いを示しており、（約款法9条によって）無効であると判示したが[13]、後に、振替送金用紙の「上部の記載（Oberschriften）［横書きだから〈冒頭の注意書き〉］」はむろん「下部の記載（Unterschriften）」ではないし、いずれにせよ署名に関する特別条項が言う意味での「署名（Unterschriften）」でもない〉、という判決を下したのである[14]。各銀行はこの種の判決と共生することができる。各銀行は方式に合った随意条項を消去して、

方式に合った〈上部の記載〉を残している。要するに、各銀行はみずからの内部的服務指示を切り替えるだけで、従来どおり外部の啓蒙的助言を拒んでいるのだ。各銀行の制度的・機能的な組織化の成果は、〈社会発展への不適切な適応〉と解されている。連邦司法省によれば、1989年には1000万世帯が（割賦クレジットだけで）10億マルクの債務を負っており、150万世帯が返済不能に陥っているが、これらの世帯はもはや制御不能の状態なのだ。そこで、ここでもシステム・ゲームが始まる。内部的（自己参照的）な社会領域の「特殊」私法（すなわち各銀行の特殊な営業条件）が、外部的（外部参照的）・一般私法的に（〈署名を要する法〉へと）アドレスを変えた上で、改めて内部のシステムにおいて自由な操作の対象となり［外部の内部転写を前提とする自己参照］、遂には司法がもはや反応できず、その分野で社会が社会として「［自律的な］権利を認められる」に至るのだ*。下位のアクションに上位のリアクションが続き、それに続いて「成果に富む」、「〈当分の間！〉新たな結果なしのさまざまの解決」が、（結果に対するさまざまの省察（Folgen-Reflexionen）まで含めて）得られるのである。

* システムと環境の区別と、環境（外部）のシステムへの内部転写（re-entry）を前提とする「システムの自己参照」に立脚するルーマンのシステム理論が、こうした「適用の場」を見出している。

(5) 実例は果てしなく挙げることができる。方法論の実例として、法解釈論の実例として、そして「論証的（argumentative）な」作業の実例として。だが、それから得られる結果を役立てずにおくことは、おそらく難しい（通常の書評の書き出し：結論は承認できるが、根拠づけは批判に値する）。そこで、この辺りで歴史を語ることをやめ、観察という形で出来事としての実例と取り組むことにしよう。

3. 法的根拠としての〈判決の結果〉——希望の回想

(1) Argumentum=oratio quae dubiae rei faciat fidem. 現代語に訳せば、論証とは疑問がある場合の〈志向の確保（Orientierungssicherung）〉である。時間を超えて分析的な古来のこの智慧（キケロー）は、同時代的・総合的に、疑問のある事柄を確実性の確信と同様に明白にしている。連邦憲法裁判所の判決[15]

が示す智慧に属するのが、すでに格言になっている付加価値（Mehrwert）についての一節（286–287 頁）である。法は、〈書かれた法律の全体〉と同じではない。国家権力の実定的な定めに対して、ときにはその余の法が存在する。その法源は一つの意味総体（Sinnganzes）としての憲法適合的な法秩序にあり、書かれた法律とは違って集合体（Kollektiv）として作用することができる。それを発見し判決において実現することが、裁判の課題なのだ。……裁判の課題は、とりわけ次のことを要請する場合がある。すなわち、憲法的秩序に内在するにもかかわらず書かれた命題のテクストには示されていないか不完全に示されるにとどまる価値観念を、評価を伴う認識行為、意思的要素を欠きえない認識行為によって探求し、判決において明示することである。そのさい裁判官は、恣意から自由でなければならない。かれの判決は合理的な論証に基づかなければならない。書かれた法律は〈法的問題を正しく解決する〉という自己の機能を果たしていないということを、明らかにできなければならない。そうなれば、裁判官の判決は実践理性の尺度及び「共同体の定着せる一般的正義観念（連邦憲法裁判所判例集（BVerfGE 9,338（349））」によって、これらの欠陥を埋めることになる。さまざまの尺度のなかのこうした尺度は、一つの開閉する（少なくとも二段切り替えの）プロジェクトに他ならない。そうでなければ何なのか？ もとより、法を非法（Nicht-Recht）に関連づけ、（下位の）法を（上位の）法に関連づけることは、問題提起を意味するだけで問題解決を意味しない。かつてのさまざまの解決は、もはやわれわれを結びつけるものではない。カント、ヘーゲル、サヴィニーよりも前には、存在論（さまざまの法ヒエラルヒー）と方法論（さまざまの原初規範）が混在し、互いに争った。それに続く伝統的な諸路線〈カント：すべての所有秩序（私法秩序）と（それに依存する）その公法的保障の路線；ヘーゲル：公法（国法）は理性によって必然的であり、私法は市民社会の法として主観的・任意的だとする路線〉は、いわば［サヴィニーの］「歴史」法学において停滞し、いずれにせよ「プロフェッショナルに［実践面では］」挫折した。それ以来、「革命的な」市民法は絶えざる三正面作戦を展開することになる。1）「自立者たち（Selbständige）」のためには、あらゆる「封建」権力に抗して、2）実績ある人々のためには、それぞれに守られず（unbefriedet）不満をもつ（unbefriedigt）「非自立者」（今日ではもっと抽象的に共生界（Mitwelt）、周辺

界 (Umwelt)、後進界 (Nachwelt) と称される) の挑戦に抗して、3)〈全体としての全体〉の全体による持続的・恒常的な「廃棄」のためには、進行中の「脱構築 (Dekonstruktion)」に抗して。ほぼ200年来、支配的な法律学 (Jurisprudenz) は、法学 (Rechtswissenschaft) ＝法システム (Rechtssystem) ＝法解釈論 (Rechtsdogmatik) の等値によってそれぞれの時期に共通する各変種により維持されてきた。サヴィニーが「国民の神 (Nationalgott)」たらしめた学問 (Wissenschaft)——〈法における、そして法としての、必然性〉という思弁的で成果に富む主張——は、社会理論としての法理論への接続、そして／または、自照可能な法律家実務そのものとしての法律家的方法と法解釈論の［学術的な］方法論と手続理論への接続を、阻害した。それ以来の主要な問題は、「認識論」としての（に代わる！）方法論（サヴィニーにおける複数の指導原則の確保、ヘックにおける〈考えながらの服従〉、エッサーにおける〈前理解と方法選択〉、もっと包括的なのはイェーリングにおける——もはや歴史によって惑わされない——〈成熟した法律学〉）である。さまざまの自然科学 (Naturwissenschaften：いずれも「経験」による学であり、古典的な観念によれば似非学問であった) の戦勝パレードに接した法学は精神科学 (Geisteswissenschaften) や社会科学 (Sozialwissenschaften)＊との接続可能性を失う一方で、（参照先をさまざまに変える功利主義としての）唯名論的・経験的・相対論的「方法論」との接続を探り、見出すことになる。その結果、第二次大戦後には、層を成して重なっているさまざまのスタイルと、問題と取り組むさまざまのアプローチ、要するに方法論的経験のさまざまの質の、時間的サイクルが見られるようになる。最初は自然法の短いサイクル、それから［20世紀の］50年代、60年代における法曹法 (Juristenrecht) の長いサイクル（支配的だったのは L. Raiser の Rechtsschutz und Institutionenschutz ...、F. Wieacker の Sozialmodelle ...、J. Esser の Grundsatz und Norm ...）、最後に「社会」法の持続的なサイクル（70年代と80年代：城郭そのものに対する範例的な攻撃、制度経済学［カール・ホーマン］とシステム社会学［ニクラス・ルーマン］と批判哲学［ユルゲン・ハーバマース］を経由する基盤交替）。論争の主要なテーマは (50年代、60年代の)「経済体制 (Wirtschaftsverfassung)」から、(70年代の)「特別私法 (Sonderprivatrecht)」すなわち形式法の実質化、計画の実行、改革政策、「社会体制 (Gesellschaftsverfassung)」

へ、そして（80年代の）〈法の機能麻痺〉としての〈政治と市場の機能麻痺〉を最終段階とする（！）〈法化（Verrechtlichung）Ⅰ〉から「〈法の経済〉体制」と「〈社会の経済〉体制」と「〈社会の社会〉体制」の［三者］競合としての〈法化Ⅱ〉へ、であった。こうした発展を規定する抽象化作用、過激化作用、そして再び（「廃棄（Aufhebung）」としての）柔軟化作用が示される。それは、［ルーマンの］システム社会学的な言い方をすれば「システム」における〈法主体の廃棄〉（すなわち〈発展に即応した予期確保〉、〈支配的な正統化様式〉、〈構造連結（strukturelle Kopplung）〉、［ホーマンの］制度経済学的な言い方によれば「企業家」における法主体の廃棄（すなわち利益を約束する決定結果、支配的な正当化の言い方によれば効率性）への切り替えであり、［ハーバマースの］批判哲学的な言い方をすれば「討議（Diskurs）」における法主体の廃棄、すなわち社会に受け容れられる議論、〈争いの文化（Streitkultur）〉への切り替えである。すべての理論陣営における任意的でありながらも拘束性のある〈ネットワーク観念〉は「コミュニケーション」であるが、万人にとってさまざまの尺度の尺度が「法における」論証（Argumentation）であること、簡単に言えば変更の実現と正当化における対抗者の存在であることは、言うまでもない。

　* 　Geisteswissenschaften（精神科学／人文科学）は自然科学との対置において法学を含む場合もあるが、ここでは法学を含まない。また、Sozialwissenschaften（社会科学）は社会学や経済学を含むがここではやはり法学を含んでいない。

（2）　1977年は、法律家的論証理論の難行にとって歴史的な年として特徴づけられる[16]。悲観論者も楽観論者も、当時すでに、他から切り離して扱える合理的論証の理論を、〈終焉を迎えつつあるモデル〉としてのみ捉えていた。すなわちこれを、法（獲得）のさまざまの一般理論——根拠づけと適用の諸理論（後者は、正確に言えば〈適用において見られる！〉諸理論）または〈再び簡略化して言えば〉さまざまの発見や創出（Produktion）や成長や（流行の言い方によれば）塑成（Poiesis）*の、「叙述」ではなく「生産」をめざす諸理論——における法律的論証のもっと根本的な「廃棄（Aufhebungen）」への道程の〈通り過ぎてしまうことのできるエピソード〉としてのみ捉えていたのである[17]。いま、われわれは、真に徹底した選択肢をニクラス・ルーマンに負っている。かれの貢献として認めなければならないのは、こうした徹底化が、従来の展開によっ

て陥った袋小路状況——少なくとも〈最終的に根拠づけられたさまざまな法的規範性［諸国家法の並立］〉と〈複数化した（「非合理的な」）諸価値世界（Werte-Welten）［諸国家横断的に展開されるさまざまな二値編成的機能システムの世界］〉との間の峡谷に架橋するための架橋原理を立てることは不可能だという洞察——に照らして、必要だということだ。それ以来、時計は（もはや）必然性や事実によってではなく偶然性によって時を刻む。それ以来、とりわけ求められるのは法的文書［≒法律問題の答案や原案］作成（Recht-Fertigung）の執筆プログラムとしての〈法律的可能性の理論〉であって、出来上がっている法の理解に資する〈法律的論証の理論〉はそれほど求められない。［20世紀の］70年代末に「結果の熟慮」が短期間、まず高遠な期待を寄せられ、後に結局は影響するところ多大な失望をもたらしたのは、不思議ではない。そのころ最も影響力が大きかった諸研究は、当時の改革運動よりも当時の諸学派の陣営であった。トーマス・ヴェルデ（ハンス・ヨーアヒム・メルテンスの下でのフランクフルトの学位論文：1977年、公刊：1979年）は（フランツ・ヴィーアッカーの影響下に）「厳格な学問性」の彼方、明示的に展開された指導的エリートたちのプログラムの此方に、現実的な裁判理論の手がかりを求めている。トーマス・ザンブーク（フリードリヒ・キューブラーの下でのコンスタンツの学位論文：1975年、公刊：1977年）は、ヨーゼフ・エッサーとルートヴィヒ・ライザーの影響下に、すでに早くから経済学的志向による裁判の機能化への道を開いている。その上で、最も迫力ある所見[18]のなかで、法と法律家が降りかかる課題にどんなに僅かしか応えられず、応えないままであろうということが、正確に観察されたのである。それは鋭く見抜いたものだが、この洞察をさらに深めて、法命題の産出（Rechts-Satz-Produktion）が——法的に文字通り、〈みずから〉〈直接に〉〈時を置かずに〉——行われることに及んでいない。中間的な結論：［イギリスの思想家］アダム・ファーガソン（Adam Ferguson, 1723–1816）の時代以後、複数の人間の（同時的）意図に発するものではない〈人間の行為の結果〉と〈人間の行為の結果〉に差異があることは、われわれの（社会科学的問題の）運命である。したがって、今日見られる〈思考様式の根本的な変更〉は、われわれの関心をまるごと主管者として取り上げるべきものであり、その代表者がニクラス・ルーマンなのだ。

*　ギリシャ語で $\pi\rho\alpha\gamma\mu\alpha$（実践）に対置される $\pi o i \eta \sigma \iota \varsigma$（創成）を、脳の神経細胞の可塑的な自己回復性を表現する自己塑成（Autopoiesis）概念を経由して採り入れたルーマンの社会学的システム理論が、念頭に置かれている。

（3）　私はルーマンの拠って立つ基礎や概念使用や意味論を改めて紹介せずに、それらが知られているものと想定して論ずることとする。短いプレゼンテーション[19]においては、かれをいわば結果として観察し、言うまでもないことだがそのような観察をさらに観察するように努めるべきであって、いわばルーマンと共にかれに立ち向かい、〈何をいかに見るべきか（そして見ずにおくべきか）〉を見るように試みるべきである。そのさい、この200年間に積み重ねられた〈予期の知と予期違背の知〉の概観は、各人がそれぞれの仕方で試みるべきことだ。法律家的論証（juristische Argumentation）とは、つまるところ、〈疑わしい事柄における信頼（fides in dubia re）〉に他ならない。これは、周知の言い方にまで日常化された批判哲学（kritische Philosophie）の用語である。ルーマンは「法律家的論証（juristische Argumentationen）」を、自己のコミュニケーション文脈において〈法と非法（Recht und Unrecht）〉というコード値の配分についての意見の違いに反応する法システムの、自己観察的作動として定義している*。その上で、法律家的論証は二重に――1) 法システムに帰属するか［それとも法律論の対象とならない非法（Unrecht）として処理すべきか］、2) 法システムの非本来的な作動から区別されるかどうか［法律論の対象になるとして、適法として処理すべきか違法として処理すべきか］によって――区別される（重要なのは、〈［法システムに帰属するかどうか＝いわゆる法律問題になるかどうかという全般的な］法的状況（Rechtszustände）の変更〉に及ぶ〈［たとえば契約書の作成といった何らかの具体的な作動による］法的状態（Rechtslage）の処理〉である）。いずれもこうした二段階構成をとる伝来の〈法律家的論証〉論を特徴づける〈二重の難関〉が、いまや、1) 法（今日正確に言えば実定法そのもの、さまざまのテクストとケースと問題）と、そのさまざまの（今日では伝承された手引きがすべて頼りにならなくなった）基本原理との関係、それに、2) 今日では合意を得られる制御方法がないためにもはや結べなくなった〈（個々の読み手すなわち不特定者に向けられた）解釈の基礎としてのテクスト〉と〈コミュニケーションの基礎としてのテクスト、これに属して接続可能性と仕事の成功をめざす論証（Argumentation）〉との関係に、見

られるのである。法律家的論証の（セカンドオーダーの観察［観察の観察］とサードオーダーの観察［観察の観察の観察］）、もしかすると更に高次のオーダーの観察は、万端性（Redundanz＝これまでに適格性が実証されたさまざまの処理方式の維持）と、諸情報（Informationen）ないしもっと適切な言い方をすれば可変性（Varietät＝予想外の新解決の創出）との〈形式の区別〉を、法律家的論証（法律家的コミュニケーション）を〈万端性の恒常的な補給〉と〈可変性の継続的な取得〉（いずれも Praxis［実践］ではなく Poiesis［創成！］）のために役立てるべく利用する。これに対してその代案は、遥かに貧弱な成果に終わる。たとえば〈結果〉を考えるにしてもそれはあまりにも多様であり、たとえば〈衡量〉にはメタ規則がなく、たとえば〈自由な処理を許さない事柄、不可欠で放棄不能な権利〉も功利主義にとっては不可侵ではないし、十分に複雑でもないからである。適切な根拠づけという問題を〈情報の万端性〉という問題によって置き換えることも、同時に、法的な無条件性と最終根拠を内部転写（re-entry）によって置き換えることにしかならない（要するに、システムと環境の区別、それによる自己参照と外部参照の区別が再帰的に、再び自己自身に再適用される）。そうなると、理論的な基本方針によって得られる決定的な成果は、自己参照（規範性）と外部参照（認知性）の差異がたとえば諸概念と諸利益の差異、〈法規範の通用〉と〈事実認定〉との差異に反映される、というだけのことになってしまう。「しかし、設定されるのはこの意味で〈政治的な〉問題というよりは、〈システムの自己塑成（Autopoiesis）がそのような論証文化と万端性の犠牲において可変性を高める傾向にどう反応するであろうか〉という問題なのだ」。それでもルーマンは、例としてこう付言している。大企業（Großunternehmen）** は従来、法において、そして法律家によって、あまりにも不利に扱われたようだ、と。

*　ここで Recht から区別される Unrecht は法システムの外部（環境）であって、「不法」ではなく「非法」と訳されるべきものである（トイブナーは訳者村上との会話において、ルーマンの言う Unrecht は Nichtrecht だと指摘している）。
**　ルーマンは本訳書第 2 章の論文「法律家的論証」で、「大企業」ではなく「大組織（Großorganisation）」という語を用いている。

一般化した日常用語によって、われわれのこれらの観察のエッセンスを述べれば、これは「法」と「諸利益」の出会い（Begegnungen）であり応酬（Entgegnungen）でもある、ということになる。すべての利益は似通っているが、なか

には、とくに似通っているものもある。1000 もの利益が満たされるであろうか？　それとも、（整合性と予測可能性と正義を含む）万端性（Redundanz）を可変性（Varietät）の耐え難いコストによって害することなしに、可変性を高める利益だけが、許されるのか？　何が裁定したのか？　諸利益か？　法か？　構造連結（strukturelle Kopplungen）か？　不確実性（Dubia res）か？　信頼（Fides）か？　むろん、ルーマンのいう可変性創出（Variété-Poiesis）に同調することはできる。むろん、ルーマンに反論することはできない。それでも、私の 3 節と 4 節の表題は、こうした大がかりな旧と新の計算ハザードゲーム（Kalkül-Hasard-Spiel）における〈旧ヨーロッパ〉と〈新ヨーロッパ〉の対立という摂理を明らかにするものである。脱魔術化としての〈旧きものの新しさ〉か？　偶像化としての〈新しきものの旧さ〉か？　ロマン主義としての〈旧きものの旧さ〉か？　革命としての〈新しきものの新しさ〉か？「弁証法（Dialektik）」は時代の如何を問わず〈旧きものの新しさ〉を見ようとする試みであって、〈新しきものの旧さ〉を見ようとするにとどまらない。「芸術（Kunst）」は、時代の如何を問わず〈混沌を秩序づけようとする試み〉である（混沌を求めるのも秩序を求めるのも、アドルノによれば自由になる）。そして「鬼才（wiz）」とは、距離のある理念相互の関係に〈ジャン・パウル（Jean Paul, 1763–1825）によれば［自由にではなく自ずと］〉気づくことである。このような〈関係の着目〉、〈出来事の観察〉、〈鬼才による比較〉について、最後に論ずることとする。

4.　法的根拠としての〈判決の結果〉——経験空間と予期の地平

（1）　われわれのテーマについての私の関心は、法的プロセスについての（法的な）争い、法そのものについての社会的関心、すなわち、従来（さまざまの個人や組織やコミュニケーションから成る社会の）社会的なテーマになりえなかった〈全体社会としての社会（Gesellschaft als Gesellschaft）〉、とりわけ、［さまざまの個人や組織やコミュニケーションから成る］社会が社会における〈代表者（Repräsentanz）〉を予定しないゆえにルーマンによって不可能とされた全体社会的（gesamtgesellschaftlich）な代表（Repräsentation）に向けられた[20]。言い換えれば、私の関心を惹いたのは社会的な変更学習のかなり長期的な組み替え、いわ

ば「訴求権能」の「許容度」（文字通りの参入と退出と排除）であり、競合する大理論に組み込まれているそれぞれの性質の計画とそれぞれの理性の公的使用であり、決定形成と適応調整作業の関係を定めることであり、〈根拠づけゲーム（重点は［20世紀の］60年代と70年代）〉から〈成長と転換ゲーム（重点は80年代と90年代）〉への切り替えであり、要するに、「市場」と「計画」を超えて絶えず不足していく探索と学習と発見の機会に参加しうるための、社会的に調整され実行されるべき闘争（「市民宗教」対「争いの文化」!）なのだ。すなわち、われわれの動きを決めるのは〈法と自由〉でも〈法と経済学〉でも〈法と社会〉でもなく、〈法と法（の実態）［law and (as) law］〉なのである*。

* 原文の注20で引用されている Luhmann, Die Wissenschaft der Gesellschaft, S. 665 から引用しておこう。「こうした状況においてどんな行為が論理的に正しく合理的であるかを裁定できる部署はありえない。なぜなら社会は社会のなかに自己の代表者を用意することができず、この方向をめざすいかなる〈思い上がり〉も観察と批判を免れないからである。」

（2）　100年ほど前（1895年）に、マクス・ヴェーバー（Max Weber）[21]は、フライブルク大学の経済学教授就任講演で〈「国民国家」と「経済政策」の関係〉と共に新しい世紀［20世紀］のテーマを打ち出した。それによれば、市民層（Bürgertum）は遺産相続人になるべき歴史的状況であるにもかかわらずまだ成熟しておらず、大市民層（Großbürgertum）は〈食い潰し〉の道をたどりながら〈かなり因習に囚われた新たなカエサル［ビスマルク］〉を求めており、非政治的な過去は厖大な要求を政治教育の仕事に課しているが、この仕事は、「数々の条文」や「教会」によるどんな幻想的支援も約束しようとしない、とされる。マクス・ヴェーバーは、かれの〈（規範的な）社会理論〉と〈（経験的な）支配の社会学〉の、可能性のあるヴァージョンのために、経済と文化と支配から成る関係ネットワークを念頭に置いていた。それはいわば、最後の一歩手前の、断念と絶望に曝された、いずれにせよ極めて限定的な希望、人間たちのさまざまな利益の〈長続きしない宥和〉や、文化（さまざまな理念）とさまざまな欲求の〈終わりを知らぬ宥和不能性〉を、〈責任感のある国家官僚制と［民間の］経済ビューロクラシーの連携〉によってせめて抑制したいという希望であった。ヴェーバーによる懸命な防御は、とりわけ、カール・マルクスと結びついた〈万人の持続的な満足〉、〈（達成された）文化［＝自由］と（達成可能な）諸利益の同一性［＝平等］

の宥和〉を求める窮極の幸福実現願望に対して向けられた。経済と支配と文化の、すでに魔術的な三角形においてこそ、「経済」にとって、支配を「経済的に」馴致し、「文化」を「経済的に」支配のなかに——そして同時に支配の下に——位置づけるという主要な機能が増大する、と説かれたのである。もっと馴染みのある若干の言い方を付け加えるなら、すぐにシステム社会学 (Systemsoziologie) と制度経済学 (Institutionenökonomie) の現代的な響きを耳にすることになるであろう。ハンス-ウルリヒ・ヴェーラー[22]が最近したように「社会的不平等」を加えることによって三角形を四角形にしてみても、それは時の流れを逆転させるだけだと思われる。

イマーヌエル・カント[23]は200年前に、〈定言命法 (Kategorischer Imperativ)〉の結果を〈寄託物の横領は許されるか〉という適用問題によって例解した。周知の答えは、「否！……それは不法 (Unrecht)＊である。つまり義務に反する」、であった。寄託物の横領を一度でも正当化する原理は、「法律 (Gesetz)」としての自己自身を滅却する。「それは寄託が全くなされないという結果をもたらすであろうから」。これに対して、すでに若きヘーゲル[24]が、「寄託が全くなされない：そこにどんな矛盾があるのか？」と問い、〈カントによって純粋理性の実践的立法が絶対的なものとされるわけではなく「所有権」すなわち歴史的な対象が絶対視されるにすぎないのだ〉、と答えることになる。早くもカントに先立って、アダム・スミス[25]が簡潔に、〈貧困による盗み〉が〈罪と無実の差異〉を〈貧富の差異〉に切り変えたことを確認している。〈汝は盗んではならない！〉ではなく、〈いまここで盗めば、盗まれた者の損になるよりも盗んだ俺の得になる方が大きい〉。ときには原理による操作、ときには差異化 (Differenzierung) の変化でやっていく？＊＊ いずれにせよ、［ジョージ・スペンサー-ブラウンからニクラス・ルーマンに受け継がれた］「区別の線を引け！(Draw a distinction!)」なのだ。こうして、法律的範疇が早くも経済化されたわけである。

＊　このUnrechtは法システムを外部の環境から区別するRecht/Unrechtの二値的コードにおけるUnrecht＝Nicht-Recht（非法）ではなく、法システム内部において「合法」から区別される「不法」である。
＊＊　法システム内部における区別から経済システム内部における区別への切り替え、等々。

ほぼ300年このかた、市民社会は、〈法と文化と憲法の連合〉という形で自己

のさまざまの「経済的な」構造（関係）に適合する政治的発展の形態（及びそれにふさわしい意味論）を形成しようと夢見てきた。だが、この要求に対して立ち塞がったのがつねに新たな発展の現実であって、それがいまわれわれに、三つの卓越した業績の手引きによってシンボリカルに示されているのである。第16回ドイツ社会学会（フランクフルト、1968年4月）[26]はまだ、「後期資本主義か産業社会か？」という大きな選択肢を掲げていた。この選択肢は若干後まで、「〈社会の理論〉か社会技術（Sozialtechnologie）か——システム研究は何をもたらすか？」（1971年［のドイツ社会学会］、ユルゲン・ハーバマースを人的頂点とする左派指導層 対 ニクラス・ルーマンを人的頂点とする右派論壇人）[27]という形で名残をとどめたが、それにとどまるものであった。その20年後、「社会科学的な知の使用についての分析」は、いまや「社会技術でも啓蒙でもない？」[28]と問うている。われわれの発展可能性を特徴づけるのは、もはや没落と危機の深淵 and/or 明るい進歩と成長の高みではなく、（とりわけ〈時間〉と〈知〉の乏しさを伴う）〈一定限度の不可能性〉、〈根本的で堅固な持続的変化〉の場であり時間であることが実証される。その持続的変化においてはすべての決定が不確実性と冒険の下においてのみ可能になり、すべての「制御」が〈より柔軟〉で〈より間接的〉になるばかりでなく〈より再帰的［フィードバック依存的］〉にもなること、したがって〈可能性の維持〉と〈オプションの節約〉と〈負担の二者択一〉、要するにわれわれの「批判的」政治哲学と「システム論的（systemisch）な」政治社会学と「制度論的な」政治経済学の伝統の〈「在庫」と「約束」〉の生産的な組み替えが、求められる。その意味で、何世紀も前から定着している（保障された「権利」を中心に据えた）「権利保護（Rechtsschutz）」と、（時間的・内容的・社会的な基盤の保障を中心に据えた）「制度保護（Institutionenschutz）」とのパラドクスに視線を向けることは、無駄ではない。流行に合った別の言い方をすれば、それは、今日における法の文字通り「きわめて刺激的な」問題、法の「自律（Autonomie）」の「他律（Heteronomie）」、法［システム］のなかに組み込まれた〈法と非法（Recht und Unrecht）〉の抵触法（Kollisionsrecht）の問題である。

　「区別の線を引け！」いまやこれが、現代のモーゼと預言者たちの言葉である。——走って逃げる多数の野兎をきわめて構成主義的に囲いのなかに追い込んで

歴史的・社会的な出来事だとしながら同時に少なくとも二匹のハリネズミを盲点として見落とす失敗をしたくないならば、すなわち見落としを見ようとしたいならば、だからこそ「〈区別の線を引け！〉が現代のモーゼと預言者たちの言葉だ」と言えるのだ。抵触法、たとえば国際私法(internationales Privatrecht, IPR)は、これまで絶えず〈区別〉と〈区別についての決定〉を扱ってきた。だから私も、さまざまの区別について多様な決定を下すさまざまの裁判を取り上げることとする。言い換えれば、私は、1)(「必然」としての法、「事実」としての法ではなく) パラドクスとしての法、すなわち不確定性(Kontingenz)としての法について、すなわち一方で「比較法に基づく法 (Rechtsvergleichungs-recht)」について、すなわち法による法の仕分け(Ent-Scheidung)に基づいて比較されながら依然として他の可能性の併存を可能にするという既定の利点をもつ〈法による区別(Unterscheidungen qua Recht)〉について述べることにする。私はこれを、法の一特質としての「党派的無党派性」と名付けたい。添え物にとどまらないコメントを加えれば、国民的な血筋は誇れないが国際的な心情には訴える「国際私法」は、高度の〈争いの文化(Streitkultur)〉と深い〈教養の積み重ね〉の素晴らしい〈パラドクスの所産〉であり、「同化(Angleichungen)」とか「適応(Anpassungen)」とか、時にはもっと間接的に「前提問題(Vorfragen)」等々について論ずるものである。他方で私は、2)「法抵触の法」、もっと適切な言い方をすれば「法連結の法(Rechtskopplungsrecht)」について、すなわち法から「非法(Nichtrecht)」への移し替え(Zuweisungen)、その［移し替えの］〈縮小と拡大(Ab- und Zurechnung)〉——これを洞察するヴァルター・シュルツの、われわれの指針となる『倫理学の基本問題』[29]に従って文字どおりに言えば——「［法への］参加と不参加(Engagement und Resignation)」について、述べることにしたい。そのさい私は「相互性(Reziprozität)」なるものを法の別の側面として取り上げる（ここでも、添え物として付言するわけではない)。国際私法においては「［準拠法を決めるための、具体的事案の］法性決定(Qualifikation)」とか「反致(Rückverweisung)」や「転致(Weiterverweisung)」とかいった語が用いられる。相互性(Reziprozität)という語によって私が指すのは、さまざまの独立性とさまざまの従属性の連結、別名：噛み合い(Verklammerung)、ネット化(Vernetzung)、媒介(Vermittlung)、止揚(Aufhebung)、等々であっ

て、つねにリスキーで壊れやすく人為によって左右される〈自我の他者依存性〉であり、参照される用語例は〈平等ながらも分離された (equal but separate)〉ではなく〈不平等ながらも結び合った (equal but coherent)!〉なのだ。そのような〈自我の他者依存性〉が、歴史的・社会的な「統合の」法としての立場から、党派的な「法」がとりわけ「法的」な「社会」の変種として何らかの非党派性をもつことを、まず示さなければならないのである。

(3) さまざまの大理論の、〈法としての法〉の把握における跳躍点とエッセンスに関心を寄せるなら注目されることだが、システム理論は法的コードと法的プログラムの主導的差異によって、一方で堅固ではあるが〈開かれながらも閉じられた〉、それにもかかわらず可変的な最高指導原理と、他方で柔軟ではあるが任意の規定性にもかかわらず〈任意に規定されない〉制度的・組織論的決定手続と取り組んでいるということが、注目される。批判哲学は、[合意に基づく]放棄しえない手続原理を適用論 (Anwendungsdiskurs) において通用させる規範的・実践的・間主観的な理性と取り組んだ。政治経済学は、「正しく」設置された諸制度において〈成功した「諸企画」における方針選択〉を実現する主導的決定手続と取り組んだ。もとより、どんな「規則」も、〈知られていること〉と〈守れること〉、規則それぞれの理論が (理論的混合物の場合を含めて) 頭と心と手 [精神と行動] により同時に具現されることを、意味する。もとより、法解釈論 (Dogmatik) はつねに、〈無視の締め出し〉、〈不可侵化〉、〈ごく微妙なものの選択〉のために役立つ。以下では関連する問題を、システム理論の用語によって日常語的に例示することとする。なぜなら、政治経済学はシステム理論と近縁関係、少なくとも姻戚関係にあり、批判哲学はこの指導的社会理論 [システム理論] を批判的-建設的に「止揚する」意図で手を出すしかないのだから。支配的な諸説は穏やかな態度をとり、あまり議論に立ち入らないでいるが、それだからこそ解りやすい。少数意見は多くを述べなければならないからこそ、理解しにくいものになる。

私はすでに、[現代における] モーゼと預言者たちに言及した:「区別の線を引け!」さまざまの [所与の] 単位やそれによる (全体と部分、上と下、目的と手段の) 限界づけではなく、[人為的な] 差異化とその結果としての (システムと環境、構造と機能、コードとプログラム、同一性と差異の) 限界づけが、現代のシス

テム思考を——〈同一性と差異〉というそれ以上遡れない主要な差異、［近代化以前の貴族・市民・農民といった身分制的構造を前提とする］旧ヨーロッパ（Alteuropa）の言い方によれば〈法のヒエラルヒーや原初の規範から直接導かれる無媒介性（Unmittelbarkeit）の、「絶対的な」断念〉に及ぶ——徹底した構成主義（Konstruktivismus）たらしめるのである。こうした思考が理論的基本方針に関して、そして現代化の歴史において最大の得点を稼いだのは、不確定性（Kontingenz）の発見なのだ。それは、「構造的」・「機能的」に、差異化ゲーム自体によってのみ抱かれるのであって、なかでも核心を成す出来事（正確に言えば「作動（Operationen）」、抽象的に言えば「プロセス」）と「観察（Beobachtungen）」（換言すれば「モデル」と「描写（Darstellungen）」）は、再帰的・自己参照的な〈区別されたものの接続［外部の内部転写］〉と同様に多岐に亘る、［システムと環境の区別を前提とする〈システムへの内部転写〉へという発展を示す］段階的な「モデル」ないし「描写」であり、システムのコード化はそれに伴う〈［システムと環境の区別をシステム内部に転写する］複製化規則（Duplikationsregeln）〉として、（指定規則、決定規則としての）システム-プログラミングと共に、「考えられる」効果付与（Zurechnung）のために役立つことになる。可変的な、いずれにせよ〈「不確実」で先の読めない法（「時間」と「知識」が足りないことはどこでも変わらない）〉は社会的・歴史的発展に、いまだかつてなかったほど「逆説的に」、「自律的に」、「非対称的に」、そして「自己塑成的に」追随する。

　ここにおいて法律家は期待に満ちて、たとえば「社会学」や「経済学」や「哲学」によって〈法における出来事や観察〉を観察するにとどまらず、〈「社会学」や「経済学」や「哲学」における出来事や観察〉をそれぞれ「社会学」や「経済学」や「哲学」によるばかりでなく、たとえば「法」によっても観察する。緊張感は近年、出来事の〈観察……の観察の観察〉によって高まっているが、それは［20世紀から21世紀への］世紀の接続にさいしての難問が争われているからである。［さまざまのシステムの］分離（Ausdifferenzierung）そのものがどのように分離以前に立ち戻れるのか？　さまざまの区別がどのように再決定されるのか？　観察されたさまざまの〈出来事の観察〉は再び出来事として観察されうるのか？　等々。全体として、そもそもまだどのように「判断」すること、それについて「論証」することができるのか？　これらの問いは、むろん批判哲学や政

治経済学の言葉に翻訳することができる。特徴的な見方は、(旧ヨーロッパの人々の詩的な言い方によれば)「胸に浮かんでくるような人物」すなわち「情報に通じた公平な観察者」を求めるもの、簡単に言えば自照的 (reflexiv) であると同時に生産的な、つまり視角をもちながらの全視角性を求めるもの、すなわち「法」を求めるものとして、つねに同時に哲学的、経済学的、社会学的、法律家的な見方なのだ[30]。こう考えれば、「法」は、他のさまざまのシステムと並ぶシステムではない(せいぜい〈すべてのシステムは若干のものを除いて平等だ〉と言えるにすぎない)し、メタシステムでも[道徳から区別される]部分的な義務プログラムでもない。「法」は、[さまざまの]システム内部の〈自律的なコードとプログラム〉によるゲームを、〈システムとシステムの間の「構造連結 (strukturelle Kopplungen)*」(別名「相互浸透 (Interpenetrationen)」、別名「解釈学 (Hermeneutik)」、別名「干渉 (Interventionen)」、別名……による制御と同様に〉制御 (steuern) する (法による場合はむしろ「導く (führen)」か? ドイツ語にはまだ guidance の適切な訳語がない) ものであり、全体として賞賛に値する一つの[自己塑成 (Autopoiesis) に対置される]「自己実践 (Auto-Praxis)」の国**、さまざまの〈一定限度の不可能性 (begrenzte Unmöglichkeiten)〉で満たされた〈われわれの時代より後の国〉なのか? いずれにしても、[法以外のシステムの]自己観察・外部観察の[法システムによる]外部観察と[その内部転写を経た法システムの]自己観察は、抽象度を高めて柔軟化のエピソードを重ねる他に、[ルーマン対ハーバマスの]自発的で自己確信的で独善的で自己正当化的な(システムと生活世界の)さまざまの「ゲーム (Spiel)」という「実践」へと超越化していく。それらのゲームはすべて、いわば新種の安定した進化的永続革命をめざして、確固たる「計画」(必然性 (necessitas)) にも、見えない「運命 (fatum)!」にも頼らずに——望むらくは「大きな力と多くの策略」なしに——つねに「自律」に対抗して「抵抗」に立ち向かうのである。

*　構造と構造との連結。「構造的カップリング」という訳語は〈構造と構造との ad hoc な (その都度の) 連結〉を排除する〈切っても切れない癒着〉という印象を与えるゆえに不適切であろう。

**　自己塑成 (Autopoiesis) が可塑的な自己形成を指すのに対して、自己実践 (Auto-Praxis) はみずから外部の対象に手を加えることを指す。

もとより、ここではもはや、伝来の理解による「法」について語ることはで

きない。しかし、当然のことながら、新しい素材を扱うにも古い形式に依らざるをえない。「司法 (Rechts-Pflege)」は今日、いずれにせよ〈法のパラドクスそのものを扱うこと〉、そのパラドクスを〈維持しながら処理する〉ことに他ならない。法は、システムの自律と、〈自律と自律の連結〉を確保しながら、〈従属的な［従属度の高い］独立性〉を〈独立の［独立度の高い］従属性〉として確保する。法は「健全」で「平和」な内部構造を不可侵化する一方で、「不健全」で「平和的でない」接続と連結に警告を発し、その双方の観点からとりわけ「自照性 (Reflexivität)」と「手続化 (Prozeduralisierung)」という用具によって、全体としては党派的な（自律への参加としての［従属的な］）非党派性と（連結への参加としての［独立的な］）非党派性（この立場からすれば〈従属的でも独立的でもある従属性と独立性〉）によって、〈法と正義へのみずからの思い入れ〉に拘束される程度に応じて拘束される。そのさいつねに、常時念頭にある〈連結の不作動〉としての〈システムの不作動〉の回避と、とりわけみずからの（法の）不機能の回避が目標とされるのだ。そうしたネットワークの働きは実際上、法が「病気」や「紛争」を免疫システムや相談所や処置機関や決定機関に返送しなければならないのと同様の配慮を必要とするということを、示している。そのような〈裁判管轄の裁判管轄〉は、同時に、法的「行動」(Rechts-Aktionen)、たとえば許された訴訟権能の「法的遂行 (Recht-Fertigung)」を「制御する」ものである。呪文：法は、たとえばシステムはそれを扱わなければならない人々によって扱われる必要があるということを顧慮しなければならず、それは、たとえば「病気」や「抗争」のような問題はそれを解決すべき人々によって解決されなければならない、等々の呪文と同様なのだ。

　中間的なまとめ：すべての可能なことは可能である。すべての可能なことは可能である。すべての可能なことは可能である。では、「なんでもあり (Anything goes.)」か？ 決してそうではない！ しかし、たとえば「法律家」（「われわれ法律家」）が思うよりも多くのこと、別のことが——かれらが見ないことを見る場合でさえ——可能なのである。徹底した構成主義は、法を、[さまざまの主体の] 連結 (Kopplung) として、共同産出 (Ko-Produktion) として、コミュニケーションとして、要するに可能性として「規定」し、「制御」し、「指導」するが、「真理」や「正しさ」としてそうするわけではない。したがって、〈自律

的なシステムプロセス［システムの諸作動］〉が〈分割されてそれぞれの事情に即した、負担可能で通例の「連結」をできるかぎり〈自身と他者の、それから一般の、利益と神益 (Frommen)〉へと媒介したものが、〈関係づけの法 (Relationierungsrecht)〉としての——すなわち実際上は「法関係の法 (Rechtsverhältnisrecht)」、「法体制の法 (Rechtsverfassungsrecht)」としての——法なのである。さまざまの理論の差異は——「論証によって」！——とくに人的「指導」に影響を及ぼす。たとえば経済的な法理論がきわめて容易に他を「征服」しえたのは、とりわけ次のような理由による。すなわち、市場と競争についてのその理論、要するにその「私法社会的」基本要素が、一方では「規則」として憲法政策的・憲法的な基本決定から容易に「導き出された」からであり、他方では（「神－市場－企業家」！という短絡的序列における）「第三者」の視点が（主体－基本権の主体－「企業家」！という短絡的序列における）「人格からの出発」という視点によって簡易化されたからである。そして、たとえば批判哲学にとって、〈人格からの出発という構成に伴う無力〉と〈批判に伴う激情〉との狭間で〈成功せる企業〉になることは、批判哲学の——批判のための構成として方法においても手続においても薄ぼんやりとした、つねに自動進行の保障を伴う目標設定の下で「維持される」——〈手出しを許さない［たとえば企業合併の］自由〉が絶えず抵抗と不可侵性、つまり［他との］連結を認めない定め (法解釈論！)と衝突するゆえに、きわめて困難なのだ。周知のように、〈一匹の兎に二匹のハリネズミ〉だけでも、兎の死に至る*。「第二の人格」という観点からすれば、兎とハリネズミは探し、見つけ、我慢し、「コミュニケートする」。それでも、未来の兎とハリネズミにとって慰めになるのは、コミュニケーションが、システム理論にとっても法経済学にとっても同様にきわめて前提に富むもの、「思いのままにならない」ものでは全くないし、少なくとも〈自動的に成功するわけではないリスキーな試み〉と〈（つねに完全に）保険でカヴァーされるとは限らない間違い〉に備えた方法であり、手続である、ということだ。これは、なおのこと、抽象化と柔軟化にさいしてつねに見られるように、徹底した構成主義の〈基礎システム理論〉に当てはまる。少なくとも随所ですべての決定やきわめて安定した持続的変化が、やはり上述のように大きな不確実性と高いリスク度の下においてどうにか可能になり、すべての「操作」が、一層ソフトで間接的で再帰的になって

可能性の維持をめざすことになる。これは要するに、可能な法律家実務としての構成主義なのだ。私の専門である現代の民法について、これを短く例示しておこう。

* 鈍足のハリネズミの挑戦によってスタート地点からゴール往復の駈けべに応じた兎が俊足を飛ばしてゴールで見出したのは競走相手のハリネズミ（実は、疾うに着いたフリをして待ちかまえていた「競走相手の妻」）であり、スタートとゴールで一匹ずつ待ち構える二匹のハリネズミの間を俊足で 37 回も往復した兎は疲労困憊して死ぬことになるという、北ドイツの民話。

(4) 合法的行為と不法行為に関する民法の定めをざっと概観する。

a) 機能しない物品の納入によって生じた有責の財産侵害の（「民法」の「諸規定」と「法解釈論」による）処理がなされていないこと。これについては、近年、高度に抽象化された、しかも並み外れて柔軟な担保責任論と危険負担論が生まれており、それらは、それぞれに展開されるべき三つの用具を用いている。すなわち、最広義におけるすべての給付障害 (Leistungsstörung) プログラムの再統合、債務法総論と債務法各論のさまざまの調整 (Ausgleich) メカニズムの再統合、それに、それぞれが債務法各論に置かれている償還関係の再統合である。これらの徹底した「止揚」の結果の核心は、消滅時効期間の、多くは 6 年と 3 年の間の可変的時効期間への変更である。

b) 従属的「自治 (Autonomie)」と独立的「自治 (Autonomie)」との衡量の不可能。ここでは——発展の歴史を短く語ることはむろんできないが——「地獄の業火」[31] が早くから、すべての〈法の水割り〉を食い止めた。批判は、「悪意と憎悪に満ちた中傷」[32] ではないかぎり「自由だ」とされる。最近では、この発展が一般化された形で「観察されている」。「自由」とされるのは、取り上げられるさまざまの「交流行動」の誠実で信頼できて適切な、要するに「まともな」「地位」および／または「状態」が、「確保されている」か「確保される」場合なのだ。民法はこうして、（保障された権利を中心に据える）「権利保護 (Rechtsschutz)」と（社会的・時間的・内容的なインフラストラクチャーを中心に据える）「制度保護 (Institutionenschutz)」のパラドクスに〈脱パラドクス化〉を以て応えた（ちなみに、契約法と［組合や法人のような］組織法においては〈不法行為法〉を以て応えてきた）のだが、そこでは（創出や組織化等々の）さまざまの「プロセス」の「自由」が、さまざまの［心理的な］阻止閾 (Hemmschwellen）にもかかわらず可能になる。それらすべてが、自由もプロセスも識閾 (Schwellen!) も、〈「耐えられ」、「理解でき」、「まともだと思われる」ものだからこそ成功するゲーム〉のため、「社会的に」整えて用いるべき「財産」としての「私的な」所有と「能力」のために、配慮するのである。そのさい前面に出るのは、「(ゲームのルールの) 違反者」であって、ルール違反の被害者ではない。法技術的には、主役はさまざまの「正当化」、さまざまの「介入権」ではなく、負担をかけられたさまざまの「自由」である。

　c）　困難な問題は、民法を現代における「きわめて気がかりな」数々の大挑戦に曝すということだ。同時代の世界、周辺の世界、後代の世界、医学的再生技術、環境汚染、それに経済倫理の諸問題が、次々と会議のテーマになる。だが、法的関係はその例外にとどまっている。

　d）　全体として、いわばモットーとされているのは、〈個別の [国家ごとの] 一般私法 (Allgemeinprivatrecht)〉から〈一般的な [国家の枠を超えた] 個別私法〉を——前方または後方に？——乗り越えて、〈何らかの (別の？ 唯一の？ 多民的 (multizivil) な？ 等々の) 一般的な一般私法〉へ、という展開である。だが [おそらく EU の法統合を念頭に置いた] 一般的な一般私法 (allgemeines Allgemeinprivatrecht) とは、いったい何だろう？

　背景に遡る私の観察によると、こうである。

　a）　公法的に生きたり死んだりすることも私法的に死んだり生きたりすることもできない壊れやすいネットワーク (多角的 (mehreckig) な法関係)。その例は公共体同士の「競争」だが、[多角的とはいえ] 少数にとどまる〈角 (Ecke) [= 競争相手]〉を失って、いまのところ原則として基本法的禁止規範に違反する。

　b）　自己進行的な内部化すなわち一時化 (Temporalisierungen)、つまり経過の恒常化への時間の組み込み：さまざまのネットワーク組織、兎とハリネズミ、狼と羊、(旧ヨーロッパ的に言えば国王と封臣) を自由において、そして自由へと新たに封建化 (feudalisieren) する——合理的・協働的・共生的等々と称する——さまざまの契約。その実例は「長期契約 (Langzeitverträge)[33]」であり、それによって、また、そのために、(ほとんど) すべての既存の「約款」が廃棄され、新たな法的関係グループ・法命題グループとして、また同時に法解釈論 (Dogmatik) のための規準プログラムとして、再構築されざるをえないのだ。

c)　「特別権力関係 (besondere Gewaltverhältnisse)」から「組み入れ関係における自由 (Freiheiten in Einordnungsverhältnissen)」への切り替えにさいしては、単純に「法律と法」に従って、すなわち〈的確な自律性授権〉と〈法治国家的手続〉と〈公序制御〉に立脚して、関係者を生活させること、生活させるようにすること、だけでは十分ではない。なぜなら、恒常的に——システムの如何によって多すぎたり少なすぎたりする——「訴訟提起」があるからだ（誰がそれについて判断でき、判断したいと欲し、判断することを許されるのであろうか）。［多くの有限会社 (GmbH)≒中小企業から成る］さまざまの〈有限会社コンツェルン〉を例にとれば、団体［＝コンツェルン］加入と脱退、「いいかげんな」強制的団体加入等々をめぐる訴訟において［コンツェルンに対する有限会社の］「債務 (Obligation)」は［コンツェルンの］「メンバーシップ (Mitgliedschaft)」に変わり、［コンツェルンの］持分を有したり取得したりする権利は〈神のため (pro deo)、仲間のため (pro socio)〉から、〈会社のため (pro societate)、自由のため (pro libertate)〉に、ここでも一層抽象的、一層柔軟に、変化する。しかし、どのような基準、どのような形式、どのような手続によってか？　いまのところ、それは民法的に、「要物契約」、「自然債務」であり、「容認できないこと (Unzulässigkeiten)」だとされている。労働法（その最も示唆に富む例は多分「警告スト」であろう）、さらに行政法や刑法に立ち入る前に、この辺りでやめておこう。随所で例外なく見られるのは、党派的な無党派性と発生状態における互酬性 (Reziprozität) ではなかろうか？

(5)　国王と封臣（従順 (oboedentia) の代償としての保護 (protectio)）——これが依然として互酬性の主題である。国王たちは常に、慈悲深い指導者の美徳に依拠してきた。「民主主義国家」も、この点ではかれらに従っている。解放を意識した人々は絶えず個人の自由権に憧れてきたのであって、「自由主義諸国」もこの点でかれらに従っている。今日に至るまでその実験区間外に留まっているのは〈全体社会としての社会 (Gesellschaft als Gesellschaft)〉であって、それは国家から分離された社会と解されるのではなく、〈文化的再生産〉、〈社会のアイデンティティー形成〉、〈［各個人について］遂行される社会化 (Sozialisation)〉の場を意味する。〈全体社会としての社会〉に住まうのは「それぞれの人間まるごと」ではなくそれぞれが分割不能なまるごとの人格として〈即自的かつ対自

的 (an und für sich) に自由に〉生きていながら常に規定されることを要する各人の、役割関与、機能関与、決定関与、教育関与なのであって、その自由のためにやはり「全体社会的 (gesellschaftlich) な」媒介を必要としていることは全体社会自体が〈人間としての市民たち (Menschenbürger)〉による規定を必要とするのと同様である。〈全体社会としての社会〉はそのような〈人間としての市民たち〉が、「民主的に」結集した総体から成るというにとどまらず、決定プロセス、コミュニケーションプロセス、教育プロセスのための制度化を「組織する」。「国家」は社会と人間たちの「全体」の隠喩になり、無神論的な時代における「神」のように無くてもすむものになるが、そのような機能によってむろん再び不可欠になる。人間の社会的な持分は、従来われわれに――自己の特殊で党派的な利害状況だけを前国家的な優越権として国家に対し国家の手によって実現しようとした――「社会」だけを与えたか、または――自己固有の相続された実力理性を上からの持続的管理として押し付けようとした「国家」だけを与えた――国家‐社会のディレンマを横断するゆえに伝来の〈私法的‐公法的〉二分法を横断する「市民‐法 (Bürger-Recht)」なのだ。「強い国家」と (正確に言えば〈いわゆる〉)「健全な経済」は、われわれが医師や相続人を求めるように求めるべきではない〈自分たちの伝統〉の、決定的な標識なのである。これに対して、われわれの社会とその「言語」及び「法」の力は、〈「民主的な」美徳義務の普遍性〉と〈「自由主義的な」自由権の普遍性〉を現代的な「全体社会の法 (Gesellschafts-Recht)」へとまとめて、「政治的‐経済的に」、そして同時に「全体社会的‐道徳的に」、あらゆる優柔不断 (Ambivalenz) にもかかわらず一転して〈カント哲学が政治的にとることになった (賛否両論のある)「市民法社会 (Zivilrechtsgesellschaft)」への道〉をとらせることも「党派的な法」を公法的・憲法的に機能させることもなく、また、(今日に至るまで「強い国家」と「健全な経済」がとってきた歴史的な道程である)〈法的なるものすべての全面的な党派的義務づけ〉に至らせることもなかった。〈近代 (Moderne) の未完の法的プロジェクト〉は、伝来の「民主主義」と伝来の「自由主義」を超える未完の合法性 (Rechtlichkeit) と法化 (Rechtlichung)、すなわち法的であること (Rechtigkeit!) の達成をめざすばかりでなく、むろんその域を超えて〈安価ではなく費用の嵩む「文明化した法的社会 (zivilisierte Rechtsgesellschaft)」の実現

をめざす〉「第三の道」なのだ。いずれにしても、「社会的なもの」の、それぞれに特殊な「経済的なもの」のための縮減は従来すべて、〈自称全市民のための「キリスト教的な」国家という屋根〉が大事か、それとも〈プロレタリア運動によるすべての国家性の征服〉が大事かという選択をめぐって、それぞれの側から圧力を受けてきた。言葉の用いかたがそれほど不愉快でなかったとしたら「プロテスタント的カトリック信仰」というヴィジョンをあえて用いたり、一般の市民身分を出生時の関係や生活関係、仕事や職業や財産や教養によるのではなくあえて〈独立の従属者ないし従属的な独立者〉として捉えることもできるであろう。

　(6)　私がスケッチするような速さで要約を試みた部分テーマはすべて、むろん争いを免れないが、われわれの論争努力に役立つものである。最後に短く、「法」にとっての有利なチャンスを他ならぬ更新可能な「法の憲法 (Rechtsverfassungsrecht)」という観点から観察しておきたい。

　以前の憲法モデルは依然としてわれわれを支配しているが、多分その線形性 (Linearität) のゆえに成果のある発展を遂げることができなかった。たとえば或る社会 (或る民族、或る国民) の政治的 (国家的) 存在についての基本決定の態様としての憲法というのが、そのモデルなのだ。カール・シュミットと結びつきうる「晩期市民的な」戦略がそうであり、たとえば〈自由の保障のための策略の武器庫としての憲法〉である。エルンスト・フォルストホフと結びついた〈市民的法治国家の徹底化〉がそうであり、たとえば〈さまざまの生きている社会的価値秩序を統合し解釈したものとしての憲法〉である。とりわけ、ルードルフ・スメントによって仕上げられた〈精神科学的・政治的なシステム哲学、たとえばそれ以上は推論できない最高の法規範としての憲法〉であり、ハンス・ケルゼンによって要求された〈法と非法のきびしい区別〉の諸傾向である。もっと新しいさまざまの憲法モデルのなかでは、われわれはさまざまの歴史的理論と結びついていた〈政治は理性として実現される、たとえば「社会主義」社会は市民社会の真の制度として造り上げられる〉という希望 (ヘルマン・ヘラー、ヴォルフガング・アーベントロート、ヘルムート・リッダー、インゲボルク・マウス) を棄てなければならない。〈学習能力のある社会の学習・教育過程を制度化したものとしての憲法〉――時代を超えて良い響きをもつ言葉だが、情況は

そうではないし、そうはなるまい。これまで最も自照的（reflexiv）であった方向転換は、やはりニクラス・ルーマンによってなされた。〈社会のさまざまな部分システムを共存可能にする構造条件としての憲法〉（ルーマンによる初期の抽象的な把握）、最近では、〈憲法は法／非法のコードによって、自己がこのコードを生み出すのと同様に——その自己適用論理的（autologisch）なやり方がすべて不可視化されたままだということを前提として——生み出される〉、と説かれる[34]。日常用語を使えば、こういうことだ。それぞれのシステム（たとえば法システムや政治システム）において、外から見て偶発的だと思われかねないことが必然的だとして通用しなければならない。だから、法と政治は、ルーマンの言葉をそのまま引用すれば〈シャム双生児ではなくビリヤードの［二つの］球〉なのだ。憲法のすべての法条は、紛争を規制するというよりは特別の行動を生じさせるものであり、したがって「立法」と「行政」を「操作する」よりは随所で解釈者の志向を「操作する」のである。それでもルーマンは、これによって最近は[35]——「言葉」のためばかりでなく「法」のためにも——厳格な「システム」観念を犠牲にしているようである（これは、ハーバマス[36]が〈生活世界とシステム〉から成るかれの二元的社会観念を訂正して、かれのやり方で「法」を定義し直すために支払う犠牲と、比較できないわけではない）。

　こうして或る一つの「法」、まして「憲法（Verfassungsrecht）」、もっと簡単に言えば「法体制の法（Rechtsverfassungsrecht）」が、おそらく最も興奮させる期待をかけられるかもしれない。それは法／道徳、法／政治、法／経済、等々の衝突原理レヴェルを支配し、もっと正確で一般的な言い方をすればさまざまの「生活世界システム」の「構造連結」としての法になる。そうなると、現代風に訳された「法的保護（Rechtsschutz）」と「制度保護（Institutionenschutz）」は、〈自由の諸機能の法的正当化（Recht-Fertigung）の保護〉になる。〈法を決定行為の目的のために（今日実際に「浪費資本主義（Vergeudungskapitalismus）!」の回避に他ならない）「経済的理性」と「個人の自由権」の刺戟剤として計画に組み入れる〉という《経済的法理論の示唆》は、こうした「法体制の法」に照らして、多くの〈可変性〉と〈保有配慮（Retentionseinfühlsamkeit）［＝ルーマンのいう万端性（Redundanz）]〉を［法的論証の］選択プログラムにおいて常に同時に用意するという《システム社会学の構想》と比べても少なからぬ成果があり、出費

が嵩(かさ)まない。〈規制的な準則としての構造連結の法 (Kopplungsrecht)〉＊の適用を［公共性をめざす］刺戟と安定化の法として実践的な〈適用の妥当性をめぐる争い〉において——つまり普通は事実に反して！——「試みる」という《批判哲学の示唆》も、同様である。これがヴィジョンであり、生産的な理想像なのだ。

＊　ルーマンのシステム理論においてさまざまの機能システム相互の関係、たとえば経済システムと法システムの関係は両者の構造連結 (strukturelle Kopplung) によって成り立つものとされている。それぞれの構造連結が規制的に作用することによって全体社会システム (Gesellschaftssystem) が成り立つことになる。「構造連結」については、ルーマン著、村上訳『社会の教育システム』第 1 章を参照。

(7)　影響力のある大理論はすべて、（それ自身とわれわれの）目をくらませ、（それ自身とわれわれを）消えさせていくが、（それ自身とわれわれを）巻き込みもする。そうした大理論の同時代ないし将来における（おそらくかなり持続的な）弱点は、端的に言えばこうである。システム論的な諸理論は、そのさまざまの構造連結 (strukturelle Kopplungen) ［〈システム≒構造〉と別のさまざまの〈システム≒構造〉との間に成り立つ関係］によって悩み、悩まされて然るべきである。さまざまの経済的理論は［経済において］決定権限をもつ者たち（企業家たち）の特権によって悩み、悩まされて然るべきである。さまざまの哲学的理論はその救いようのない約束である〈古来の一体性（「生活世界！」)〉によって悩み、悩まされて然るべきである。（法といえば〈正しい適用！〉を云々する）存在論の時代における法律家的論証は——当然のことながら！——その結果を是認しつつ受け容れることができる。（法によれば〈可能なことはすべて可能だ！〉とされる）不確定性の時代における法律家的論証は、結果を「衡量 (abwägen)」しなければならないが衡量できるわけではない。法といえば〈すべてが、ただし可能なことだけのすべて、しかもそれだけが、可能だ！〉とされる構成主義 (Konstruktivismus) の時代における法律家的論証は、結果を回避することも受け容れることもできず、衡量するどころか〈思い切って決める〉他はないし、［自己に帰責 (zurechnen) される］リスク (Risiko) と［自己帰責の可能性がない］危険 (Gefahr) を仕分けることはできても、関連コストの負担なしには予防できないことに変わりはないのだ。そうなると、「結果の熟考」は、〈判決の結果生ずる問題［たとえば敗訴者に課せられる負担の大小といった具体的判断］〉に関するというよりは、〈そもそも判決すべき問題は何かについての結論（正確に言えば［結果を対処可能なリ

スク（Risiko）として扱うか対処不能な危険（Gefahr）として扱うかという］区別問題の結論）〉に関することになり、問題の〈解決〉よりは〈受けとめ方〉に関するものとなる。なぜなら、「結果の熟考」は（法の［最終的な］所産としての結果に関するものではなく民法を）［対処可能なリスクとして処理するか、対処不能な危険として処理するかといった類の］法的処理様式としての結果に関するものであるからだ。もっと簡単に言えば、法律家的論証は、ヴィーコ（Vico, 1688–1744）のいう「近代主義的」エリート・レトリックよりもむしろ、「医術（Medizin）」や「療法（Therapie）」としての法、［法的な］介護の実行としての「侵襲による治療（Heilungen in Eingriffen）」と「技倆（Kunst）」、［ジャン・パウル（1763–1825）のいう］創作における「鬼才（wiz）」、サルターティ（Salutati, 1331–1405）のいう「人文主義的」メタ・レヴェルと――むろん従来どおり〈不確かな事物や信頼〉と――取り組むことになるのである。

注

1) Gian Battista Vico, De Nostri Temporis Studiorum Ratione; Vom Wesen und Weg der Geistigen Bildung, 1708, Neudruck Darmstadt 1963, S. 67 f.
2) Coluccio Salutati, De Nobilitate Legum et Medicinae; Vom Vorrang der Jurisprudenz oder der Medizin. 1300. Neudruck München 1990.
3) Rudolf von Jhering, Unsere Aufgabe, in: JherJb, Bd. 1, 1857, S. 1 ff. (16).
4) Paul Koschaker, Europa und das römische Recht, 3. Aufl., München 1958, S. 210.
5) 三つの文脈について、Regina Ogorek, Richterkönig oder Subsumtionsautomat? Zur Justiztheorie im 19. Jahrhundert, Ffm. 1986.
6) 代表的なのは Niklas Luhmann。ルーマンの著作のなかで特に重要なのは、今では何よりも Soziale Systeme, Ffm. 1984; Die Wirtschaft der Gesellschaft, Ffm. 1988; Die Wissenschaft der Gesellschaft, Ffm. 1990; Soziologie des Risikos, Berlin 1991; Das Recht der Gesellschaft, Ffm. 1993;「法過程の部分的要約（kurzer Rechtsprozeß）」として、Positivität als Selbstbestimmtheit des Rechts, in: Rechtstheorie 1988, S. 11–27.
7) 代表的なのは Jürgen Habermas。ハーバマースの著作のなかで特に重要なのは、今ではとりわけ Theorie des kommunikativen Handelns, 2 Bände, Ffm. 1981; der philosophische Diskurs der Moderne, Ffm. 1985; Faktizität und Geltung, Ffm. 1992;「法過程の部分的要約」として Wie ist Legimität durch Legalität möglich? in: Kritische Justiz 1987, S. 1–16.
8) 代表的なのは Peter Behrens, Die ökonomische Grundlagen des Rechts, Tübingen

1986;「法過程の部分的要約」として Über das Verhältnis der Rechtswissenschaft zur Nationalökonomie: Die ökonomischen Grundlagen des Rechts, in: Jahrbuch für Neuere Politische Ökonomie 1988, S. 209–28.
9) Klaus Günther, Der Sinn für Angemessenheit—Anwendungsdiskurse in Moral und Recht, Ffm. 1988.
10) 19. 2. 1991, NJW 1991, 1237.
11) 17. 4. 1991, BVerfGE 84 (S. 34 für juristische, S. 59 für medizinische Prüfungen).
12) Zuletzt 15. 11. 1990, BGHZ 113, 17.
13) 5. 5. 1986, BGHZ 98, 24.
14) 20. 11. 1990, BGHZ 113, 48.
15) BVerfGE 34, 269–1973–» Soraya «=» Rechtsfortbildung I «; seither passim.
16) 多くの学会や著作集、とりわけたとえば Christian Clemens, Strukturen juristischer Argumentation, Freiburg 1977; Gerhard Struck, Zur Theorie juristischer Argumentation, Berlin 1977; 既にほとんど超象徴的な呪縛力・支配力をもつ Robert Alexy, Theorie der juristischen Argumentation (Göttingen における 1976 年の学位論文、刊行は Ffm. 1978 年) のような関連する専門書、それ以前から超象徴的かつ包括的であり、支配的であった (そして、いわば別れの始め！であった) Gerhard Otte, Zwanzig Jahre der Topik-Diskussion, Ertrag und Aufgabe, in: Rechtstheorie 1 (1970), S. 183–97.
17) モデルとしての効力をもったのは、たとえば Ulfrid Neumann, Juristische Argumentationslehre, Darmstadt 1986 のような〈決算書〉であった。
18) Gertrude Lübbe-Wolff, Rechtsfolgen und Realfolgen—Welche Rolle können Folgenerwägungen in der juristischen Regel- und Begriffsbildung spielen? Freiburg 1981.
19) その基礎として今ではとくに本書所収の Niklas Luhmann, Juristische Argumentation, eine Analyse ihrer Form〔本訳書第 2 章〕.
20) Niklas Luhmann, Die Wissenschaft der Gesellschaft, Ffm. 1990, S. 665.
21) Max Weber, Der Nationalstaat und die Volkswirtschaftspolitik, Akademische Antrittsrede, in: Gesammelte Politische Schriften, hrsg. v. Winckelmann, 5. Aufl., Tübingen 1988, S. 1–25.
22) Hans-Ulrich Wehler, Deutsche Gesellschaftsgeschichte, (bisher) 2 Bände, München 1987.
23) Immanuel Kant, Kritik der praktischen Vernunft, 1788, in: Werke, hrsg. v. W. Weischedel, Darmstadt 1966, Bd. IV, S. 136; I. Kant, Über den Gemeinspruch: Das mag in der Theorie richtig sein, taugt aber nicht für die Praxis, 1793, in: Werke Bd. 6, S. 140 f.
24) Georg Wilhelm Friedrich Hegel, Über die wissenschaftlichen Behandlungsarten des Naturrechts, seine Stelle in der praktischen Philosophie und sein Verhältnis zu den Positiven Rechtswissenschaften, in: Werke, Hrsg. v. E. Moldenhauer und K. M.

Michel, Ffm. 1970, Bd. 2, S. 462 f.
25) Adam Smith, Theorie der ethischen Gefühle, hrsg. v. W. Eckstein, Hamburg 1977, S. 266 ff., 551 ff. 用語の現代化は Heinz D. Kittsteiner, Die Entstehung des modernen Gewissens, Ffm. 1991, S. 213 ff., 281 ff. による。
26) 引用した表題の下で、hrsg. v. Th. W. Adorno, Stuttgart 1968.
27) Jürgen Habermas, Niklas Luhmann, Theorie der Gesellschaft oder Sozialtechnologie — Was leistet die Systemforschung?, Ffm. 1989.
28) Ulrich Beck, Wolfgang Bonß (Hrsg.), Weder Sozialtechnologie noch Aufklärung? Analysen zur Verwendung sozialwissenschaftlichen Wissens, Ffm. 1989.
29) Walter Schulz, Grundprobleme der Ethik, Pfullingen 1989; Albert O. Hirschman にはすでにその著作 » Abwanderung und Widerspruch « — Reaktionen auf Leistungabfall bei Unternehmungen, Organisationen und Staaten, Tübingen 1974, und » Leidenschaften und Interessen « — Politische Begründungen des Kapitalismus vor seinem Sieg, Ffm. 1980 について感謝しなければならないが、かれはさらに、» Engagement und Enttäuschung « — Über das Schwanken der Bürger zwischen Privatwohl und Gemeinwohl, Ffm. 1984 を発表している。
30) いま、これについてきわめて示唆に富むのは Gunther Teubner, Recht als autopoietisches System, Ffm. 1989; Reiner Frey, Vom Subjekt zur Selbstreferenz oder: Theorie als Compassion — Möglichkeiten einer Kritischen Theorie der Selbstreferenz von Gesellschaft und Recht, Berlin 1991.
31) BGHZ 45, 296.
32) ここでは特別の「競争的 (wettbewerblich)」または「公的 (öffentlich)」な関係の特殊性を、たとえば商品テストのための不都合と同様に、度外視する（[民・刑事事件の最上級審である] 連邦通常裁判所の民事判例集 (BGHZ) 65 巻 325 頁以降、客観的・中立的・専門的に「操作 (operieren)」されたときはそれを理由として「自由だ」とされるのだから）。
33) Würzburg で開催された 1989 年の比較法学会の、基礎研究部会によって模範的に扱われた。Christian Joerges (Ed.), Franchising and the law — Theoretical and comparative Approaches in Europe and the United States, Baden-Baden 1991 として公刊されている。
34) その後、1989 年のフランクフルトにおける記念講演「進化的成果としての憲法」としてまとめられ、Rechtshistorisches Journal Bd. 9, 1990, S. 176–220 に発表された。
35) Die Wissenschaft der Gesellschaft, Ffm. 1990 でもこう説かれている。成果に富む尖鋭化は、とりわけ Soziologie des Risikos, Berlin 1991 に見られる。（経済と同様に法も、「リスク」による「止揚 (Aufhebung)」として、すべてが〈時間を拘束する形式 (Zeitbindungsformen)〉として捉えられているのである。）
36) Faktizität und Geltung — Beiträge zur Diskurstheorie des Rechts und des demokratischen Rechtsstaats, Ffm. 1992.

第 III 部　〈結果志向の論証〉の憲法裁判実務

第6章
ヘルメノイティクと結果志向
イタリア憲法裁判所の論証実務について

ルイージ・メンゴーニ
(ミラノ大学教授／ローマの憲法裁判所裁判官)

1.

イタリアでは［20世紀の］60年代に、法解釈と法政策の関係が根本的に変化した。その結果同時に、法律家的論証の方法も、完全な変化を遂げることになった。パンデクテン法学的な概念法学をまだ受け継いでいた方法単一主義は、いまや歴史的興味の対象でしかない。しかし、こうした実際の変化が、〈40年来（つまりフィーヴェークの言明*以降）ドイツにおいて熱心に行われた方法論争〉と比較できるような理論的考察をもたらすことにはならなかった。イタリアの法律家たちは伝統的に、〈方法論 (Methodologie)〉に関する考察をむしろ嫌ってこう考えていた：方法を心得ている者は〈方法学説 (Methodenlehre)〉を必要としない（！）。方法論は、［哲学者］ニコライ・ハルトマンにとって純然たる〈亜流の仕事 (Epigonenarbeit)〉だったが、イタリアの法律家たちにとっても同じなのだ。

　* Theodor Viehweg, Topik und Jurisprudenz, 1953. なお、ヤン・シュレーダー著、石部雅亮編訳『トーピク・類推・衡平——法解釈方法論史の基本概念』（信山社出版、2000年）をも参照。

われわれの法律文献には、〈「民法 (codice civile)」* の導入規定である通称「前提法条 (Vorgesetze)」のなかの12条［法律の解釈］と14条［刑事法的規定等の適用排除］についてのすぐれた論文〉も、〈判決理由と（たとえば一般条項のますます頻繁な利用のような）方法論的方針の注意深い分析〉も見られるが、法律家的論証についての細部まで行き届いた理論は未だに見られない。

　* この訳稿において単に〈民法〉とはすべてイタリア民法を指す。〈憲法〉についても

同様。

　法律家的方法の多様性は、法システムの自己参照性と、同時に［法システムとその］環境との恒常的な関連を再現する複雑なモデル*に反映されるべきものである。以下においてはこうした複雑なモデルを構想するのではなく、イタリアの法律家たちの論証実務を、ドイツとアングロサクソンの国々で練り上げられた〈法律家的論証の理論〉の若干のアプローチに関連させることにしたい。
　　* 〈法システムの自己参照性〉も〈環境との恒常的な関連〉もルーマンのシステム理論に特有の観念である。

2.

　イタリアでは〈さまざまの規則 (Normen) の総体としての法〉という規範主義的法理が支配的であるが、だからといって純粋な法律実証主義 (Gesetzespositivismus) が支配しているわけではない。その意味で、われわれにおいてもポスト実証主義的な、もっと正確には「憲法論的 (konstitutionalistisch)」と言えそうな法観念が見られるのである。実定法は管轄機関により一定の手続の枠内で制定されたという事実によってのみ正統化されるわけではなく、その内容が憲法により承認されたさまざまな評価と原理に適合しなければならないのだ。憲法だけが、法システムの他のすべての規則にとっての正統化基準である。デモクラシーが立法者の無制約の自由を意味することは、ありえない。
　今日の法源論において、法形成の〈立法による独占〉は破られている。それに対応して、法解釈論においては、〈規則のテクスト〉と〈法命題 (Rechtssatz)〉の同一性は、もはや過去の話になっている。解釈 (Auslegung, Interpretation) 自体が、すでに確定していて裁判官が単に形式的な包摂手続 (Subsumtionsverfahren) により自動的に適用できるような意味内容の認識にすぎないものではなく、意味を生み出す行為として法形成の一翼を担う要素、〈法プロセス〉に組み込まれている構成要素なのだ[1]。
　したがって、解釈は単なる法解釈論 (Dogmatik) に還元されるものでも、テクストの言語次元に尽きる〈法律の読解 (lectura legis)〉に還元されるものでもない。それは、純粋な言語分析を超える［聖書解釈学に比せられる］〈法ヘルメノ

イティク (Rechtshermeneutik)〉に統合されなければならない。それによれば、さまざまの規範命題が、〈判決すべきケース〉との関連においてのみ完全に把握されうる〈開かれた言語構造〉を成しているのである。単なるテクスト解説からヘルメノイティクを区別する利点は、〈規則の具体化〉の、〈法システムとその環境とのコミュニケーションプロセス〉への従属性に他ならない。このコミュニケーションプロセスが論証という形式に伴う*のである。

* ルーマンによれば、環境がシステムに〈内部転写 (hineinkopielen)〉される。ルーマンが引用するスペンサー－ブラウンの〈re-entry〉もこれと同じ。

イタリアの法思考は、規範テクスト[規則]と法命題(解釈によってテクストに与えられた規範的意味)の相違を心得ているばかりでなく、規範テクストと規範領域を明確に区別している。それによれば、解釈学的 (hermeneutisch) なデータの二つのカテゴリーが意味をもつ。すなわち、〈テクストの言語データ〉と、規範の適用領域を定める〈環境の断片の事実的データ〉である[2]。

解釈を「意味論的刺戟 (semantic sting)[3]」すなわち言語分析の普遍的要求から引き離すこの思考伝統によって、われわれはガーダマーと共に、「或る法テクストの〈意味の認識〉と〈具体的な法的ケースへの適用〉は二つの別々の行為ではなく一つの統一的な過程である」[4] という見方を固執する。そればかりでなく、ガーダマーによる別の規定的な言明、規範テクストは「適切に理解されるべき場合、すなわちテクストが掲げる要求に従うべき場合には、あらゆる具体的状況において新たに、そして別様に理解されなければならない」[5] という言明が、法学的経験によって確認されるのである。われわれの理解の歴史性のゆえに、テクスト解釈は、具体的な構成要件の状況とそれによる要求に応じて通時的にも共時的にも変わらざるをえない。[むろんいずれもイタリアの]破毀院 (Kassationshof) と憲法裁判所 (Verfassungsgericht) の二つの例について、これをもっと詳しく裏づけてみたい。

(ドイツ民法の1229条に相当する)イタリア民法の2744条は、〈担保付き債権〉の債権者は〈期限までに弁済を受けなかった場合には担保物を取得する〉という流担保約款 (lex commissoria, Verfallsklausel) を、無効として禁じている。この禁止が――両当事者間に損害担保契約 (Garantievertrag) が締結されていることが確認されている場合――売買契約に付加された〈買戻し権留保〉にも

適用されるか否か［〈債務不履行と同時に売主が買戻し権を喪失し買主＝債権者が所有権を確定的に取得するという約款〉を無効にするかどうか］が争われているのだ。1983年に破毀院はこの適用［つまり売主の主張］を認め、それを 1986 年 12 月 6 日の 7260 号事件判決で再確認した。だがその数日後に、同じ民事部が別件について逆の判決を下し、そのなかで〈制限的な解釈〉に立ち返ることになったのである。それでも、二つのケースをもっと詳しく分析すれば、これは見かけ上の矛盾にすぎないことが判明する[6]。第一のケースでは民法 2744 条が想定した禁止の理由が明白である。妻が〈買戻し条項〉つきで土地を売却したのは、夫に対する第三者［買主］の債権を担保するためであった。第二のケースは、或る企業家への融資行為に関するものであって、流担保約款の性格ははるかに不明瞭になっている。それは何よりも、両当事者が、売却された土地の利用を〈買戻し権行使期間満了まで売主に認めよう〉と合意したからである。

　憲法 36 条は労働者に、労働の質と程度に「相応した」報酬を保証している。報酬はいかなる場合も、その労働者と彼の家族に、〈自由で人間に相応しい生活〉を保障するものでなければならない。この条文については、二つの解釈が可能である。遺伝的［伝統的］な論拠によって支えられる第一の解釈によれば、賃金は市場の論理に服さず、〈適正な賃金〉と〈十分な賃金〉とが同視される。そのような賃金は、労働者の職業上の地位と社会的な地位に相応するものでなければならない。これとは別の、むしろ現代の市場経済に適合する第二の解釈は、二つの報酬原理［〈適正な賃金〉と〈十分な賃金〉］を区別し、市場的正義の原理に従って適正な賃金を定める。まず〈適正 (angemessen)〉とされるのは、集団的労働市場によって客観的・類型的に評価された〈作業能率〉に対応する額である［第一のモデル］。それと競合する〈十分 (genügend) な賃金〉の原理はもっぱら市場ルールに対する制御を行うものであって、「人間に相応しい生活」という〈質を問う概念〉によって定まる最低賃金の境界線を引く［第二のモデル］。

　憲法裁判所は、状況に応じて一方または他方の解釈をとっている。たとえば、市場モデルを適用して、賃金が〈適正〉だということは、労働の成果における〈同一労働／同一賃金〉を意味しないとされた[7]。これに対して第一のモデルを援用したのが、賃金に重要な栄養補給機能が帰せられ[8]、民事訴訟法 429 条による〈被用者の賃金債権の優先的処理〉の合憲性が認められたケースである[9]。

別の機会には第二のモデルに従った処理がなされたが、それは〈十分な賃金〉という要件が (万人に平等な) 最低生活条件という概念と一体化されたケースで、憲法裁判所が〈1976/77年と1984年に自動的な賃上げメカニズムによる雇用コスト上昇を制限すべくとられた立法措置の取消〉を拒否したときのことであった[10]。

3.

　法解釈へのこうした非システム論的観点の導入、すなわち〈法の環境〉において表明されたさまざまの欲求や価値判断への関連づけは、たしかに法律家的論証を法政策に接近させる。しかし、法律家的論証が自己の決定［判決］を実質的にも正統化して社会的合意を得られるものと確信しうるために〈政治的論拠 (lato sensu)〉を必要とするというのは、一つの主張である。法律家的論証は「本質において政治的」であり、したがって「テクストは結果を超える仮想的な束縛を試みることしかできないのだから、〈解釈すること〉と〈案出すること〉との間に違いはありえない」[11] というのは、また別の主張なのだ。テクストの規範的意味は「解釈による判断の所産だ」ということ、つまり「解釈そのものが (認識的であるばかりでなく) 規範的な活動だ」[12] ということは、当たっている。しかし、だからといって同時に〈解釈には限界がなく制御に服することもない〉と言えるわけではない。法律家的論証は——解釈されるべきテクストの文面 (言語構造) が多様な意味を限界づけるという意味においてであれ、解釈が〈立法趣旨 (ratio legis)〉や〈前提法条 (Vorgesetze) の一つである民法12条の言う「立法者の意図」〉と合致しえなければならないという意味においてであれ——〈通用している法 (geltendes Recht) に拘束されている〉という特徴をもつ。法律家は〈規範テクストから自由〉ではない。文言と合致しえない意味を読み込む試みは、すべて排除しなければならない。結局のところ、法学 (Rechtswissenschaft) は〈テクストの優位によって支配された〉解釈学的 (hermeneutisch) な学なのである。
　第二に、法律家的論証は、体系的な一貫性の要請に服する。さまざまの判決は体系的に根拠づけられることを要する。すなわち、一つの法原理に還元され

なければならない。マコーミックが書いているように、「さまざまの法的決定は世界の中で意味をもたなければならず、法システム［体系］の文脈の中でも意味をもたなければならない」[13]。それぞれの法原理には同時に一つずつの体系的法概念が対応しなければならないから、この結合をこう表現することもできる。一つの決定は〈法解釈論的 (dogmatisch) な法システム〉の何らかの教説的抽象レヴェルに還元可能であることを要する、と[14]。正しい判決とは、実質的正義に対応すると同時に法システムの可能性空間に組み込まれうるものでなければならない。それは、システムの「可能性空間」の内部に見出されなければならない。

4.

今日、実践的な論証のとりわけ一つの形態が関心を集めている。それが「結果志向の論証 (folgenorientierte Argumentation)」であり、「実用的論証 (pragmatische Argument)[15]」ないし「結果主義者的論証 (consequentialist argument)[16]」とも称するものである*。結果志向の論証は、イタリアでは、通常裁判所によっても憲法裁判所によっても、ますます用いられている。

* イタリアの法律家によるこの論文においては、Argumentation（論証）と Argument（論拠）が必ずしも明確に区別されず、Argument が論証の意味で用いられる場合もある。

ここで取り上げるのは、目指す判決の法的結果を〈立法趣旨 (ratio legis) や憲法の諸原理に照らして評価すべきだ〉という、背理法 (argumentum ad absurdum) や合憲性基準と同様の伝統的な論拠ばかりではない。現代の評価法学 (Wertungsjurisprudenz) に由来する「結果主義的 (konzequentialistisch) な論証」が、経験的な結果、法システムの環境における事実としての〈判決の効果〉を問うのである。

古典的な法実証主義の解釈学的方法 (hermeneutische Methode) に全く反するこの論証理論は、法律家の言説に「政治的推論 (political reasoning)」を導入する。そのために、〈結果志向が〈反制定法的な合理主義的自然法思考〉に門戸を開き、特殊−法律家的な判決行動を一般的・福祉国家的な「社会工学 (social engineering)」に解消してしまうのではないか〉という憂慮が広がっているのだ。結果志向は限界を知らない、とされる。それは「個々の判決における判断の基礎を解体し、主観化し、政治化する」ことにより司法に対する公共の信頼を揺るがしてしまう、とされる[17]。実際、その怖れに理由がないわけではない。〈法律はさまざまのトポス［≒論題］の一つにすぎない〉という指摘をあちこちで読まざるをえないので、心配はさらに強まる。それにもかかわらず私見によれば、明確な境界の中で、そして適切な制御の下で、〈結果志向的な論証〉は近代の法実証主義が身につけなければならない法的言説を理解するために役立てうるものなのだ。それどころか結果志向は、決定を利益衡量という形で行おうとしたり、一般条項の助けを借りて行おうとしたりする場合には、避けがたいものなのである。

　裁判において、結果志向がもっぱらと言わないまでも特に重要になるのは、ロナルド・ドウォーキンの命名する「ハード・ケース」、すなわち〈法律の明示的規範によっては規律されないケース〉においてである。ルーマンによれば、第一の困難は、判決が〈おそらく将来生ずるであろう事態〉に立脚する結果、その根拠づけが〈蓋然性（Wahrscheinlichkeit）という媒質（Medium）〉の中をさ迷うことになる場合に生ずる[18]。だがその困難は、判決が社会の一般的状況やその一部門、たとえば或る経済分野の発展や完全雇用の水準やインフレーション率等々に及ぼす影響に関わるものであって、裁判官がみずから自由にできる手段によりそうした将来の結果を判断することは、そもそも困難である。かれは、結果連鎖の最初の一端を握ることにより、連鎖の結果——その発生が個々のケースのメルクマールにもとづいて、当該規範領域の内部で［単に可能（möglich）であるにとどまらず］蓋然的（wahrscheinlich）＊だと判断されるという結果——を捉えるしかない。この限界は、法システムの自己再生産過程にとって〈問題を生む参照枠（Bezugsrahmen）を形成するシステム外在的な変数〉を少数にとどめようとする要請に応えるものなのだ。

　＊　wahrscheinlich であるとは、確率（Wahrscheinlichkeit）がかなり高いこと（「きっとそうだ」という場合）を意味する。確率が低ければ wahrscheinlich ではなく möglich（「そうかもしれない」）である。

　だが第二の困難は、社会やその一部門の一般的な状態に及ぶことになる〈判

決の影響〉に存する。そのような判断の基準は、さまざまの価値 (Werte) である。むろん唯一の基準によって判断できる場合もあるが、裁判官は対立する複数の価値を衡量しなければならないのが普通である。それはさらに、法秩序が相反する三つの価値を互いに適合させうるか否かにかかっている。それは、〈効率〉と〈社会的正義〉と〈個人の自由〉である。いずれの場合も、評価は比較文によって表現される。すなわち、結果 x は結果 y よりも良い、あるいは結果 x は受け容れられるが結果 y は受け容れられない、というように。こうした結論はむろん形式論理学が言う意味での演繹ではない。それは、蓋然的 (wahrscheinlich) なものの実質的論理 (Sachlogik) に従うものだから、その合理性は相互主観性 (Intersubjektivität) という弱い意味で認められるにすぎない。したがって、そのように基礎づけられた価値判断 (Werturteil) は、それに相当する当為判断 (Sollensurteil) に直ちに移行しうるものではないのである。したがって、[判決によって] 定立された裁判規則 (Entscheidungsregel) が実定法によって裏づけられるものかということが、まず問われなければならない。つまり、法体系の合理性 [首尾一貫性] との関連が、法解釈論的概念使用によって導かれつつ吟味される必要がある。結果志向の判決のために、法律学におけるトーピク的思考様式について一般に言われたことを繰り返すことができよう。「この方法は、得られた決定仮説が正しいものでもあることを最終的に保証するものではない。それは〈真理検証 (Verifikation) 手続〉ではなく、〈真理発見のための (heuristischな) 手続〉にすぎない」[19]。

　イタリアでは、民法 1526 条が〈リース契約〉に適用されるか否かが議論されている。所有権留保つきの割賦販売契約に関するこの条文によって、裁判官は――両当事者間で〈契約が解消 (aufheben) される場合すでに支払われた割賦金は損失補償 (Entschädigung) として売主の許にとどまる〉という合意 [一種の補償額予定約款] があったと認められるときは――個々のケースの事情によって損失補償を減額させる [すでに支払われた割賦金を減額して売主のものと認めることにより公平を図る] ことができる。〈法の経済分析〉は――これが〈結果志向の論証〉の最たるものかもしれないが――この条文は適用すべきでないという主張を支持している。そうすればリース業者の費用／便益分析は単純化され、リース形式をとる取引の機能性が高まり、このサーヴィスの料金水準が下がることにな

るであろう、と説かれるのである。これに対して破毀院は、〈そのような経済的要求〉と倫理的・司法的な〈不当利得の禁止〉との間の、均衡点が見出されるべきだという自己の立場を堅持している。破毀院は衡量のために、リースにおける二つの形式を区別する。供給された物が使用されたりテクノロジー的管理に服したりすることによって、急速な減価に曝されるのではないか？　それとも、供給された物はたとえば不動産のリースの場合のように寿命の長い資産なのか？　前者のケースにおいてのみ、まだ支払うべき割賦金は契約解消時における物の残余価値に対応している。しかし、事実関係から取り出されたこの衡量基準を、実定法の法解釈論的体系との整合性を予め吟味せずに適用するわけにはいかない。契約内容の分析、何よりも当事者の意図を分析して初めて、さまざまなリース形式を分割払いや継続的債務関係といった分類概念に当てはめ、それに対応する規則の適用に服させることになるのだ[20]。

5.

しかしながら、法律家的論証における〈問題中心的（problematisch）な要素［トーピク的思考様式］〉と〈体系中心的（systematisch）な要素〉の区別は、憲法解釈には当てはまらない。憲法の一体性とは体系的な概念ではなく、憲法の諸規定の調和をめざす目的的な概念なのである。体系的要素の欠如は、以下のように説明できる。

　a）　憲法（Verfassung）は既存の規範体系に組み込まれるものではなく、それ自体がはじめて憲法という法（Verfassungsrecht）を創造する。

　b）　憲法規則にとって有効／無効の問題は存在しない。憲法が法システムの他の一切の規則の有効性基準を示すからである[21]。

　c）　憲法的諸価値は、それらの上下・対等関係を一度に確定するような一つのヒエラルヒーとして固定されるものではない（イタリアの憲法論においては、〈ドイツの連邦憲法裁判所によって確認された価値序列〉に対応するものはない）。憲法的諸価値は具体的なケースにおいてその都度衡量されなければならず、憲法的論証はむしろトーピクの方向で展開される。そのレヴェルにおいて、結果志向の論証はおのずから、きわめて広い場を占める。それは何よりも、二

つの帰結を分析する。すなわち、異議を唱えられた法律がもたらす帰結と、[憲法訴訟の]判決がもたらす帰結である。

第一の帰結が分析されるさいに、結果の観察は、当該の法律が憲法の諸価値に適合するか否かという点検を容易にする。多元的な社会においては特定の価値が他の何らかの価値に優越することを容易に確認できないから、実際的な論拠が〈価値の問題〉を〈判決の結果という問題〉にまで単純化する。そのような単純化が議論を、〈合理性の制御が比較的容易な評価序列〉に向けて転位させていく[22]。イタリアの憲法裁判所は、法秩序の内部的一貫性を確保するために法律の合憲性を形式的な矛盾律によって判断するにとどまらず、体系性にとって外在的な実質的正義の諸価値、すなわち相応性・相当性・合目的性のみと結ばれた「道理に適っていること（ragionevolezza）」の基準によっても判断するのである。いまではそうした「正しさの点検」が、憲法の定めが予定していないにもかかわらず、イタリアの憲法裁判の一つの本質的な特徴を成すに至っている[23]。

或る法律の実際の結果がすでに生じており、裁判所がそうした結果を事実認定の対象にすることができたという状況も、よく見られる。そのような事実認定によって、とくに雇用コストの削減によるインフレ率の低下といった〈目指された公共の利益〉が実際に法律によって達成されたという例が、いくつも見られる。実際そのような[〈既成事実化した将来の結果〉を対象とする]事実認定のおかげで、憲法裁判所の裁判官は、〈個人または集団の自律（Autonomie）といった基本権を公共の利益の顧慮によって制限する〉暫定的な措置の救済を正当化することができた[24]。これに対して、同様の措置が必要であったと証明できなかった別の諸ケースでは、取消を求められた法律が無効とされることになったのである[25]。

これらのケースにおいて、問題だと思われる或る学説が〈結果志向の拡張〉を提案した[26]。それによれば、立法者の意図に反して社会環境により生じた法状態でさえ、それを条件づけた法律の〈無分別（Vernunftfehler）〉によるものとされる。その一例は、賃貸アパート住宅の大きな闇市場をもたらした「適正な賃貸料（angemessener Mietzins）」についてのイタリアの立法であるが、こうした学説は結果志向の拠り所として、オイゲン・エーアリヒの「生ける法（lebendes Recht)」まで持ち出したものだ。

　判決の結果については、ポジティヴな結果とネガティヴな結果が衡量され、後者の優位は反対論拠を生み出す。たとえば、憲法裁判所の確立した原則によれば、平等原理に反する一つの個別規定は、その他さまざまのカテゴリーの利益のための特権拡大を要求する［反対解釈を許す］ために［平等原理違反という］取消原因の例を示すものではないが、平等原理の適用が〈拘束力をもつものとして確定された国家予算案の価値〉と衡量されなければならない場合［有機的な一体を成す予算の一部に平等原理違反があって他の部分についての反対解釈から生ずべき結果との衡量が必要になる場合］には大きな困難をもたらす。

　もっとも、長期的には、結果からの論証作業（Argumentieren）を一層堅固な学術的基礎の上に据え、それとの取組みを今日の単なる経験主義から切り離すことが、望ましい。可能なさまざまの帰結の中から選択するための基準は、これまでまだ精密化されていないのだから[27]。ある種の諸利益の量的限界を同価値の別種の諸利益の負担において決定する基準、たとえば法律によって1％の職場を障害者のために留保することにより経営者の契約自由に課せられる制限の正統性の限界も、問題になる。

　そればかりでなく、憲法訴訟においては適切な証拠法も欠けている。憲法裁判所は、事実認定のための適切な手続も手にしていない。通常は、政府に情報提供を求めることしかできないのだ。しかし政府自身が当事者であり、〈先入見なき情報源〉ではないのが普通である。

6.

　［20世紀の］60年代に登場した〈反体系的な思考傾向〉や「脱法典化論」は、いまや顕著に信用を失っている。大多数の法律家（Juristen）は、法律学（Jurisprudenz）がこれからも学（Wissenschaft）として認めてほしければ体系としての自己理解を放棄できないことを、よく心得るようになっている。法秩序の体系的統一性という原理（ないし価値）は、憲法裁判所によっても承認されている[28]。

　〈閉じられた体系〉か〈開かれた体系〉かという選択でさえ、いまでは過去の

話になってしまったようだ。規範的な意味は法システム（Rechtssystem）内部においてのみ生み出されうるものだから、このシステムはその意味で原理的に自己参照的に閉じられている。しかし、自己参照（Selbstreferenz）は同時に、環境（Umwelt）において示された欲求と評価との恒常的な関係に依存する。この第二の意味で、システムは開かれている。ルーマンによって〈このシステムは規範的に閉じられながら認知的に開かれて作動する〉という定式にまとめられたこの差異に対応するのが、法律学的方法における体系的要素（systematisches Element）と解釈学的要素（hermeneutisches Element）の差異なのだ。

　多元的な社会においては、解釈学（Hermeneutik）に法発見（Rechtsfindung）の機能が認められている。これに対して、体系的な諸概念を伴う法解釈論（Dogmatik）は、実践的な論証の限界づけという機能を、二つの観点で果たすのである。

　a）　それは、論証にとって、環境からコミュニケートされたさまざまの情報（新たな必要、新たな評価、社会・経済的な関係の新たな構造）を既知の法概念や決定モデルに変換するための指導像（Leitbild）である。社会学的用語法に従って〈法解釈論の万端性（Redundanz）機能〉と言うこともできる[29]。

　b）　それは、みずからに服する新たな諸原理の統合可能性を確立するために、いかなる周知の原理にも（そして対応するいかなる概念にも）立脚しないさまざまの決定の体系的統一性に役立つ。

　イタリアの〈法解釈論〉は、解釈学（Hermeneutik）と法解釈論（Dogmatik）の間の新たな機能分担を反映するモデルをデザインすることに、まだ成功していない。せいぜい、分類手段としての論理的な〈原則－例外〉図式からの後退が認められるにすぎない。体系は、概念の連鎖から成る論理的ピラミッドという古典的構造に代わって、むしろ循環的構造を示すようになっている。それは、それぞれに固有の規範領域をもつさまざまの原理を共存させる基準として作動するのである。重要な一例として債権侵害または不法行為による責任（Haftung）という問題がある。それはもはや過失原理（Culpa-Prinzip）という唯一の原理のなかに位置づけられるものではなく、それぞれ異なる責任基準に服する複数の規範領域に分類される。つまり、もはや［過失の有無を問う］責任原理が［〈原則－例外〉図式によって］例外を認めるか否かではなく、〈競合する危険責任や企

業リスクといった［過失の有無を問わない］諸原理〉から区別された自己の規範領域の確定が問われるのである。

　一般的に言って、論理的な〈原則－例外〉図式は、「鋭敏な法解釈論（responsive dogmatics）」にあまり適していない。なぜならそれは、絶えず増大する大量の請求と期待に、個々の事情に応じた回答を遅滞なく与えることができないからである[30]。規則の存在は、ありとあらゆる例外の存在を前提とするのだから。それらを〈但し書き〉によって規則の定義に加えることはできるが、これは、きわめて複雑で動的な社会においては、ますます充たし難い前提になっている。たとえば、［契約は法律によって定められている場合を除き第三者に対して効力を生じないという］民法 1732 条 2 項の文言にもかかわらず、契約上の［当事者のみを拘束する］相対主義は、法律の予定する場合ばかりでなくその他の場合にも無視できるものとされている。そのさい、或る憲法原理が直接に、または一般条項を介して、援用される。憲法 2 条の連帯主義（Solidalitätsprinzip）、そして、民法 1366 条及び 1375 条の信義則条項（bona-fides-Klausel）から、「第三者のための契約」というカテゴリーと合致する〈或る種の第三者のための契約保護の拡張〉が導き出されたのである[31]。

　しかし、ありうる例外を事前に規定しえない原理などというものは、唯一の有効な原理ではなく、自己の規範領域が他の諸原理によって限界づけられている原理にすぎないか、場合ごとに他の諸原理と衡量されなければならないゆえに演繹的価値をもたない原理でしかないのだ。

　古典的な体系が若干の原理——所有権と契約自由の原理——に還元できるのに対して、今日の生活世界の複雑性は、より低い抽象度における法システムの分化を要求する。これによって得られるのは、ルーマンのモデルによれば一箇の「諸変数の組み合わせ（Variablenkombination）」であって、そのような見方がシステム外部の複雑性とその——システム内部の併存可能性という条件の下での——選択的縮減を、理解するのに役立つことになる[32]。むろん、実質的な正義概念に関する選択基準は何かという問いは残されている。マクス・ヴェーバー由来の「義務的不信心（deontische Ungläubigkeit）」[33] という〈価値の真理能力（Wahrheitsfähigkeit der Werte）喪失テーゼ〉に対峙するのが、〈理性が価値判断を［規範的ではなく］認知的に基礎づけうるという解釈学（Hermeneutik）

のテーゼ〉である。

　もとより、今日の社会における正義は、もはや完全無欠（Perfektion）概念によって代表されうるものではない[34]。しかし、だからといって、それはもはや倫理的な概念（ないし価値）として理解しえないものだ、ということにはならない。古典的な論理学が説いた認識様式――論証（Demonstration）と直観（Intuition）――の他に、ライブニツの拡大された論理学[35]に対応する第三の合理的認識として、〈蓋然性（Wahrscheinlichkeit）による判断〉がある。〈蓋然性による知（Wahrscheinlichkeitswissen）〉は価値についても、それが人間の精神の単なる投影ではなく理念的な客観性を認められる限りで、可能である。それは、経験によって媒介された、つまり人間存在の歴史性によって条件づけられながらも純粋に経験的な認識に限定されない類推的（analogisch）な認識である。決して完結に至らずつねに反証可能な、その意味で仮設的な知にとどまる認識である。

　ルーマン自身、法システムの複雑性は適度（adäquat）でなければならないという要求に組み込むことによって、正義の判断基準の「古来の内容」を取り戻している[36]。かれは現代社会の複雑性に照らして、〈いま価値と称するもの〉について論証することを不適切だとしている。個々の法的決定は経済性の合理主義に従って下されざるをえず、その後は正しいとか正しくないとか評することはできない、とされる。経済的見地からするそれらの個別決定の集積が、法システム全体の正義をもたらす、ということになる。

7.

　これまで論じてきたのは、[民法の]前提法条（Vorgesetze）12条のいう〈さまざまの法原理（Rechtsprinzipien）〉についてであった。それによれば裁判官は、的確に適合する条文を見出すことができず、類似のケースを予定する条文を準用することもできない場合、「国家法秩序のさまざまの一般原理に従って当該ケースを裁判」しなければならない。こうして、裁判官は当該ケースを「国家法秩序のさまざまの一般原理に従って」裁判せざるをえない。その一般原理が、立法者自身が言明した公理としての諸原理、換言すれば法解釈論（Rechtsdogmatik) の諸原理なのである。法律によって定式化されたその種の原理としては、契約自由の原理 (民法 1322 条)、不当利得の禁止 (民法 2041 条)、そして何よりも、絶対的であって如何なる場合にも他の原則によって排斥されてはならないという憲法原則、たとえば〈人格の不可侵〉の権利やそれから導き出されたさまざまの基本権とかいった憲法原則がある。また、法律の解釈によって、あるいは複数の個別規範からの帰納によって得られた〈不文の〉諸原理がある[37]。後者が〈論証の原理 (principia demonstrandi)〉すなわち〈演繹の前提〉であり、そこから個別規範や事実の法性決定の基準を獲得し、それを〈個別規範や直接的に適用できる具体的な決定規則〉への包摂のために用いるのである[38]。

　こうしたカテゴリーから区別されるのが、法規範としての構造と効果をもたない問題提起的な、または対論的 (dialektisch) な諸原理、たとえば〈権利があるという外観 (Rechtsschein) [への信頼を保護する] 原理〉や〈契約における信頼 [保護の] 原理 (Vertrauensprinzip)〉や〈自己の過去の行為に反する行動 [矛盾挙動] (venire contra factum proprium) の禁止〉や〈信義則 (bona fides)〉等々である。それらはいずれも個々の規則から取り出されるものだが一つの体系的な原理を成しているわけではない。その規範的な効力は元になった諸規則の適用領域を超えて及ぶものではなく、適用範囲の外では――論証の指針、すなわちあれこれの決定仮説のための論拠を提供する限りで――［具体的な問題状況に対応する］トーピク的価値を得るにとどまる。

　さまざまの原理のこれら二つの範疇［一般的に通用するものと対論による具体化を必要とするもの］の間に、固定的な境界があるわけではない。立法や司法の発展は、或る原理を一方から他方へと移動させることがある。たとえば、伝統的な民事責任論において若干の例外規定の理性 (ratio) にすぎないとされてきた〈企業リスク (Unternehmensrisio) の原理〉は、現代の教説によれば［故意・過失の］責任原理と並んで独自の規範領域をもつ「体系的な原理」であるとされている。逆に、「譲渡人の権利の消滅によって譲受人の権利も消滅する (resoluto iure dantis resolvitur et ius accipientis)」という原理は、1865 年の民法典 (codice civile) の体系では〈法解釈論的な原理〉であり、それに反する規範が厳密な意味で例外であったのに対して、いまでは［もはや〈原理〉ではなく］純粋に立法上のトポス［≒論題］にまで縮減されているのだ。

8.

さらに、さまざまの原理のなかの第三類は、純粋に法解釈論的でもなければ純粋に対論的でもない。憲法によって不可侵 (unverletzlich oder unantastbar) だとされていない基本権 (〈情報の自由〉、〈健康の保護〉、〈芸術の自由〉、〈環境に対する集団的権利〉、〈就労の権利をはじめとするさまざまの社会権〉)、または、(たとえば嫡出子の権利と調和する限りで婚外子の同権を定める場合のように) 他の保護された利益や一定の事実的条件との軋轢を生まない限りで目標達成を命ずる諸原理が、これに該当する。

これは、ドウォーキンのいう「原理 (principles)」とは意味を異にする。ドウォーキンは諸原理 (Prinzipien) と諸規則 (Regeln) を論理的にきびしく区別し、規則だけを実定的な法命題として定義する一方で、〈原理とは個々の権利を規定する論拠として役立ちうる一切の基準だ〉という理解を示す[39]。[ドウォーキンのいう原理とは違って] ここで言う原理は、拘束力ある諸規範の類に属しはするが [拘束力ある法規への] 包摂 (Subsumtion) のためではなく、もっぱら利益衡量、法益衡量のために用いられる[40]。そのような原理は、みずからの構造によってではなくみずからの作用によって、規則から区別されるのである。その特殊性は、前提要件が満たされた場合でも〈法的効果〉と〈ケースの決定〉が得られるとは限らない、という点にある。ここでは原則として、要件を比較判断によって補うことが必要になる。その判断に従って問題の原理が作用すべきものとされるのであって、或る程度まで実現可能であるにすぎない[41]。場合によってはそのような原理の適用が拒否されることもあるが、それは、具体的なケースにおける衡量の結果他の原理に優位が認められるからではない。

この関連で最後に、本稿ではもはや詳しく論ずることのできない二つの問題が提起される。その第一は、基本権の法解釈論的な理論を求める要請であって、その理論は [複数の] 基本権の規範領域の間をきびしく境界づけ、[基本権と基本権の] 〈真の抵触〉と〈見かけの抵触〉を区別するための規準を用意すべきものである[42]。なぜなら、〈見かけの抵触〉はしばしば、[それぞれの基本権に] 対応する価値のイデオロギー化の結果にすぎないからだ。ところでイデオロギー的価値は、本来適用されえない領域に介入することを目指すものなのだ[43]。

第二に、とくに憲法裁判においてますます頻繁に見られる衡量技術を合理化する必要がある。裁判官による〈さまざまの価値の経験〉に基づく〈抵触規則の類型学〉が必要なのだ[44]。この問題と密接に結びついているのが、civil law system［ローマ市民法（ius civile）を継受して体系化された大陸法］における法律家的論証が（イギリスの道徳哲学者 Richard Mervyn Hare がいう意味における）〈普遍化可能性の原理（Universalisierbarkeitsprinzip）〉に基づいて先例に拘束されうるか、いかなる意味で拘束されうるか、という問いなのである。

注
1) Riccardo Guastini (Hrsg.), Problemi di teoria del diritto, Bologna 1980, S. 211 ff.
2) Vgl. Friedrich Müller, Juristische Methodik, 2. Aufl., Berlin 1976, S. 116 ff. und die näheren Angaben bei Robert Alexy, Theorie der Grundrechte, Baden-Baden 1985, S. 64 f.
3) Ronald Dworkin, Law's Empire, Cambridge 1986, S. 45.
4) Hans-Georg Gadamer, Wahrheit und Methode: Grundzüge einer philosophischen Hermeneutik, 4. Aufl., Tübingen 1975, S. 293.
5) Hans-Georg Gadamer (Fn. 4), S. 292. Dworkin (Fn. 3), S. 228 f. によって用いられた〈法律家的論証が法律のテクストや裁判官が執筆したテクストに拘束されること〉を解釈するための「斬新な鎖」という隠喩は、記述としても指示としても適切ではない。Vgl. William N. Eskridge, Gadamer/Statuory Interpretation. Columbia Law Review 90 (April 1990), S. 609–81 (648 f.).
6) De Nova, Contratto e Impresa 1988, S. 516.
7) Corte Constituzionale 41/1962, Giurisprudenza constituzionale, 1962, S. 324.
8) Corte Constituzionale 54/1967, Giurisprudenza constituzionale, 1967, S. 647.
9) Corte Constituzionale 13/1977, 161/1977, 76/1981, Giurisprudenza constituzionale, 1977, S. 47, 1574; 1981, S. 708.
10) Corte Constituzionale 14/1980, Giurisprudenza constituzionale, 1980, S. 1164.
11) Ronald Dworkin, A Matter of Principle, Cambridge 1985, S. 162, 169.
12) Ronald Dworkin (Fn. 11), S. 168.
13) Neil MacCormick, Legal Reasoning and Legal Theory, Oxford 1978, S. 103. Herbert Wechsler, Toward Natural Principles of Constitutional Law, Harvard Law Review 73 (1959), S. 1–35 (15) によれば、〈裁判官の決定は》genuinely principled《でなければならない〉とされる。
14) Vgl. Niklas Luhmann, Rechtssystem und Rechtsdogmatik, Stuttgart 1974, S. 19. 「法解釈論は〈法律家にとって可能な事柄〉の条件、すなわち法的ケース（Rechtsfälle）とされるための条件を、定義する」。
15) Chaim Perelman, Le champ de l'argumentation, Bruxells 1970, S. 100 f.

16) Neil MacCormick (Fn. 13), S. 105, 127 f.
17) Niklas Luhmann, Ausdifferenzierung des Rechts: Beiträge zur Rechtssoziologie und Rechtstheorie, Frankfurt a.M. 1981, S. 48.
18) Niklas Luhmann, Juristische Argumentation: Analyse ihrer Form. [本訳書第2章]
19) Wolfgang Stegmüller, Probleme und Resultate der Wissenschaftstheorie und analytische Philosophie, VI, 1., Berlin 1973, S. 363.
20) Vgl. Kassationshof, 13. Dezember 1989, Nr. 5572 und 5573; Foro italiano, 1990, I. 461.
21) Vgl. Riccardo Guastini, Due studi di teoria delle fonti, Annali Giurisprudenza Genova, 22 (1988–89), S. 57.
22) Adalbert Podlech, Wertungen und Werte im Recht, Archiv des öffentlichen Rechts 95 (1970), S. 185–223 (198).
23) Vgl. Gustavo Zagrebelsky, La giustizia costituzionale, Bologna 1988, S. 149. この性格づけはスメントによって特徴づけられた憲法の指標に対応する。「憲法をその他の法秩序から区別する基準は、いつも変わらずその対象の〈政治的性格〉である」と説くのは、Rudolf Smend, Staatsrechtliche Abhandlungen und andere Aufsätze, Berlin 1955, S. 238.
24) Corte Constituzionale 34/85, Giurisprudenza constituzionale, 1985, S. 104.
25) Corte Constituzionale 108/1986, 55/1989, Giurisprudenza constituzionale, 1986, S. 582; 1989, S. 309; 1991, S. 1227.
26) Gustavo Zagrebelsky (Fn. 23), S. 288 f.
27) Hans-Joachim Koch, Zur Rationalität richterlichen Entscheidens: J. Essers » Vorverständnis und Methodenwahl in der Rechtsprechung «, Rechtstheorie 4 (1973), S. 183–206 (205).
28) Corte Constituzionale 204/1982, Giurisprudenza constituzionale, 1982, S. 2146, 2158.
29) 社会学的な対概念 » redundancy-information « について、Niklas Luhmann, The Sociological Observation of the Theory and Practice of Law, Yearbook in the Sociology of Law, 1998, S. 31 f.; ders. (Fn. 18), S. 12 ff.; Gunther Teubner, Recht als autopoietisches System, Frankfurt a.M. 1989, S. 163, 171.
30) Philipe Nonet und Philip Selznick, Law and Society in Transision: Toward Responsive Law, New York 1978 が提案した » responsive law « という概念、すなわち〈テクノロジー社会の加速しながら分化を強めてゆく変化に敏感に反応する法システム〉を求める要請は、〈法を生み出す源泉〉にも〈法律家的論証〉にも向けられうるものである。後者のレヴェルでは、ローマ法 (civil law) 文化 [大陸法圏] において » responsive law « という概念を » responsive dogmatics « [敏感に反応する法解釈論] と言い換えることができる。Vgl. Gunther Teubner, Folgenkontrolle und responsive Dogmatik. Rechtstheorie, 1975, S. 17; Niklas Luhmann, The Self-Reproduction of Law and its Limits, in: Gunther Teubner (Hrsg.), Dilemmas of

Law in the Welfare State, Berlin 1985, S. 119, Fn. 20, 9.
31) Vgl. Carlo Castronovo, Jus, 1976, S. 125 f.; ders., Problema e sistema nel danno da prodotti, Milano 1979, S. 191 f., 230 f.; Kassationshof, 10. März 1966, Nr. 682, Rivista giuridica edilizia 1966, I, S. 1037, insb. 1042; Oberlandesgericht Rom, 20. März 1971, Foro padano 1972, I, S. 552.
32) Niklas Luhmann (Fn. 17), S. 403.
33) So Wolfgang Stegmüller (Fn. 19), S. 52.
34) Niklas Luhmann (Fn. 17), S. 378 f.
35) Vgl. Hartmut Schiedermair, Das Phänomen der Macht und die Idee des Rechts bei G. W. Leibniz, Studia leibnitiana, Supplementa, Band VII (1970), S. 274 f., Helmut Steinberger, in: Festschrift für Geiger, Tübingen 1974, S. 256 f.; Luigi Mengoni, Jus 32 (1985), S. 477 f.
36) Niklas Luhmann (Fn. 17), S. 390.
37) 「不文の原理 (ungeschriebene Prinzipien)」という統語体 (Syntagma) について、vgl. Riccardo Guastini (Fn. 21), S. 544 f.
38) たとえば、法律学は〈健康保護の原理〉(憲法32条) から民法2043条の意味での〈違法な加害〉という要件を満たす基準を導き出している。
39) Taking Rights Seriously, London 1977, S. 22 f. ドウォーキンのいう「原理 (principles)」は、規範的効力をもたない上述の対論的 (dialektisch) または問題提起的 (problematisch) な原理と同じではないのであって、かれの見解によれば裁判官は、個々の権利を確定するためのガイドラインないし方向づけとして道徳や文化の領域から導きだせる「諸原理」に、法的に拘束されているのである。これは、自然法を〈諸規範や諸原理を明示的に表現する言説とは無関係にそれらの存在を想定する教説〉として理解する限り、典型的に自然法的な立場なのだ (とくに同書 S. 40 を参照されたい)。
40) 絶対的な (つまり衡量に適していない) 諸原理ないし諸基本権は、そこからの演繹を可能にする価値、すなわち規則としての作用をもつものだから、包摂 (Subsumtion)〔規則の下への事実の組み込み〕が法適用を特徴づける形式になる。しかし、〈人間の尊厳〉という原理におけるように包摂の構成要件に他ならない規則まで一般条項 (Generalklausel) という形をとる場合、それは裁判官を——具体的なケースにおける権利侵害の有無を確かめるために——倫理的・社会的な標準に注目させることになるのだから、実践的な論証は利益衡量ではなく構成要件を満たす手続、包摂を準備する手続だということになる。
41) Vgl. Robert Alexy, Zum Begriff des Rechtsprinzips, Rechtstheorie, Beiheft 1: Argumentation und Hermeneutik in der Jurisprudenz, 1979, S. 39 f.; ders. (Fn. 2), S. 75 f. この種の諸原理の規範性の程度は、Alexy によって「最大化要請 (Optimierungsgebot)」として定義されている。類似の概念はイタリア憲法裁判所の判決 Nr. 184/1990, Giurisprudenza constituzionale, 1990, S. 1090 にも見出される。
42) イタリアではこれまで、Friedrich Müller, Die Positivität der Grundrechte: Fragen einer praktischen Grundrechtsdogmatik, 2. Aufl., Berlin 1990 のような論文が見

られなかった。
43)　破毀院 (Kassationshof) の 1984 年 5 月 9 日、2840 号事件判決 (Giustizia civile, 1984, I, 2070) のケースは、(憲法の 40 条によって保障された〈ストライキ権〉と 24 条によって保障された〈裁判による権利保護〉) との外見上の抵触のケースであったが、主観的な予備知識がチェックされていなかったために実際の抵触であるかのように誤解されたものである。
44)　Robert Alexy, Rechtssystem und praktische Vernunft, Rechtstheorie 18 (1987), S. 405–19 (413 f.).

第7章
法的根拠としての〈裁判の結果〉
ドイツ連邦憲法裁判所の論証実務について

ディーター・グリム
(ビーレフェルト大学教授／カールスルーエの連邦憲法裁判所裁判官)

1.

　法律家の〈方法所蔵庫 (Methodenarsenal)〉のなかで最も新しい用具である〈結果の顧慮 (Folgenberücksichtigung)〉は、それ自体が〈結果衡量 (Folgenabwägung)〉から得られた結果である。それは遡れば、〈解釈のさまざまの選択肢から得られる多様な結果が、そのなかからの選択に全く役立たないとするなら、いかなる結果を考慮することができるのか?〉という問いに発するものなのだ。この問いに答えることは簡単であって、或る法規 (Norm) の幾つかの可能な解釈のなかからよりによって法規の目標にとって不利な作用を及ぼす解釈が選ばれることを排除できない、ということになる。これに対して [最初から] 結果志向的な解釈は、結果を念頭に置かない解釈と比べて〈より確かな法規目標の達成〉を保証する。だが、そうだとすれば、〈結果の顧慮〉が初めから法律家の方法教典に含まれていたのではなく近時初めて法適用のために推奨されるに至ったこと、それでも未だに一般的承認を得るに至っていないのは、不思議なことだ[1]。こうした事情が示唆するように、〈解釈の方法〉は〈解釈される規則〉と同じく歴史的に条件づけられており、かつて存在しなかったし気付かれもしなかったような〈結果顧慮の必要に目覚めさせる変化〉が〈合理的な法適用の条件〉に加わっているのだ。

　もとより、結果志向はこれまで法適用にさいして全く存在しなかったなどと考えるのは、誤りである。一般条項 (Generalklauseln) や苛酷規制 (Härteregelungen)* は以前から、法適用に〈結果の顧慮〉を求める要請であった。この種の条文はその成立を、法規が通常〈反覆される典型的な抗争状況〉に関連して

165

［要件と効果を定めるプログラムの］確定性という法治国家的理念に対応しようとすればするほど、〈非典型的な事案状況〉や〈事態の事後的変化〉に適応し難くなるという事実に負っている。こうした場合に、〈一般条項（Generalklausel）や苛酷規制（Härteregelung）〉が、規範プログラム［規則］の修正を許すのである。それらを事案の解決に役立てる権利は、規範プログラムの厳格な実行にさいして生ずるであろう〈他ならぬ結果から〉導かれるのであって、立法者が欲したもの、やむなく認めたものとみなすことはできないのだ。尤も、一般条項や苛酷規制のような極度に不確定的な法規が以前から〈結果衡量（Folgenabwägung）〉という着想への道を開いているということから容易に浮かぶ疑問は、〈法規の確定度（Determinationsgrad）〉と〈結果の顧慮（Folgenberücksichtigung）〉の間に何らかの関連があり、その関連が〈結果志向の法解釈論（Folgendogmatik）の諸前提についての詳しい説明を約束するのか〉という問いである**。

* たとえばドイツ民法1568条によれば、婚姻がすでに破綻したものと認められる場合でも、婚姻の継続が共通の子にとって不可欠と認められるときや、離婚を認めることが夫婦の一方にとってあまりにも苛酷な特別の事情があるときにおいては、裁判上の離婚は認められない。苛酷な結果を緩和する趣旨で、こうした条文を称して「苛酷条項（Härteklausel）」ともいう。

** 本論集所収のルーマン論文における〈「万端性（Redundanz）」と「可変性（Variabilität）」〉の問題に関連する。

実際、少し前から、法適用者を弱く規定するにとどまる法規の割合が増大しつつあることを、見て取ることができる。この発展に服しているのは、要件と法的効果を〈AならばB〉という図式によって結びつけ、そのさいますます漠然とした表現を用いる通常の法規類型ばかりではないのであって、法規のこうした古典的類型と並んで全く新しい法規類型が登場している。それは法規の名宛人により尊重されるべき原理を示したり、追求されなければならない目標を定めたり、目標追求にさいして尊重されるべき視点を列挙したりする一方で、法規の名宛人にプログラム実現のさいの大幅な自由を残しておくものなのだ。ルーマンも言うように、この種の法規を〈条件プログラム（Konditionalprogramme）〉から区別された〈目的プログラム（Finalprogramme）〉と称するのが慣わしになっている[2]。そのような目的プログラムは――私法の分野ではむしろ一般条項や苛酷規制が増えているのに対して――主として公法の分野で見られるもの

だから、その原因を〈国家の任務や機能の変化〉に求めることには大いに理由がある。

　この変化は、むろん見渡せないほど大きい。19 世紀の最後の四半期以来、国家活動の不断の拡張が進行する[3]。その根源は、自由主義を基礎づけていた〈社会の自己制御メカニズム〉が機能しなくなったことにある。国家を登場させて［人々の］生活を配慮する措置と取り組ませたのは、当初は何よりも〈社会問題〉であったが、この課題はやがて〈工業化の結果〉から切り離され、ありとあらゆる冷遇を埋め合わせるための一種の国家的責務（staatliche Verantwortung）へと拡張された。その後、国家は積極的な経済政策・財政政策によって、景気変動とそこから生じた諸問題に立ち向かうことになる。やがてこの任務も、経済成長と危機回避のための包括的な責務へと拡張される。遂には科学・技術の進歩に伴うさまざまのリスクと資源枯渇（Ressourcenerschöpfungen）によって、環境維持と危険防止の措置をとらざるをえなくなる。こうして次第に、国家は社会的・経済的・文化的な観点から社会の存立と発展のための、いかなる生活領域も除外しない全責任を負うに至る。

　しかし、国家活動の変化がもっぱら量的な観点から観察されるとしたら、それは不完全な像をもたらすことになるであろう。変化は質的な側面でも見られる。国家は以前よりも多くのことを行うばかりでなく、とりわけ、別様に行うのである。国家が自己にとって所与である社会秩序の〈純粋な保証機能〉にまで制限されているということは、〈その秩序が国家の力を借りずとも正義に合した利益調整を行うであろう〉という見方に基づいていたのだから、その見方が覆されれば［国家の］機能制限も根拠を失わざるをえなかった。その結果、国家は自己にとっての所与である社会秩序への拘束を免れて、再び秩序形成の権能をもつことを要求するに至る。しかし、秩序形成という課題は、秩序維持という課題とは本質的に異なるのだ。既存の秩序の保証者としての国家が活動するのは秩序の不具合が生じた場合や生じそうな場合に限られるのに対して、秩序形成の課題は絶えず社会関係の変化をめざしていくことを要求する。したがって、秩序維持活動は回顧的で〈点〉としての性格をもち、秩序形成活動は予見的で〈面〉としての性格をもつ。

　この変化は、課題を実現する仕組みをも捉える。秩序維持の課題は、特徴的

なことに命令的な手段によって、すなわち〈命令と強制〉という国家特有の媒体を投入して、実現される。だがこの手段は、近代的な〈国家の課題〉にとって、限定的に役立てられるにすぎない。一つには、制御すべき過程が権力に対して敏感ではなく、したがって命令によって影響を及ぼすことができないからである。また、一つには、それが基本権*保護に服し、命令によって影響を及ぼすことは許されないか、一定の限界内でのみ許されるからである。また、一つには、命令による制御の実行コストが高くつき、国家によって回避されるからである。それらすべての領域において、国家は命令的ではない制御手段、とくに財政的な刺戟や威嚇によって、また説得や取決め、私的行為の枠条件の変更等々によっても、影響を及ぼそうとするのだ。それらの制御手段は、制御の名宛人を法的に義務づけるのではなく事実上動機づけるにとどめることによって、秩序国家（Ordnungsstaat）の命令的な制御手段から区別される。国家は、こうした手段をとる場合、自己の課題の実現を〈私的利益の担い手たち〉の自発的な〈結果引き受けの用意〉に依存させることになる。

* ドイツにおける基本権（複数で Grundrechte）は、普遍的な人権（Menschenrechte）とドイツ人のみに認められる公民権（Bürgerrechte）に区別される。

規範構造の変化は、国家の課題と手段のこうした変化と直接に関連している。所与の社会秩序と関連し、命令的な手段で果たされた国家の保証機能は、規範的には比較的厳密に定められている。ありうる不具合は経験上明らかにされているので、規則の構成要件においても正確に捉えられ、適切な法的結果と結ばれうる。そこで、〈行政活動の本質は規範の実行だ〉ということになる。反対に、秩序形成的な国家活動は、その種の制御に対して大幅に閉ざされている。そうした国家活動は将来の目標に向けられており、その達成は隅々まで見渡すことができず国家の処分権能に服するわけでもない〈多数の要素や方途や相互行為〉に依存するので、国家活動を思考上余すところなく先取りすることもできず、行政活動を〈規範プログラムの単なる履行〉として位置づけた完結的な規範化もできなくなる。福祉国家の諸規則は、拘束力ある目標設定と配慮要請によって国家活動を導きはするものの、それを規則適用者［行政］による徐々の、そして状況に合わせながらの完成に委ねざるをえないのである。

この普及しつつある規則類型は、さまざまの観点から〈結果志向の解釈〉に

とって有利になる。それらの観点はすべて、この規則類型が〈所与の秩序の維持〉ではなく〈望まれている秩序の形成〉に役立つことを念頭に置くものなのだ。その類型に属するとされうる規則は、第一に、比較的〈規定の仕方がソフト（determinationsschwach）〉である。そのために、テクストに拘束された伝統的な解釈方法の域を越える〈解釈指導的な観点〉の必要が、増大する。だがそのような観点は、規則がその作用を展開すべき〈現実の断片〉からのみ得られるのである。第二に、そのような法から生ずる結果は〈立法者にとって一層予見困難〉である。したがって結果についての責任は、立法者だけが担うことはできないのであり、規則を具体化する法適用者にも課せられる。最後に、こうした法はその拘束力を、まさに立法者の目標に関連させる。したがって、その法は、みずからが目標達成にとって有利または不利な効果をもたらすか否かを基準とする適用に依存する。このような性質に照らして、〈結果の顧慮〉が方法の典範に組み入れられたのは偶然ではなく、古典的な解釈法則がもはや随いていけない〈規範構造の変化〉が方法論に及ぼす結果であることが、明らかになる。

2.

それにもかかわらず、〈結果の顧慮〉は、法律家的方法論においてはあまり注目されず、それが論じられるところでは大きな留保に出会うのが普通である。例外はコッホとリュースマンだけであって、かれらは〈結果による論証（Folgenargumentation）〉と徹底的に取組み、これを伝来の解釈方法を補完するものとして強く推奨している[4]。かれらは〈法律家的評価の基礎にはしばしば、たいていは暗黙裡に、事実上の期待がある〉という理由で、〈結果の顧慮〉が合理性の増大に役立つと見ているのだ。こう説かれる……それが明示されるとすれば、より広い合意の可能性に道を開くことになる。或る結果が望ましいか望ましくないかについては、争いがないのが普通だから。他方で〈価値判断〉と〈結果の推測〉の関係は、公開されることによって吟味可能、批判可能になる。そればかりでなく、一定の仕方で精密化された規則が通用することと、一定の目標の達成の間には、〈結果の顧慮〉によってのみ考慮に入れられる一つの関係があるのだ……と。ただ、コッホとリュースマンは、〈結果の顧慮〉とは理性的な見方

をすれば〈法律によって許されている結果の顧慮〉に他ならない客観的-目的論的な解釈方法についての別の言い方、より適切な言い方だとしているにすぎない。

　方法論に関するその他の記述は、〈論拠としての結果 (Folgenargumente)〉についてきわめて控えめな態度をとっている。たとえばコーイングやビュドリンスキの著作において、〈結果の顧慮〉は全く言及されていない[5]。マコーミックとサマーズの比較方法論についてのドイツ人学者の [英文の] 論評においては、「結果論法 (consequential reasoning)」というキイワード (Stichwort) は出てくるものの、それ以上の議論はない[6]。ミュラーはかれの「方法論」の第二版以降の〈はしがき〉で〈結果の顧慮〉に言及しており、そこで次のように述べている。すなわち、かれによって展開された〈実証主義後の〉方法論を承認する者は自分の (または同じ見方をする者の) 裁判の蓋然的 (wahrscheinlich) な [きっとそうなりそうな] 結果を探っているが、そのさい、通用している法の裏をかくことはない。この蓋然的な結果の探求の結論が、〈ある決定の結果が満足できない〉となるときは、それは明らかに法解釈論の帰結として認められるべきではない。却って、そういう [〈結果の顧慮〉を重視する] 結論に達した者は、自分の評価を「専門家の学問的論争、法政策的討議、人々の〈意見形成・意志形成〉に持ち込むのであって、きわめて気ままに〈法をゆがめる決定〉により〈えせ立法者〉を演ずるわけではない」[7]。

　ラーレンツは、かれの「方法論」の最終版においてようやく、とりわけクリーレに対する反論として〈結果による論証〉と取り組んでいる。ラーレンツによれば、〈規制の結果についての責任を負うのは立法者だけであり、法適用者にとって結果がなんらかの役割を演ずることはない。さもなければ、法適用者は立法者の機能領域に侵入することになるからだ〉、とされる。そのような理屈によってラーレンツは、法適用が準立法的に行われるとき、すなわち法の形成の [法適用者による] 続行にさいしてのみ、〈結果の顧慮〉を許すのである[8]。ちなみに憲法についてのみ、これとは別の原則が通用するべきだとされる。憲法においては〈結果の顧慮〉が不可欠である、なぜなら連邦憲法裁判所は法治国家の秩序を維持する政治的責任を負っており、したがって秩序に対して自己の裁判が及ぼす影響を絶えず考えに入れなければならないからだ、と説かれる[9]。類似の論

拠を示すのがパヴロフスキーであって、かれは〈法律への拘束〉を理由として〈結果の顧慮〉を拒否するが、それは権力分立を破るものであり、また、立法機能と法適用機能の境界を軽視することが〈より正しい関係〉ではなく〈恣意〉に導くからだ、とされる[10]。ラーレンツとは異なり、パヴロフスキーは裁判官による法形成の続行活動についても〈結果の顧慮〉の拒否を堅持する[11]。

　これらの異議はすべて、法適用における〈法律への拘束〉への配慮に基づくものである。したがってそれらは、〈結果の顧慮〉が実際に、有害な結果をもたらすと思われる法律を無視したり別の規則と取り替えたりする自由を法適用者に認める場合に限って、〈尤もな異議〉と認められるであろう。だが他方で、〈結果の顧慮〉において肝心なのは〈法律への拘束〉の放棄ではなく、通用している法のより良き解釈なのだ。それは、その他の法獲得方法を排除せずに──〈伝統的な方法が法規則の規定の仕方をソフトにし、目的に従って構造化することにより法適用者の決定に委ねた部分〉を縮小することによって──補完する。そのさい、規則の参照が依然として決定的なのだ。さまざまの解釈選択肢の［予想される］実際的結果だけが選択の決定を促すのではなく、多かれ少なかれ望ましいと評価されたものが初めて選択されるのだから。ところで、その評価はもっぱら法的基準に照らして下される。〈結果の顧慮〉を説きながらそのことを疑う者はいない。それゆえ、〈規則についての結果責任は立法者のみにある〉という絶えず引用される命題は、それが解釈されるさいの〈結果の顧慮〉によって問題視されることがないのである。それ［解釈されるさいに顧慮される結果］は［立法者による］規律そのものの結果ではなく、その文言と目的に合った多様な解釈選択肢に由来する結果とされるのだ。

　むろん、反対論のなかには、〈法適用の段階でみずからの行為から生ずる結果を正しく評価できるものか〉という疑問を抱いていると思われるものもある。この憂慮にはかなりの重みがあるのであって、ルーマンはそれに持続力に富む表現を与え[12]、〈結果〉をめぐる議論を初めて本格化させた。かれは、将来を見越して行われる活動や評価の複雑性が、〈行為の選択肢の帰結を評価すべき制度や組織〉を設けたとしても対処しかねるものだと指摘した。結果に照らして物事を決めようとする者は、決定能力を保つために、〈副次的な結果〉、〈結果の結果〉、〈集積した結果〉に対する目隠しを用意しなければならない。パヴロフス

キーもこう言っている。「真に科学的な予測は、そのために教育されておらず教育される能力もない法律家の課題ではありえない」と13)。したがって、現実を予測することは〈法律問題ではなく事実問題だけについてなら〉何らかの役割を演じうるかもしれないが、その場合は専門家に任せなければなるまい。

　実際、〈結果の顧慮〉の難しさは過小評価されてはならない。それは、結果を突きとめるさいにも結果を限定したり評価したりするさいにも言えることだが、結果の限定や評価の問題が不法行為法や刑法や警察法の分野で法律学に知られており、これらの法分野では他に転用可能な解決に至っているのに対して、さまざまの決定選択肢の事実上の結果を突きとめることの難しさは、まだあまり解明されていない。それは、複数の許された解釈の一つを選ぶことにより進められるであろう仮定的な因果展開の確定を要求する。この種の確定は、多くの場合、〈法システムに集められた過去のさまざまの決定の経験〉と〈それに起因するさまざまの結果〉に基づいてなされうる。だが、必要な知識を他の専門分野から借りざるをえない場合も多い。それらの専門分野はそれぞれの問題設定を法律学から受け取るわけではないのだから、法律家にとって有用で注文可能な知識の在庫が限られていることの考慮も、むろん欠かせない。解答が得られた場合にも、それが当該の学問分野で争われていないという保証はない。

　これらの難しさにかんがみて、一方では、〈結果の顧慮〉が無条件で命じられることはありえない。しかし他方で、〈結果の顧慮〉が難しいからといってそれが禁じられるべきだという結論になるわけではない14)。前提条件がありさえすれば、〈結果の顧慮〉は法律への拘束を緩めずに法適用の合理性を高めることができる。それが法適用の過程において可能である限り、それを拒否する理由はないのである。だからルーマンも、本論集への寄稿において全く自明なこととして、自分のかつての憂慮に立ち返ることなく、今日この種の根拠づけが重要な役割を演じ広く認められていることから説き起こしているのである。しかし、かれはこの確認にとどまることなく、さらに、法律によって十分に規定されていない決定に照らして「法を――その著しい可変性にかんがみて――決定連関の一貫した秩序として役立てうるために」15) 補足的な論拠が必要だということを確認している。そのような補足的論拠の一つであり、もしかすると唯一の支柱だと言えるのが、〈結果という論拠〉なのだ。そうだとすると、〈その［結果と

いう論拠の] 投入が法実務においてどの程度可能か〉が、決定的に重要な問題になる。

3.

　この問題を抱えて裁判と文献に視線を移すならば直ちに、〈結果という論拠〉が——その正当性についての法理論的討議が開始される以前から——すでに広く普及していたことが判る。〈実務の体系的分析〉がなされれば、それは理論的討議にとってきわめて有益であろう。〈実務の体系的分析〉は一方で、〈結果という論拠〉に対する基本的な異論がその実践的使用一般に向けられているのか、また、結果を突きとめることの難しさが［観念的ではなく］現実的に評価されるのかを、明らかにするかもしれない。他方で〈実務の体系的分析〉は、〈結果という論拠〉の前提と限界をもっと緻密に見定めるのに役立つかもしれない。ここでそのような分析をすることはできないが、憲法裁判から少なくとも若干の実例を紹介することにしよう。それらはむろん、連邦憲法裁判所の裁判について特に点検した結果ではなく一般的知識に基づく実例である。ここでは、もっぱら〈結果の顧慮〉によって決定される連邦憲法裁判所法32条1項の仮命令 (einstweilige Anordnung) という特殊ケース[16]には立ち入らずに、〈憲法違反とされた法律の法的結果の認定〉と〈基本権裁判〉という二つの分野に限って論ずることとする。だがそのことから、その他の分野では〈結果という論拠〉がいかなる役割も演じないという結論が導かれるわけではない。

　（1）　或る法規が連邦憲法裁判所の見解によれば基本法 (Grundgesetz)* に違反する場合、連邦憲法裁判所法78条1段と82条1項と95条3項1, 2段は、その法規が無効と宣告されるものと定める。その宣告は、連邦憲法裁判所法79条によって遡って効力をもつ。それにもかかわらず、連邦憲法裁判所法が予定する〈合憲性と遡及無効 (ex-tunc-Nichtigleit)〉の二者択一は満足できないものであることが判明した。厳格に見れば、その二者択一は——或る法規の欠落が法的観点からすれば一時的な受忍よりもはるかに有害な結果をもたらすにもかかわらず——その法規の無効に導きうるのだ。

* ドイツ連邦共和国は 16 の州から成り、各州はそれぞれの憲法（Verfassung）をもつが、連邦の憲法は Verfassung ではなく Grundgesetz と称する。ただし連邦憲法裁判所は Bundesverfassungsgericht であり、連邦憲法裁判所法は Bundesverfassungsgerichtsgesetz である。

連邦憲法裁判所は、初めてそのような状況に直面したとき、無効にした場合の結果から〈合憲とは言えない状態を甘受することの正当性〉を導いた。審査の対象は 1954 年の〈ザール規約（Saar-Statut）〉であって、その規約においてドイツ連邦共和国［当時の〈西ドイツ〉］とフランスは［ザール地域の帰属の決定を含むべき］平和条約（Friedensvertrag）の締結に至るまでザール地域を［ドイツ連邦共和国の支配領域とは認めず］〈ヨーロッパ化〉しておくことを合意した*。この規約に基づいてザール地域で通用すべき〈法秩序（Ordnung）〉は、［1949 年の］ドイツ連邦共和国基本法と隅々まで一致するものではなかったが、それにもかかわらず〈［ドイツ連邦共和国の］規約同意法（Zustimmungsgesetz）〉が連邦憲法裁判所によって無効とされるに至らなかった。その根拠づけとして連邦憲法裁判所が説いた論旨は、〈連邦政府がフランスに対抗して基本法の要求の完全な貫徹を固執したとすればザール規約はそもそも成立しなかったであろう、そうなった場合生じたであろう状態は、［やがて締結される仏独間の］平和条約によって達成される状態と比べて基本法からより離れたものになるであろう〉、というものであった。〈帰結を考慮せずに基本法の要求の完全な貫徹を固執するこのような態度〉を連邦憲法裁判所は「憲法厳格主義（Verfassungsrigorismus）」と名付け、それは「〈最良の結果〉が……得られないのだから〈悪い結果〉が〈それよりましな結果〉に屈することは許されない」というようなものだ、と述べている[17]。

* その後、1956 年 10 月 27 日に、独仏間の平和条約（Friedensvertrag）が仏独両国外のルクセンブルクにおいて署名され、ザールラントは 1957 年 1 月 1 日からドイツ連邦共和国の 1 州になった。

占領権の消滅をめぐるこのケースをそれでも〈反覆される心配のない例外〉と見ることができたのに対して、売上税法の事後審査は、同様の軋轢が通常の状況においても生じうることを明らかにしている。現行の売上税が部分的に基本法に適合しないと信ずるに至った連邦憲法裁判所は、それでも、連邦憲法裁判所法 78 条 1 項が予測する帰結を恐れ、規定を無効にする途をとらなかった。なぜなら、一部無効が視野に入らず、全部無効は国家活動の部分的な停止という

結果を招きかねない〈租税収入の欠落〉に至りうるからである。それでも連邦憲法裁判所は、立法者がこの欠陥を直ちに除去しない限り売上税法は違憲になるであろうと予告した[18]。その結果、この矛盾がまず法解釈論によって解消されるのを待たずに、法律が予定する法的結果が断念されることになったのである。連邦憲法裁判所が確認するところによればこの規定は違憲なのだから、時間の経過を待つまでもない。違憲であるにもかかわらず立法者が介入しない場合にのみ憲法違反が生ずるというのは、根拠のない推論であった。

後に、連邦憲法裁判所は、連邦憲法裁判所法の合憲的な解釈によってこの矛盾を解消している。それによれば、法律の予定する〈規定の無効〉が規定の違憲性がもたらす通常の結果なのである。ただし、この裁判所は例外的に、〈規定と基本法の不一致を指摘し立法者にその欠陥の除去を要請する〉にとどめることがある。規則を基本法に照らして直ちに無効とするならば違憲状態を一時的に受忍するよりも不利になるような場合、つねにそのように処理される[19]。

(2) 基本権裁判において〈結果を論拠とする例〉は、随所で見られる。それも、すべての段階で。すなわち、保護範囲の決定や、〈基本権という壁［基本権相互の衝突から生ずる基本権の内在的限界］〉及び〈［行政権の行使は法律上の根拠を必要とするという］法律の留保 (Gesetzesvorbehalt)〉と関連する〈介入 (Eingriff)〉の定義や、〈［行政権の行使は必要な限度にとどまるべきだという］相応性 (Verhältnismäßigkeit)＊〉の吟味や、伝統的な侵害防衛の範囲を超える新種の基本権効果の発展や、とりわけ単純な権利に及ぶ基本権の影響力に関して。〈結果の顧慮〉が一つの変種的解釈を支えるにとどまることもあるが——方法の優劣を悟らせることなしに——他の論証類型と結びつくことが多い。

＊ 日本では講学上「比例原則」と訳されることもあるが、2倍の必要があれば2倍の効果のある行政権行使が許されるという「比例」関係があるわけではない。

a) 基本権の保護範囲は、とりわけ基本権保護の拡張が問題になる場合、たびたび結果を論拠として決められた。そのさい、オーストリアの憲法裁判所 (Verfassungsgerichtshof) が長年とってきたやり方と違って、［ドイツの］連邦憲法裁判所は「動的 (dynamisch) な基本権保護」から出発している[20]。その拡張解釈を促すのは多くの場合——これだけとは言わないが——なんらかの基本権

の規範領域における社会的な変化なのだ。連邦憲法裁判所はそのさい、〈基本権の保護範囲を適応させなければ基本権を有する者にとって基本権保障の趣旨に合致しない実際上の結果が生ずることを恐れざるをえない〉ことを詳論し、それを理由として拡張解釈をとっている。

　こうして、〈結果の顧慮〉は、たとえば〈民法上の所有権 (Eigentum)〉に対する〈憲法上の所有権概念 (Eigentumsbegriff)〉の拡張を支えている。客体としての所有権理解に代わる機能的な所有権理解から出発して、連邦憲法裁判所は、「国民 (Staatsbürger) の大多数がみずからの経済的な生存を〈私的な物的資産〉によるよりは〈仕事の収益〉及びそれと結びついた〈連帯的に担われる生存配慮 [社会保障制度]〉によって確保する」時代において、〈基本法による所有権保護〉はそれらの給付にまで拡張される場合にのみ自己の機能を果たすことができると論じている[21]。

　新種の技術展開についても、連邦憲法裁判所は同様の論証を展開し、たとえば〈国勢調査判決〉において、〈個人データの電算処理の危険性に照らして基本法が個人データの収集と利用に対する保護を提供しないとしたらどんな結果が生ずるであろうか〉を検討している。「〈自己に関するいかなる情報が自己の社会環境の一定範囲に知られているか〉を十分な確実性をもって見渡せない者、そして、コミュニケーションの相手になるかもしれない者の知識を多少とも評価しえない者は、みずからの自己決定によって計画したり決定したりする自由を大幅に阻害される。……逸脱した行動様式がつねに記録され情報として長期間保存され、役立てられ、伝播することはないかという不安をもつ者は、そのような行動様式によって人目を惹かないように努めることになるであろう」[22]。これによって〈基本権により保護された行動様式〉が間接的に阻害され〈人格の自由な発展〉の前提が崩されるかもしれないという根拠により、基本法2条1項の定める一般的人格権の保護が、人格に関する情報の扱いにまで拡張されるわけだ。

　意見表明の自由・出版の自由・放送の自由の保護領域は初めから、それを狭く定義することが〈コミュニケーションの公開性〉と〈コミュニケーション・メディアの公的任務〉と〈民主主義体制全体〉にもたらすと思われる不利な結果に照らして、[広く] 定義されていた。たとえば〈意見表明の自由 (Meinungsfreiheit)〉の保護領域には〈極端で攻撃的な〉表現や事実主張や批判的な問いが含まれていたし、〈出版の自由 (Pressefreiheit)〉には「〈情報の入手〉から〈報道と意見の流布〉に至る」すべての活動、独立で営まれている〈［新聞社の］新聞刊行業 (Beruf der Pressegrossisten)〉、それに〈編集作業の秘密〉や〈情報提供者の保護〉までもが含まれていた。また、〈放送の自由 (Rundfunkfreiheit)〉の保護領域には、たとえば〈放送施設への金融支援〉まで含まれていた。そうしなければ、基本法5条1項が妨げようとするコミュニケーションプロセスへの介入を、国家が迂回路によって実現しかねないからである[23]。

　b）結果に照らした介入規定については、（電話の）逆探知装置に関する判決が実例を示している。連邦憲法裁判所はこの件において、郵便局による電話の傍受は事業に必然的に伴う作動によって条件づけられた「内在的」限界を有するゆえに遠隔通信の秘密を侵害するものではないという通説と取り組んだ。連邦憲法裁判所はまず、通説は基本権保護の範囲を基本権の担い手を保護する必要からではなく郵便局の介入の必要から定義していることに注意を促した上で、こう続ける。「この保護領域が介入の必要によって定められているとすれば、基本権はもはや個人を〈郵便局をはじめとする国家官庁[*]〉によるコミュニケーションデータの誤った、濫用的な、過度の活用から守られないということになるであろう」[24]。これによって明らかになるのは、そのようなデータ調査も介入とみなされるということである、と。

　＊　ドイツ国営の Deutsche Post が民営化によって株式会社になったのは1995年のことであり、本論文を収めた論集が刊行されたのは同じ1995年のことだから、引用されている連邦憲法裁判所の判決はもとよりこのグリム論文も、民営化以前の状況を前提としている。

　c）すべての基本権について言えることだが、その制限は個々の保障の具体的な規制方法の如何を問わず法律によって、または法律に基づいてのみ、許される。法律による授権なしの基本権侵害は、例外なしに憲法違反である。しかし、憲法違反の法律から法的結果が生ずるように、〈結果の顧慮〉はここでも例外をもたらした。法律によらない介入を控えることが、介入の一時的受忍と比べて憲法的法益にとって〈より不利な〉結果を生むとすれば、その介入がその他の点では基本法の要請を満たしている限り許されることもありうる。その

最も顕著な例が〈既決囚判決 (die Strafgefangenen Entscheidung)〉であって、連邦憲法裁判所は特別権力関係論 (die Lehre vom besonderen Gewaltverhältnis)＊を破った上で、この関係を〈法律の留保 (Gesetzesvorbehalt)〉に服させた［介入は法律に基づかなければならないとした］のである。それにもかかわらず、連邦憲法裁判所は、行刑法 (Strafvollzugsgesetz) が施行されるまで法律の根拠なしに基本権の制限が行われることを許したのであって、そうしなければ行刑がもはや維持不能になるであろうとされた[25]。〈フライングスタート決定 (Fangschaltungs-Beschluß)〉も同じ考慮によって、法律上の根拠がなくとも電話での会話を一時的に傍受することを認めている。それを禁ずるならば、匿名電話によって基本法 2 条 1 項と 2 項の基本権を侵害された被害者を無保護状態に置くことになるであろうから[26]。

　＊　刑務所のような特定目的のための支配／服従関係が容認される関係においては、基本権の制限は法律の根拠を必要としない、という原則。

　d)　〈基本権の限界についての留保〉の解釈も、〈結果の顧慮〉によって決まることがある。連邦憲法裁判所は、〈薬局判決〉において、基本法 12 条 1 項 1 段は文言によって生み出される外見に反して基本法 12 条 1 項 2 段の規制留保が適用される〈職業の自由〉という〈一体をなす基本権〉と解されるべきだという見解を根拠づけて以来、職業を規律する法律に対する憲法的要請を〈職業選択〉と〈職業活動〉の何れに関わるかによって区別するようになった[27]。これら二つの選択肢を区別することの難しさを、連邦憲法裁判所は、一つの規律が基本権の担い手にもたらすと予想される結果を視野に収めることによって克服するのが常である。実際の効果として職業活動を妨げる規律は〈職業選択の制限〉に向けた厳しい要求に服し、そうでない規律はそのような要求に服さないのだ[28]。

　e)　〈相応性 (Verhältnismäßigkeit) の原則〉の基本権侵害への適用は、つねに〈結果の顧慮〉に依存する。法律の目的を達成するための介入の適否は、介入がなされなければ立法者の目的のために何らかの結果が得られたかという問題であろう。〈薬局判決〉は〈基本権制限の必要性という観点からする結果分析〉の、いまに変わらぬ典型的な事例である[29]。狭義の相応性の審査、すなわち介入の適否や要求可能性の審査にさいして行うべき〈制限された基本権〉と〈その利益のために基本権が制限される法益 (Rechtsgut)〉との衡量は、結局のところ

〈結果の顧慮〉なしには考えられないのだ。たとえばレーバハ事件［1969年にドイツの連邦国防軍レーバハ基地で生じた殺人事件］において〈釈放直前の犯人の人格権〉と〈犯行についてのドキュメンタリーを釈放当日放映しようとするドイツ第二テレビ（ZDF）の放送の自由〉との衡量は、放映が犯人の社会復帰にもたらすと思われる結果に基づいて決着を得た[30]。〈自由な意見形成〉と〈民主的な制御〉にとっての結果によって基礎づけられたのは、〈意見表明の自由〉と〈衝突する諸法益とくに人格的名誉〉との抵触が――世論に大きく関わる問題については――自由な発言（freie Rede）にとって有利に解決されるということである[31]。

　f）基本権の［主観的な Recht＝権利としてではなく客観的な Recht＝］法としての内容に着目して、単なる介入排除を超えてその意義を拡張した諸判決は[32]、やはり大部分が〈結果の顧慮〉に立脚している。

　相互作用論（Wechselwirkungslehre）ないし「照射作用論（Ausstrahlungslehre）」によれば〈基本権を制限する法律〉は「その基本権の光に照らして」見られなければならず、〈制限された基本権〉はその〈基本権を制限する法律〉の解釈と適用を「照射する」ものとされるが、それによって基礎づけられたのは、さもなければ基本権の守備範囲が「普通の法律による（つまり、その法律を解釈する裁判所による）あらゆる相対化に」委ねられるであろうということなのだ[33]。

　「照射作用論」の適用は、〈論拠としての結果（Folgenargumente）〉にとって最も役に立つ所蔵庫になっている。多数のケースにおいて〈結果の顧慮〉が、法律解釈のさまざまな選択肢のいずれをとるかの決め手になっているのである。たとえば、麻薬相談所を訪れる相談者の麻薬嗜好行為に対する刑事訴訟法102条以下の適用可能性が問題になった［連邦憲法裁判所の］〈麻薬相談員事件決定（Drogenberaterbeschluß）〉[34] は、一方で刑事裁判の目的、他方で健康配慮の目的を対置した上で、こう述べている。「相談者の相談のさいの発言とかれの個人的な生活領域に関する事実が、麻薬の取得と所持という可罰行為の告白を含めて第三者に知られることを覚悟しなければならないとしたら、かれは相談に応じてもらう可能性をそもそも利用するつもりにならないのが普通であろう」。決定は、秘密を守ってもらえるという相談者の利益の維持が〈相談員に対して示されなければならない相談者の信頼の前提条件であり、同時に、相談者によっ

て助力を求められている相談所が本来の機能を果たす活動の基礎である〉、と説いている。「麻薬中毒患者相談所の相談者資料の押収が刑事訴訟法の定める要件の下で常時可能であるとしたら、通常その相談所の仕事にとって必要な〈信頼の基礎〉が破壊され、同時に他のすべての相談所の活動が危険に曝されることになるであろう」。

　〈意見表明の自由（Meinungsfreiheit）〉と〈名誉の保護〉の衝突についても、連邦憲法裁判所の裁判と民・刑事裁判所の裁判は最初から異なっていたが、その違いは、連邦憲法裁判所が衡量の対象を〈両当事者〉と両者の〈保護に値する利益〉に限定せず、民法や刑法の解釈の効果が〈基本法５条１項を用いる一般的用意［表現の自由の主張］〉と〈民主主義達成の諸前提〉に及ぶことをも考慮することにあった。たとえば［連邦憲法裁判所の］〈ビラ事件判決（Flugblatt-Entscheidung）〉は、〈アジビラ事件判決（Hetzblatt-Entscheidung）〉におけるルップ・フォン・ブリュネック裁判官の少数意見を援用して、こう述べている。「……憲法異議（Verfassungsbeschwerde）申立人個人の〈意見表明の自由〉の侵害を超えて、〈意見表明の自由〉という基本権の一般的行使に対する否定的な効果は甚大であろう。国家権力のこのような振舞いは、とりわけその威圧的効果によって、自由な発言、自由な情報、自由な意見形成をひどく傷つけ、〈意見表明の自由〉の本質を損なうことになるからである」[35]。同じ理由によって連邦憲法裁判所は、〈メディアの真実義務〉と〈自己の発言の真実性についての個人の説明責任〉はどんなに厳しくとも厳しすぎないということに、注意を促している[36]。

　〈国家の業績に均霑する権利（Teilhaberechte）〉としての基本権の意義は、現代国家が市民の社会的安全と文化的育成にますます力を入れるようになるという分析に基づく一方で、こうした状況において〈基本権による国家からの自由の確保という当初の要請〉が〈国家の業績への均霑の保証〉により補完される必要があるという考慮に基づくものである。具体的に問題になったのは〈養成の場（Ausildunfsstätte）を自由に選ぶ権利〉であって、それは実際に要求できるための前提がなければ無価値であろう。だがそれと全く同様に、その肥大化する要求によって人格の自由と切っても切り離せない「全体の機能性とバランス」が脅かされる場合には、〈結果の顧慮〉に基づいてこれを制限することも必要だ、とされる[37]。

基本権とされるさまざまの自由の〈国家による保護義務〉の発展は〈結果の顧慮〉によって根拠づけられたわけではないが、〈結果を論拠として (mit Folgenargumenten)〉限界づけられた。たとえばシュライヤー事件判決は、〈生命を保護する効果的な方法が他にないという特別の状況が認められるケースにおいては保護義務を或る特定の手段に限定することも可能だ〉と述べているが、シュライヤー*の生命を救うために誘拐者たちの要求に従う可能性は、「そうすればテロリストたちにとって国家の反応が最初から読めるものとなり、市民に対する国家の効果的な保護が不可能にされてしまうからだ」という理由だけからしても無い、と説いている[38]。

　* 1977年10月にドイツ赤軍派によって誘拐され、殺害されたドイツ（当時の西独）使用者団体連合会会長 Hanns Martin Schleyer。

　そればかりでなく、基本権保護の〈組織と手続〉による構成も、とりわけ結果を論拠として基礎づけられた。[連邦憲法裁判所による]手続法重視のリーディングケースは、まず、原子力の危険に対する基本権保護はもはや実体法によって十分に保証できないものだと説いているが、それに続いて説かれているのは、基本権保護は〈むろん基本権の要請でもある補償 (Kompensation) なしには空文に終わる〉という〈結果の顧慮〉なのである。それは、基本権を侵害された者の行政手続への参加という形をとるべきものとされる。曰く、「おそらく手続法によってのみ、〈法と技術の間〉が法律学的無人空間になってしまうことを防止できる」、と[39]。組織法重視のリーディングケースにおいては、放送制度における組織的な自由保障の必要性の根拠は〈基本法5条1項によって前提とされる個人と公衆の自由な形成が「国家の介入が排除され放送が社会的諸力の自由な活動に委ねられるだけで」保証され、意見の力の集中を阻止しうるものではない〉ということにのみ求められている[40]。これは、すでに見られる誤った発展の事後的修正が早めの予防よりも遥かに難しいだけに一層当てはまることだ、とされる。

　g）〈結果の顧慮〉は最後に、自由権の場合とは法解釈論を異にする平等原理についての裁判にも見られるようになっている。とくに示唆に富むのが、1958年の政党献金判決である[41]。審査の対象となったのは、政党への寄付を所得総額の5%、または売り上げと支払い済みの賃金や俸給の0.2%を特別支出 (Sonderausgaben）として控除可能と認める所得税法と法人税法の条文であった。これらの規定はさまざまの人々［個人］、さまざまの人的集団［法人］を別様に扱う内容をもつものではなく、〈すべての個人〉ないし〈すべての法人〉に同一の特典を与えるものであった。こうした事情の下で、平等原理違反は、さまざまの個人名宛人グループないし法人名宛人グループごとに規則の適用から生ずる結果についてのみ生じうる。結果の分析は、累進課税制度によって関与者の節税額が低額所得者におけるよりも高額所得者においてはるかに高額になることを明らかにした。すなわち、この定めによって、富裕な寄付者たちの政治的意見が少額を稼ぐ人々のそれよりも重視されることになる。そのことはさらに、資本力ある人々の利益により近い立場にある政党は中間層ないし下層の利益を代表する政党よりも有利に扱われるという結果をもたらす。こうした見方は最近の政党資金判決において拡張されて、法人はもはやいかなる課税上の利益も要求しえないことになった。さもなければ、法人の背後にある自然人たちは政治的意志形成過程に二重の影響を及ぼせるかもしれないからである[42]。

4.

こうした事例収集は、裁判における〈論拠としての結果〉の体系的な分析に代わりうるものではないし、〈ラーレンツが考えたように憲法の特殊問題ばかりでなく一般的傾向を扱うものだ〉ということを証明するものでもない[43]。それでも、これは、〈結果志向の論証〉の反対者が口にする最重要な反論を無力化するのに役立つのである。〈結果の顧慮〉は一方で、法適用者の〈法律による拘束〉を破りはしない。それどころか、この概観から判るのは、〈さまざまの解釈可能性からの選択を決めるのは裁判の結果そのものではない〉ということである。結果は逆に、つねに法的判断に服するのであって、規定目的に対する結果の肯定的または否定的な反作用が初めて、両選択肢間の選択の決定的な要因になるのだ。他方でこれらの事例は、〈結果の探索〉が始めからその複雑性のゆえに、あるいは法律家における経験的な確認能力の欠如のゆえに、挫折に終わるわけではないということを示してくれる。多くの場合〈結果の探索〉は克服しえない困難をもたらすのではなく、説得力を損なわずに〈確証された経験や、尤もだと

思わせることの考慮〉によって支えられうるものなのだ。

　むろん、或る決定の予想される結果がこうした仕方では根拠づけられないようなケースも登場する。その場合、連邦憲法裁判所は別々の態度をとる。一方では、不確実ではあるが解釈の指針となった〈結果想定の実例〉が挙げられる[44]。他方で連邦憲法裁判所が、すでに立法手続において明らかになった〈たとえばポルノ本が児童に及ぼす作用〉についての専門家たちの意見の不確かさや不一致にかんがみて結果を論拠としないことを明言し、立法者の優先的評価権を認めたこともある[45]。それにとどまらず、連邦憲法裁判所が部分的には専門家の力を借りて独自の結果分析を試み、自己の裁判の支えとしたケースもある。そのいくつかは多額の費用を投じて行われ、立法者による結果分析さえ超えるものであった[46]。〈[バイエルンの州法で制約された]薬局開設の自由を認めることが人々の健康にとってもつ効果〉や〈[連邦国防軍のレーバハ基地における殺人事件を取り上げた]テレビのドキュメント番組が犯人の社会復帰にとってもつ効果〉や〈政党寄付金の[かつて認められていなかった]課税控除が政治的意志形成過程に及ぼす効果〉を認める連邦憲法裁判所の〈薬局判決〉や〈レーバハ判決〉や〈政党寄付金判決〉を基礎づけた結果探求の努力は、しかしながら裁判所にとっての限界に近いものなのだ。

　こうして、困難を覚悟しなければならないことは変わらない。だから最後に取り組むべき問題は、こうであろう。「法の社会学的観察」、ルーマンの言うサードオーダーの観察[47]は、問題を克服するさいに役立つであろうか。〈法と不法〉の捉え方を条文との素朴で無媒介的な取り組みによって形成するファーストオーダーの観察者とも、条文から出発して方法に従いながら一般化可能な形で〈法と不法〉の問題に答えるセカンドオーダーの観察者とも違って、サードオーダーの観察者はセカンドオーダーの観察者の作動の機能を取り上げる。セカンドオーダーの観察者が遂行しているつもりの行為の背後で実はどんな行為が遂行されているのか、明らかにされるのだ。それによれば論証（Argumentation）は、〈可変性（Varietät）〉と〈万端性（Redundanz）〉を法システムの存続に適した関係に置くという機能をもつ。可変性は、法システムに適応可能な作動を強いる〈環境からの刺激〉によって生ずる。そのさい万端性は、法システムの適応可能性が過度の要求に曝されないために必要とされる。換言すれば、さまざまの論拠

（Argumente）を用いるのは、新種の事柄を法システムとその計算可能性、結果の必要性および首尾一貫性の要請にとって耐えられる限度にまで縮減するためである。［ルーマンのとる］機能的観点からすれば、論拠の良し悪しや説得力は問題にならないのだ。

　ルーマンにとって裁判の結果を以てする論証は、一方では避けられない。条文が法適用の隅々まで決めているわけではないのだから。他方で結果による論証は、つねに確実なものではなく蓋然的なもの（Wahrscheinliches）を媒質（Medium）として動くものだから、可変性を過度に高め、それゆえに法システムの機能性を脅かしがちである。学説が口を出しても、確実性よりもむしろ不確実性をもたらすだけで助けにならない。法律家たちが問題を片付けようとして用いる［利益衡量（Interessenabwägung）とか法益衡量（Güterabwägung）とか結果衡量（Folgenabwägung）とかいった］さまざまの衡量定式は[48]、やはりいかなる解決も提供しないであろう。それらは将来のケースのための指示を十分に含むもの、万端性（Redundanz）に対抗しうる重みをもつものではないであろうから。〈最終的な根拠づけの根拠づけ〉が不可能であることに照らして〈結果を顧慮せずに主張できるような動かせない立脚点〉[49]を定めることが可能であるか、それが堅持されるかを、ルーマンは未解決のままにしている。こう熟考してみると結局辿り着くのは、システムの自己塑成（Autopoiesis）はそのような〈論証文化（Argumentationskultur）〉とそれに伴う〈万端性を犠牲にして可変性を強める傾向〉にどのように反応するであろうかという、もはや解答不能な問いである。

　ただし、憲法判例における〈結果による論証（Folgenargumentation）〉のここで挙げられた数々の例は、〈万端性の不足は実際にルーマンが思うほど劇的なものか〉という疑問を起こさせる。むろんこれは、体系的な判例分析がはじめて解明を与えうることであろう。もっと重要なのは、〈法律家的論証において本来肝心なのは根拠を求めることではなく法システムにおける可変性と万端性の関係の［万端性に重きを置いた］調整だ〉という社会学的啓蒙＊に接した法システムのオペレーター［法律家］が、自己の課題をより良く処理できるか、という問いなのだ。答えは否定的である。かれ［法律家］は、そのような知識によって自己が負うべき論証の負担から解放されない。なぜなら、かれは、みずから論証に携わることによってのみ、社会学者が見抜いた機能［可変性と万端性の調整］を果た

すからである。したがって、かれは、〈肝心なのは論拠自体であって論拠の良し悪しと説得力の如何ではない〉という結論を引き出すこともできない。そんな結論によれば却って、かれは論証概念において前提とされている諸要求に反する結果、すなわち［可変性と万端性のバランスを失うという］機能障碍的な行為に及ぶことになってしまうから。このように、法適用者にとって良き根拠を求めることは欠かせないが、［法的論証を〈可変性と万端性〉という機能の側面から捉える］機能分析はこの問いに何の答えも与えない。ルーマンはそのことを、かれの論考の冒頭でみずから認めているのである**。

*　ルーマンが6巻を数える論文集シリーズの標題としている soziologische Aufklärung を、ここで用いたもの。
**　ルーマンは本書第2章の論考が「論証に携わって良き論拠（Argument）、説得力ある論拠を求める人々に何らかの助力を提供することを目指すものではない」と断っているが、それにもかかわらず法律学研究者や法律実務家が自己の専門について社会学的観察の直訳に従うことを、実務家グリムは心配しているのであろう。

注
1)　議論の口火を切ったのは、Martin Kriele, Theorie der Rechtsgewinnung: entwickelt am Problem der Verfassungsinterpretation, 2. Aufl., Berlin 1976, siehe besonders S. 191 ff.（「あとがき」も参照）。それから、Adalbert Podlech, Wertungen und Rechte im Recht, Auchiv des öffentlichen Rechts（AöR）95（1970）, S. 185–223; Gerd Winter, Tatsachenurteile im Prozeß richterlicher Rechtssetzung, Rechtstheorie 2 (1971), S. 171–206; Wolfgang Kilian, Juristische Entscheidung und electoronische Datenverarbeitung: Methodenorientierte Vorstudie, Frankfurt a.M. 1974, S. 207 ff.; Niklas Luhmann, Rechtssystem und Rechtsdogmatik, Stuttgart 1974, S. 31 ff.; Gunther Teubner, Folgenkontrolle und responsive Dogmatik, Rechtstheorie 6（1975）, S. 179–204; Helmut Rüßmann, Zur Einführung: Die Begründung von Werturteilen, Juristische Schulung 15（1975）, S. 352–58; Thomas Sambuc, Folgenerwägungen im Richterrecht: Die Berücksichtigung von Entscheidungsfolgen bei der Rechtsgewinnung, erörtert am Beispiel des §1 UWG, Berlin 1977; Thomas W. Wälde, Juristische Folgenorientierung: »Policy analysis« und Sozialkybernetik: Metodische und organisatorische Überlegungen zur Bewältigung der Folgenorientierung im Rechtssystem, Königstein/Ts. 1979; Hans Joachim Böhlke/Lutz Unterseher, Die Folgen der Folgenorientierung: Ein verwunderter Blick auf die juristische Methodendiskussion, Juristische Schulung 20（1980）, S. 323–27; Hans-Joachim Koch/Rainer Trapp, Richterliche Innovation — Begriff und Begründung: Beiträge zu einer Entscheidungstheorie der richterlichen Innovation, in: Jan Harenburg/Adalbert Podlech/Berngard Schlink（Hrsg.）, Rechtlicher Wandel durch richterliche Entschei-

dung, Darmstadt 1980, S. 83–121; Hubert Rottleuthner, Zur Methode einer folgenorientierten Rechtsanwendung, Archiv für Rechts- und Sozialphilosophie — Beiheft 13 (1980), S. 57; Bernhard Schlink, Bemerkungen zum Stand der Methodendiskussion in der Verfassungsrechtswissenschaft, Der Staat 19 (1980), S. 73–107; Gertrude Lübbe-Wolff, Rechtsfolgen und Realfolgen: Welche Rolle können Folgenerwägungen in der juristischen Regel- und Begriffsbildung spielen? Freiburg 1981; W. Hassemer, Über die Berücksichtigung von Folgen bei der Auslegung der Strafgesetze, in: Norbert Horn in Verbindung mit Klaus Luig und Alfred Söllner (Hrsg.), Europäisches Rechtsdenken in Geschichte und Gegenwart, Festschrift für Helmut Coing zum 70. Geburtstag, München 1982, Bd. 1, S. 493–524; Niklas Luhmann, Die soziologische Beobachtung des Rechts, Frankfurt a.M. 1991. 法律家的方法論についての教科書はとくに参照されたい。外国文献については Neil MacCormick, Legal Reasoning and Legal Theory, Oxford 1978; ders.,On legal Decisions and their Consequences: From Dewey to Dworkin, New York University Law Review 58 (1983), S. 239–58; Ronald Dworkin, Taking Rights Seriously, London 1977; Bernhard Rudden, Consequences, Juridical Review 24 (1979), S. 193–201. ［汗牛充棟の観を呈する以上の文献一覧は、利益衡量論に関する日本の研究と比較して圧倒的な厚みを示している。］

2) Niklas Luhmann, Zweckbegriff und Systemrationalität: Über die Funktion von Zwecken in sozialen Systemen, 2. Aufl., Frankfurt a.M. 1977, S. 101 ff.

3) これについて、また後述箇所についての数多くの証左は、Dieter Grimm, Die Zukunft der Verfassung, Frankfurt a.M. 1991, siehe besonders S. 408 ff.; ders. Recht und Staat der bürgerlichen Gesellschaft, Frankfurt a.M. 1987, S. 74 ff.

4) Hans-Joachim Koch/Helmut Rüßmann, Juristische Begründungslehre: Eine Einführung in Grundprobleme der Rechtswissenschaft, München 1982, S. 227 ff.

5) Helmut Coing, Juristische Methodenlehre, Berlin 1972; Franz Bydrinski, Juristische Methodenlehre und Rechtsbegriff, 2. Aufl., Wien 1991. Kriele にとって〈結果の顧慮〉が或る役割を果たしていることに言及しているが (S. 91)、その後これに立ち戻っていない。

6) Robert Alexy/Ralf Dreier, Statutory Interpretation in the Federal Republic of Germany, in: Neil MacCormick/Robert Summers (Hrsg.), Interpreting Statues: A Comparative Study, Aldershot 1991, S. 73–121 (91). Vgl. aber Robert Alexy, Theorie der juristische Argumentation: Die Theorie des rationalen Diskurses als Theorie der juristischen Begründung, Frankfurt a.M. 1978, S. 245 ff.

7) Friedrich Müller, Juristische Methodik, 2. Aufl., Berlin 1976, S. 17.

8) Karl Larenz, Metodenlehre der Rechtswissenschaft, 5. Aufl., Berlin 1983, S. 145, 222.

9) Karl Larenz (Fn. 8), S. 349.

10) Hans-Martin Pawlowski, Methodenlehre für Juristen: Theorie der Norm des Gesetzes: Ein Lehrbuch, 2. Aufl., Heidelberg 1991, S. 304.

11) Hans-Martin Pawlowski, Einführung in die juristische Methodenlehre: Ein Studienbuch zu den Grundlagenfächern Rechtsphilosophie und Rechtstheorie, Heidelberg 1986, S. 59 ff.; 174 ff.
12) Niklas Luhmann, Rechtssystem (Fn. 1), S. 29 ff., siehe besonders S. 35.
13) Hans-Martin Pawlowski (Fn. 10), S. 8; vgl. auch ders. (Fn. 11), S. 173 ff.
14) Vgl. vor allem Gertrude Lübbe-Wolff (Fn. 1), S. 17 ff.
15) Niklas Luhmann, Juristische Argumentation, in diesem Band [邦訳は本訳書第2章]、vgl. schon früher ders., Die soziologische Beobachtung (Fn. 1), S. 28 ff., dort S. 30 auch die Auflösung des Widerspruchs: Folgenorientierung ist ebensowohl unmöglich wie notwendig.
16) 最近の例として BVerfGE 88, 25.
17) BVerfGE 4, 157 (170).
18) BVerfGE 21, 12 (39 ff.).
19) これに関するケースはきわめて多い。最近では BVerfGE 83, 130 (154) など。さらに、立法者が規範の維持（と規定の補充）によって違憲性を除去するやり方がとられる。最近では BVerfGE 84, 168 (136 f.); 85, 191 (211 f.) を参照。Vgl. Jörn Ipsen, Rechtsfolgen der Verfassungswidrigkeit von Norm und Einzelakt, Baden-Baden 1980; Peter E. Hein, Die Unvereinbarerklärung verfassungswidriger Gesetze durch das Bundesverfassungsgericht: Grundlagen, Anwendungsbereich, Rechtsfolgen, Baden-Baden 1988.
20) BVerfGE 49, 89 (137)―Kalkar. 長年に亘るオーストリアの裁判実務は、とくに印象的な仕方で1974年10月11日の「〈期限付き解決〉判決 (Fristenlösungserkenntnis)」から得られたものであろう (Slg. Nr. [コレクションナンバー] 7400/1974)。これについては、Dieter Grimm, Die Fristenlösungsurteile in Österreich und Deutschland und die Grundrechtstheorie, Juristische Blätter 98 (1976), S. 74.
21) 〈機能的所有権〉概念について、たとえば共同決定 (Mitbestimmung) に関する BVerfGE 50, 290 (339 f.)：社会保障法上の請求権と継承権への保護領域の拡張について、介護補償に関する BVerfGE 53, 257 (290).
22) BVerfGE 65, 1 (43).
23) 判例の長い連鎖のなかから、たとえば〈意見表明の自由〉についての BVerfGE 61, 1 (7 ff.)、ヨーロッパに展開する NPD ([右翼的な] ドイツ国家民主党) についての BVerfGE 85, 23 (31 f.)―〈出版の自由〉についての BVerfGE 10, 118 (引用を含む121); BVerfGE66, 116 (133 ff.)―暴露記事を売り物にする Wallraff についての BVerfGE 77, 346 (354 f.)―放送解説者の〈放送の自由〉についての BVerfGE 74, 297 (342).
24) BVerfGE 85, 386 (397).
25) BVerfGE 33, 1 (12 f.).
26) BVerfGE 85, 386 (400 f.).
27) BVerfGE 7, 377 (400 ff.).
28) 最近の例として、たとえば BVerfGE 86, 28 (38 f.).

29) BVerfGE 3, 377 (413 ff.).
30) BVerfGE 35, 202 (226 ff.―基準, 238 ff.―包摂).
31) BVerfGE 7, 198 (212)―Lüth.
32) Vgl. den Überblick bei Dieter Grimm, Zukunft (Fn. 3), S. 227 ff.
33) BVerfGE 7, 198 (208)―Lüth.
34) BVerfGE 44, 353 (373 ff., それに続く S. 376 と S. 378 の引用)。
35) BVerfGE 43, 130 (136).
36) BVerfGE 54, 209 (219 f.).
37) BVerfGE 33, 303―numerus clausus (die Zitate auf S. 331 und 334).
38) BVerfGE 46, 160 (165).
39) BVerfGE 53, 30 (76)―Mülheim-Kärlich.
40) BVerfGE 57, 295 (323)―FRAG.
41) BVerfGE 8, 51.
42) BVerfGE 85, 264 (314 ff.).
43) ただし、これについては、Wolfgang Kilian (Fn. 1), S. 212 ff. と Thomas Sambuc (Fn. 1), S. 53 ff. に引用されている例の、リストを参照されたい。
44) BVerfGE 79, 256 (268 f.) は、例として〈自身の家系についての知識〉を挙げる。
45) BVerfGE 83, 130 (140 ff.)―Mutzenbacher.
46) Vgl. Klaus Jürgen Philippi, Tatsachenfeststellungen des Bundesverfassungsgerichts: ein Beitrag zur rational-empirischen Fundierung verfassungsgerichtlicher Entscheidungen, Köln 1971. たとえば薬局判決については S. 28 ff., 54 ff., 168 ff., 政党寄付金判決については S. 34, 68, 147, 163.
47) Niklas Luhmann の本書所収論文［第 2 章］と、Die soziologische Beobachtung (Fn. 1) を参照されたい。
48) たとえば、Klaus Günther, Der Sinn für Angemessenheit, Anwendungsdiskurse in Moral und Recht, Frankfurt a.M. 1988 を参照。
49) たとえば、Winfried Hassemer, Unverfügbares im Strafproseß, in: Arthur Kaufmann/Ernst-Joachim Mestmäcker/Hans F. Zacher (Hrsg.), Rechtsstaat und Menschenwürde, Festschrift für Werner Maihofer zum 70. Geburtstag, Frankfurt a.M. 1988, S. 183–204 (183) を参照。

分 析
論証の論証
日本における法学的論証と結果志向

小川　浩三

1. はじめに

　本書は、法律家的論証 (juristische Argumentation) の意義と論拠 (Argument) として判決の結果を用いることの問題性を主題としている。本稿は、本書所収の論考を参考にして、日本における法律家的——あるいは法学的——論証がどのように行われているか、そしてそこにおいて判決の結果が論拠として用いられているか、用いられているとするとその問題は何か、といったことについて検討を加える。さらに言えば、論証をもっと意識的に行うべきだという主張を含んでいる。自覚的に論証をすべきだ、その主張のための論証が本稿の意図するところである。しかし、その前に、論証ということ自体、わが国においてはすぐに述べるように訳語をめぐってさえ必ずしも統一的ではない。したがって、まず論証ということについて簡単な定義をし (2.)、ヴィートヘルターのモデルに従って、ドイツの判例に即して具体像を提示する (3.)。その上で、わが国の裁判において実際に行われている論証について、例示的に検討する (4.)。次に、論拠としての判決の結果についてわが国の判決の具体例に即して検討する (5.)。最後に、法律学的論証の意義について筆者なりの検討を加える (6.)。

2. 論証と論拠

　論証についてわが国で本格的に議論されるようになったのは、周知のように平井宜雄の『法律学基礎論覚書』[1] 以来である。もっともそこでは、英語圏の語法に従って argumentation と argument が区別されることなく「議論」とい

う訳語が用いられている[2]。ここでは、伝統的な用語法に従い[3]、また、本書の用語法に従って「論証 (Argumentation, argumentatio)」と「論拠 (Argument, argumentum)」とを区別する。この場合論証とは、非常に一般的に、ある言明を論拠として挙げ、それを根拠 (Grund) とする根拠づけ (Begründung) 作業として理解する。この理解は、きわめて一般的かつ単純である。

ルーマンは、法律家的論証を法律家の決定の根拠づけと説明している（本書15頁）。しかし、この定義はルーマンの文脈では何の問題もないとしても、わが国の論争の文脈では問題がある。平井が「マクロ正当化」と「ミクロ正当化」とを区別し、論証をもっぱら「ミクロ正当化」に関わるものとして捉えていると思われるからである[4]。この理解を前提にすると、「法律家の決定の根拠づけ」ということによって、決定の根拠づけの最終段階のみが「論証」の課題と理解されかねないからである[5]。以下ですぐに見るように、ヴィートヘルターが言うように平井の用語を使えば「マクロ正当化」も「ミクロ正当化」も含めて、「すべてのレベルで論証が行われ」なければならない。マクロ正当化として平井が挙げるのは、たとえば「次のように制定法に国籍の定めがある」という言明の正当化であるが[6]、この正当化の論拠としてすぐに思い浮かぶのは立法趣旨 (ratio legis) あるいは立法目的であろう。これも、論拠を挙げた根拠づけであり、マコーミックとともに（本書47頁）論証の一類型として認めてよいであろう[7]。したがって、ここでは論証はきわめてシンプルに理解して、ある言明の論拠を挙げた根拠づけという理解で十分であろう。

3. 論証の具体相

(1) ライヒ裁判所民事判例集106巻272頁 (RGZ 106, 272) (1923年2月6日判決)[8]

ここでは、上述のヴィートヘルターの「すべてのレベル」での論証を見るべく、彼が典型例として挙げる判決を具体的に検討してみよう。

原告はキール市の電車事業者。1920年5月9日から20日まで賃上げ獲得を目指す職員及び金属労働者組合に属する労働者がストライキを行い、この結果事業所の発電機が停止し、他からも電力の供給を受けられず、この間電車は運

休した。ストライキは成功せず、賃上げは実現しなかった。被告は、運転手、車掌、検札係を業務とする原告の被用者であって、運輸労働組合に所属し、同じく賃上げを求めていたが、今回のストライキには参加しなかった。これらの労働者は、ストライキ期間中労務を原告に提供したので、この期間の賃金を請求する。原告は、賃金債権の不存在確認を求めて提訴。被告は民法典615条を根拠に使用者の受領遅滞を理由として賃金債権の存在を主張。他方原告は、民法典323条（2002年1月1日前の旧規定）を根拠に、使用者の責に帰すべからざる履行不能により反対給付請求権＝賃金債権の消滅（債務者主義の危険負担）を主張した。

　原審は、民法典615条が使用者の受領遅滞の帰責性（Verschulden）を要件としていないことから、使用者に帰責事由のない労働基盤整備の不能であっても、賃金債権が存続すると認めた。ここには、「書かれた文言だけからは、……になる」がある。ライヒ裁判所は、これを否定した。

　「この紛争の満足のゆく解決に至るためには、そもそも民法典の規定から出発してはならず、民法典以降発展し最近の立法において明示的な承認も受けている社会的関係（soziale Verhältnisse）を見なければならない。……民法典は、その成立期の関係に応じて、個人主義的な立場に立っている。しかし、この間に社会的な〈労働および事業所共同体（Arbeits- und Betriebsgemeinschaft）〉という考え方が普及し承認を得て、使用者と被用者の関係、少なくとも本件のような大規模事業所の使用者と被用者の関係を支配している。……［被用者と使用者の］個別的な労働契約によって、個別の労働者は労働者集団（Arbeiterschaft）の一員となり、その結果事業所という全体組織の一員となるのであって、事業所の成果はもはや資本と生産手段を有する企業家によって獲得されるのではなく、企業家と労働者集団の共同体的な協力によって獲得される。この共同体的な労働の考え方に基づいて、労働法の領域の新しい法律が作られ、とりわけ1920年2月4日の事業所評議会法（Betriebsrätegesetz）[9]は、労働者、職員の事業所代表に事業所の被用者の社会的・経済的利益を守るための広範な協力を、事業所の指揮および業績に関しても認めている。被用者はもはや企業家の単なる道具ではなく、労働共同体の生ける構成員である。これに対応して、企業家に由来しない原因によって労働共同体が作動しなくなるときは、その結果が彼だけに降りかかることはない。……個別の労働者は、労働者集団の一員であり、……事業所という［賃金支払いの］基礎となる労働共同体の一員であるのだから、事業所の労働者集団の行為の結果事業所が休止し、事業所の収入も枯渇してしまう場合には、他の資金からの賃金支払いの手配を

企業家に期待することはできない。」[10]

引用文冒頭は、文字通り「規則（ルール）から法的判断が導き出されるのではなく、現にある法的判断から規則が生ずるべきである（non ex regula ius sumatur, sed ex iure quod est regula fiat）」（Paulus D. 50, 17, 1）の言い換えである。次いで、社会的・経済的諸関係の変化から法的パラダイムが根拠づけられる（「上位」のレベルの論証）。個別的労働者 vs. 企業家の個別的労働契約、労働者の労務提供に対する企業家の賃金支払いというパラダイムでは、問題は解決しない。個別の労働者も労働者集団を通じて事業所＝労働共同体に加わる。この労働者はもはや企業家の道具ではなく、労働者集団として企業家とともに労働共同体を構成する。そのことは、たとえば事業所の指揮や業績に関しても及ぶ被用者代表の関与を認める事業所評議会法などに法律的にも表現されている。以上を論拠として、企業家に由来しない労働共同体の休止の結果として事業所収入が枯渇する場合には、企業家の賃金支払義務もまたなくなるという命題が論証される。ここでのパラダイム、モデルは「労働共同体（Arbeitsgemeinshaft）」としての「事業所（Betrieb）」である。

> 「以上の社会的関係から得られた結果は、さらに、苦も無く民法典の規定に組み込むことができる。労働意欲のある被告は、他の者たちのストライキの結果必然となった事業所の休止によって、運転手、車掌および検札係としての約定の労務給付の可能性を奪われてしまった。しかし、この結果、原告に給付の不能について自らに帰責事由がないという要件のもとで、323 条が原告の有利に適用される。民法典 615 条の労務請求権者［使用者］の受領遅滞は、労務義務者が労務給付を提供してもそれを実現できる状態にない以上（民法典 293、297 条）、問題にならない。」[11]

一部労働者のストライキによって労働共同体が操業停止した、その結果労働意欲のある労働者も労務給付できなかったという場合、もちろんこの労働者の労務給付は不能であり、このことについて労働者には責に帰すべき事由がない。この場合、使用者にも責に帰すべき事由がなければ、危険負担の債務者主義（民法典 323 条旧規定）に適合する。このように、一部給付による労務給付不能の事案が危険負担の場合と区別される場合（使用者に帰責事由あり）と区別されない場合（使用者に帰責事由なし）とが区別される。他方、受領遅滞の観点から見ると、たとえ債権者が受領できない場合であっても、債務者が給付を実際に行う

ことができないときには、そもそも受領遅滞が生じない(民法典 297 条)。このように、一部ストライキによる労務給付不能の事案が受領遅滞の事案から区別される。他の条文との関係、体系的位置づけが行われることによって、一部ストライキによって事業所＝労働共同体が操業停止になった場合には賃金支払いもなくなるという命題が根拠づけられる。これは「中位」のレベルの論証と見ることができる。

　ライヒ裁判所は、本判決末尾で次のように述べている。「強調しなければならないのは、ここで下された判決が比較的大規模な事業所の関係（Verhältnisse der größeren Betriebe）を出発点にしており、したがってこのような関係にしか適用できないということである。このような比較的大規模な事業所であってもとりわけ賃金紛争でない場合には、一部ストライキであっても使用者に労働意欲のある者たちへの賃金支払義務が課されなければならないケースが考えられるのかどうか、については議論する必要がない。議論するきっかけを与えるような事情は主張されていないからである。」[12]

　ここでは、「一部ストライキによって事業所＝労働共同体が操業停止になった場合には賃金支払いもなくなる」という命題が適用されるべき場合について、検討が加えられている。この命題が確実に適用できるのは、比較的大規模の事業所の関係で、しかも、賃金紛争のための一部ストライキが問題になるケースである。小規模の事業所に適用がないということは、判決の文言から認められる。他方、賃金紛争以外のケースに適用があるかどうかは、未解決のままに残している。これは、法命題適用における技術的・手仕事的に精密な操作と見ることができる。つまり、この部分は「下位」のレベルの論証と見ることができる。

(2)　「上位」・「中位」・「下位」の論証

　「上位」・「中位」・「下位」レベルの論証を以上の具体例から整理すれば、さしあたり次のように考えることができる。

　まず、「上位」のレベルの論証は、適用すべき法規の選択に関わる。平井は「議論」を法規あるいは法命題からの演繹と捉えているので、このレベルの論証は問題にならない。おそらく、「マクロ正当化」に対応すると思われる。平井に

おいては、適用法規の選択の問題はトライ・アンド・エラーの問題になるのであろう。615 条を適用した場合はどういう結論になるか、323 条を適用した場合はどういう結論になるかは、検討されるだろう。しかし、どちらを選択するのか。これは発見のプロセスになるのだろうか。ヴィートヘルターの枠組みでは、これもまた論証の問題である。しかし、論拠は法規と法規の適用順位を定める法規がなければ法規を根拠とすることができない。「法理論としての社会理論」という言い方からも理解されるように、論拠は法に内在するものだけではない。「労働共同体」は、社会学的あるいは経済学的考察から出てくる。しかし、「法理論としての社会理論」でなければならないので、「労働共同体」は法概念でもなければならない。被用者代表も参加して事業所の指揮や業績についてまでも協議する事業所評議会は、「労働共同体」の一つの法的表現である。

　「中位」のレベルの論証は、法命題の他の法規との整合性、つまり体系的整合性に関係する。他の法規を論拠として、そこから法命題の正当性が説明される。このレベルの論証は、伝統的に法解釈論（Dogmatik）として論じられているところにあたり、また、平井の言う「ミクロ正当化」にあたるものと考えてよいであろう。

　「下位」のレベルは、論拠の射程を限定する作業にあたる。論拠の射程は、いわゆる ratio decidendi（判決の決定的理由）に関わり、結局のところ爾後の事案との関係で決定されることになるが、しかし、当該事案においても決定者の考え方として示すことは可能である。この点を細かく明確化することは、結局論拠を含めた論証全体の反証可能性を高めることになり、この点は平井が言う「反論可能性」につながると思われる。

　いずれにせよ、伝統的な法解釈論との関係では、「中位」と「下位」のレベルは容易に受け入れられるものであるが、「上位」は必ずしもなじみがあるとはいえないかもしれない。しかし、一見すると適用がありそうな法規の適用を排除することは、必ずしも珍しいことではないようにも思われる。以下では、日本の判決例に即して検討してみよう。

4. 日本の判決における論証

(1) サブリース判決

　すでに見たような「上位」のレベルの正当化においては、一見適用されそうな法規を適用排除する、あるいは複数の適用可能性のある法規の中から選択するために論証が行われる。こういった法状況が問題となった比較的最近のケースとしてすぐに思いつくのが、サブリースをめぐる判決である。そこでは、借地借家法 32 条の賃料増減額請求権が適用されるべきかどうかが焦点となったのだから。

　サブリースとはさまざまな契約形態がありうるが基本的には以下のようなものである。不動産業者であるディヴェロッパーが土地所有者に働きかけて賃貸目的の建物を建築させる。土地所有者自体は賃貸業を営むことなく、基本的には不動産業者に一括して賃貸する。賃借人である不動産業者が個別のスペースを転貸する。不動産所有者である賃貸人にとっては、賃貸建物・スペースの管理、空きスペースによる賃料収入の減少、個別の賃料取立て業務などから解放されて、安定的な賃料収入が得られる。他方、賃借人である不動産業者にとっては不動産所有のための資本を投下することなく、賃貸事業を営むことができる。バブル期のディヴェロッパー＝不動産業者の競争の中で、最低賃料保証や定期的に賃料を増額する賃料増額特約といった不動産所有者に有利な契約条件が定められることになった。しかし、バブルの崩壊とともにオフィスビルやテナントビルの賃貸料が急落し、その結果転貸事業の経営が苦しくなった不動産業者が不動産所有者に対して借地借家法 32 条の賃料減額請求を行った。不動産所有者は、建物建築のために銀行などから融資を受け、賃料収入をもってそのローンの返済に充てる計画であったから、賃料の減額はこの計画を大きく狂わせるものであり、不動産所有者と不動産業者の紛争は厳しいものとなった。

　いわゆるセンチュリータワー事件において、原審＝控訴審判決は賃料増減額請求権を否定し、これに対して最高裁はこの判決を破棄差戻した。したがって、一見適用されそうな法規の適用排除をする原審判決は、「上位」のレベルの論証を試みていると想定できるが、実際にもそのような試みが見られる。その例を取り上げよう。

原審判決[13]が論証の背景として考慮した社会的・経済的背景は、賃貸事業の合理化、つまり分業化と協業化である。

　「この経済的事業の観点からサブリース契約を見ると、同契約は、ビルの所有者が建物を出資し、これを不動産業者がその経営を担当して収益をあげる目的の共同事業であって、その法形式として前記の共同事業性の程度にしたがって、転貸を前提とする賃貸借契約、ビル管理契約等の各種の契約がその事業目的のために統一的に組織されて締結される複合契約であると解される。」(「理由」第四、一3(三))

　「被控訴人は、不動産を有してはいるが、その経営についての知識・経験が十分でなく、また、運用すべき資金も十分には有せず、一定期間の経過後には、その不動産の所有を確実に維持していたいとするもので、他方控訴人は、不動産の管理・運営のための知識・経営能力をもち、その活用のための資金をも有しているが、ただ、それらを活用するに適切な不動産を有しないというものであること、そして、両者が一つの不動産からの収益の獲得を目的とし、その所有と経営とを分離して役割を分担すべく、賃貸人はその所有財産を出資し、賃借人がその収益をあげることを任されるものであること」(「理由」第四、二2(一)(4))、

　「したがって、本件契約は、賃貸人と賃借人とがそれぞれの欠点を相補って、いずれもが効率的に収益獲得のために本件共同事業に必要とされる組合的(組織的)関係を形成する一環として、共に収益を目的とする企業同士が共同して行う収益事業としての目的達成のために、一方の経営能力等を他方が利用する方法として成立させた契約である。」(「理由」第四、二2(二))

社会・経済的な観点からすれば、この過程は不動産賃貸事業の合理化、つまり不動産所有と賃貸経営の分離(分業化)と協業化である。それを法的観点から見れば、「複合契約」、「共同事業」、「組合的(組織的)関係」と捉えられる。ヴィートヘルターの用語を使えば、「パラダイムすなわち大きなモデルや雛形やシンボル」ということになる。では、このパラダイムは、すでに見た「労働共同体」と同じような機能を果たしているであろうか。「労働共同体」の観念においては、事業所の運営にあたって企業家が全責任を負うのではなく、労働者集団もまた「労働共同体」を構成するものとして責任を負う。したがって、一部ストライキによって事業所全体つまり労働共同体が操業不能になった場合には、そしてそれについて企業家に帰責事由がない場合には、労働者の労務提供が不能になり、したがって労働者の賃金債権もまた消滅する。つまり、「労働共同

体」という論拠は、労働者の賃金債権の消滅という結果を論証するための積極的論拠となっている。したがって、この概念は、完全に構成されていると言えないとしても、それ相応に積極的意義づけが与えられている。

これに対して「共同事業」、「組合的関係」という概念は、サブリース契約が単なる賃貸借関係ではないということを論証するための論拠ではあっても、それ以上に積極的結論を導き出すための論拠とはなっていない。たとえば、「共同事業」、「組合的関係」というならば当然に出資割合と利益と損失の分担割合の関係という基本的な問題の解決が必要であり、そのことは本件ケースの解決にとっても重要な関連を有したはずである。しかし、そもそも「共同事業」ということによって賃貸借契約を排除できるかも問題である。農地の賃貸借は、土地所有者と農業経営者の共同事業ではないのか。農業による収益を農地所有者＝賃貸人と農業経営者＝賃借人とが分配しているのではないか。あるいは、テナントビルやオフィスビルの場合、その所有者（＝賃貸人）とテナントやオフィス利用者（＝賃借人）とは、後者の収益を分配しているのではなかろうか。サブリースを、収益賃貸借における収益事業が転貸借だということであるにすぎないと見れば、賃貸借契約を否定する理由はない。

以上の論証のあいまいさは、すでに最高裁判決[14]の藤田裁判官の補足意見の中で適切に指摘されている。「共同事業を営む無名契約」は、「(1) 契約を締結するに当たっての経済的動機等、同契約を締結するに至る背景の説明にとどまり、必ずしも充分な法的説明とはいえないものであるか、あるいは、(2) 同契約の性質を建物賃貸借契約（ないし、建物賃貸借契約をその一部に含んだ複合契約）であるとみても、そのことと両立し得る事柄」であると指摘されるのである。

ちなみに、この藤田裁判官の補足意見は、「論証の不十分」についての典型的な論証である。当事者が締結した契約が賃貸借契約かそれとも別の契約であるのかは、契約のいわゆる性質決定あるいは法性決定（qualification）の問題であり、契約解釈の問題である。契約解釈は事実問題ではなく法律問題であり、当事者の主張に拘束されずに自由に評価できる。しかし、契約においては言うまでもなく私的自治の原則が働く。当事者の意思表示は最大限尊重されなければならない。意思表示の意味が明確であれば、解釈すべきではない。意思表示の

意味が明確であるかどうかは、意思表示の周囲の状況に依存する。ある契約条項がそれ自体として明確であるとしても、他の条項と矛盾していれば全体としては明確ではなく、解釈が必要だということになる[15]。たとえば、過去の有名な例を挙げれば代物弁済予約（いわゆる仮登記担保）においては、たしかに代物弁済という明確な条項があった。しかし、代物弁済によって弁済が予定された債務の金額は、予約の時点では確定していなかった。具体的なケースでは、極度額を定めた根抵当と併用されていた。そうでないとしても、一部弁済がなされたとすれば、債務額は当初の債務額ではない。代物弁済をどのように構成するにせよ、弁済されるべき債務額が確定することなく代物弁済はありえない。このようにみれば、代物弁済の意思表示は明確ではなく解釈の余地がある。したがって、解釈を通じて清算義務を導き出すことができた[16]。

本件でも、藤田裁判官は次のように論ずる。

「当事者間における契約上の合意の内容について争いがあるとき、これを判断するに際し採られるべき手順は、何よりもまず、契約書として残された文書が存在するか、存在する場合にはその記載内容は何かを確認することであり、その際、まずは契約書の文言が手掛りとなるべきものであることは、疑いを容れないところである。本件の場合、明確に残されているのは、『賃貸借契約書』と称する契約文書であり、そこに盛られた契約条項にも、通常の建物賃貸借契約の場合と取り立てて性格を異にするものは無い。そうであるとすれば、まずは、ここでの契約は通常の（典型契約としての）建物賃貸借契約であると推認するところから出発すべきであるのであって、そうでないとするならば、何故に、どこが（法的に）異なるのかについて、明確な説明がされるのでなければならない。」

すでに引用した〈賃貸借契約ではない〉とする論拠が不十分であることを述べて、「出発点としての上記の［賃貸借契約であるという］推認を覆し得るものではない」と結論づける。当事者のさしあたりの意思表示は、賃貸借契約である。しかし、これを覆して別の態様の契約と性質決定するだけの論拠は示されていない。したがって、別の性質決定の論証は不十分であり、それゆえ当初の賃貸借契約という性質決定が維持されるのである[17]。

では、原審判決における「中位」のレベルの論証はどうか。「共同事業」というパラダイムが積極的意義をもつものとして持ち出されていないことは、すで

に述べた。既存の法規との区別について、原審判決は次のように述べている。

「本件契約は、取引行為者として経済的に対等な当事者同士が、不動産からの収益を共同目的とするものであり、それぞれがより多額の収益を確保するために、不動産の転貸からあげられる収益の分配を対立的要素として調整合意したものであることは明らかである。その結果、契約期間が 15 年間と長期であり、かつ、中途解約禁止が定められたこともあって、当初賃料額のほか将来の賃料額の増額に関しても締結交渉の中心的課題とされていたことも明らかである。そのため、両者は、賃借人たる控訴人の居住や店舗・事務所等の場所的事業拠点の安定的確保、存続を保障することを主たる目的としたものでなく、右の安定的確保、存続のための代替的利害調整の方法である賃料の増減額請求権、その他の制度を採用している借地借家法の全面的適用を不可欠の前提としていたものでなくて、その経済的事業運営の見地のみからその締結交渉をしたものである。」(「理由」第四、二 3)

本件サブリース契約も通常の賃貸借契約、特に賃料増減額請求権によって保護される賃貸借契約も、長期間に及ぶ契約であり、そのことを前提にした賃料をめぐる利害調整が必要であるという点においては共通する。判決の結論とは逆に、この論拠は賃料の増減額を認めることに作用するものとしてもありうる。他方、通常の賃貸借契約では、賃借人の居住や事業拠点の安定的確保、存続を保証することを主たる目的として、そのための代替的利害調整の方法として賃料増減額請求権が認められている。これに対して本件サブリース契約では、対等な当事者が転貸賃料という収益の分配をめぐって、したがって分配の将来に向けて安定的な確保を目的として、利害調整をしている。このように対比すると区別は可能であるようだが、しかし、たとえばすでに述べたように収益賃貸借においても、「取引行為者として経済的に対等な当事者同士が、不動産からの収益を共同目的とするものであり、それぞれがより多額の収益を確保するために、不動産の転貸からあげられる収益の分配を対立的要素として調整合意したもの」ということは可能である。このように考えれば、原審判決の言う「共同事業を営む無名契約」と賃貸借契約との区別はできていないことになる。藤田補足意見の言う、「同契約の性質を建物賃貸借契約(ないし、建物賃貸借契約をその一部に含んだ複合契約)であるとみても、そのことと両立し得る事柄」しか指摘できていないわけである。

では、最高裁の「中位」のレベルの論証はどうか。法廷意見は、本件契約を賃貸借契約と性質決定する[18]。賃貸借契約だとすれば、借地借家法32条は強行法規であるから、たとえ賃料自動増額特約があっても、賃料減額請求を排除することはできない。このように賃料減額請求権が原則的に認められることを前提にした上で、次に賃料減額請求の具体的可能性の基準が論じられる。

「本件〔不動産所有者と不動産業者の賃貸借〕契約は、第1審被告の転貸事業の一部を構成するものであり、本件契約における賃料額及び本件賃料自動増額特約等に係る約定は、第1審原告が第1審被告の転貸事業のために多額の資本を投下する前提となったものであって、本件契約における重要な要素であったということができる。これらの事情は、本件契約の当事者が、前記の当初賃料額を決定する際の重要な要素となった事情であるから、衡平の見地に照らし、借地借家法32条1項の規定に基づく賃料減額請求の当否（同項所定の賃料増減額請求権行使の要件充足の有無）及び相当賃料額を判断する場合に、重要な事情として十分に考慮されるべきである。」

「この減額請求の当否及び相当賃料額を判断するに当たっては、賃貸借契約の当事者が賃料額決定の要素とした事情その他諸般の事情を総合的に考慮すべきであり、本件契約において賃料額が決定されるに至った経緯や賃料自動増額特約が付されるに至った事情、とりわけ、当該約定賃料額と当時の近傍同種の建物の賃料相場との関係（賃料相場との乖離の有無、程度等）、第1審被告の転貸事業における収支予測にかかわる事情（賃料の転貸収入に占める割合の推移の見通しについての当事者の認識等）、第1審原告の敷金及び銀行借入金の返済の予定にかかわる事情等をも十分に考慮すべきである。」

サブリース事業、賃料、賃料自動増額特約等は、本件賃貸借契約の重要な要素であり、当初賃料額を決定するにあたって考慮された重要な要素であった。したがって、賃料減額請求の当否および相当賃料額の判断にあたってこれらの要素は考慮に入れるべきだ、という結論が導き出される。これらの要素は、藤田補足意見で述べられているのとは違って、単なる「契約を締結するに当たっての経済的動機等、同契約を締結するに至る背景」にとどまるものではない。「動機」や「背景」では、賃料額請求の当否および相当賃料額の判断にあたって考慮することができない[19]。「要素」は考慮に入り、「動機」は考慮に入らないという、まるで錯誤を思わせる「区別」がなされる。

では、「要素」と「動機」を区別する基準は何か。「本件契約における賃料額

及び本件賃料自動増額特約等に係る約定は、第 1 審原告が第 1 審被告の転貸事業のために多額の資本を投下する前提となったものであって、本件契約における重要な要素」である。この多額の資本投下が賃料額決定の重要な要素となったとして、多額の資本投下の「前提」が動機から区別されるのか。これらの事情が賃料額に反映しているとすれば、それは債務者（賃借人）がこの賃料額債務を負担するための前提であるということである。賃料額が通常の賃料額よりも高いとすれば、このプラスアルファの部分は、賃借人の転貸事業のために賃貸人が多額の投資をしたことが前提となっている。あるいは、この多額の投資が対価として反映されているものが賃料のプラスアルファ部分だと考えられる。この高額の賃料を基準にして、法廷意見では減額請求の当否、相当賃料額が判断されるのである。

　いわゆる性質の錯誤において、「要素」と「動機」は通常次のように区別される。契約の一方当事者が売買契約締結において想定した目的物の性質が欠けていた場合には、一般的には動機の錯誤である。これに対して、当該性質が表示されて契約内容となったときは要素の錯誤になる。表示されて契約内容になっているということの典型的な場合は、当該性質が価格に反映されている場合である。「前提」という語はヴィントシャイトを想起させる[20]。「前提」は「条件」のように確定的に契約の効力に影響を及ぼすものではないが、他方で「動機」のように契約の効力に影響を与えないものではない。本判決の「前提」という語がどういう意味であるかは明確ではない。しかし、何らかこのような区別を意図した意味であることは十分に想定できることである。連想をさらに延長しよう。ヴィントシャイトの「前提」は、フランス民法の契約の有効要件としての「原因（cause）」の解釈論として展開された。「原因」の定義の中で、もっとも代表的なものの一つは、ジャック・モリィの債務負担において「意欲された対価（équivalent voulu）」である[21]。契約締結において考慮された事情が対価に反映されるとき、たとえば、目的物の特定の性質のゆえに対価が高額になる場合に、この事情は「意欲された対価」として契約の効力に影響を与える。フランス法流にいえば、錯誤無効をもたらす「本質（substance）」になる。あるいは、「前提」理論を受け継いだ「行為基礎」論において、行為基礎となった事情の重大な変更がある場合の契約の調整について「個別事案のすべての事情、

とりわけ契約または法律によるリスク分配を顧慮して、契約を変更せずに拘束することが一方当事者に期待できない」（ドイツ民法典313条1項、傍点筆者）ことを要件とするのとも類似する。

　以上は、すべて契約締結における周囲の事情が、契約の効力に影響を与えない「動機」と、何らかの仕方で影響を与える「要素」などとに区別される問題にかかわる。これは、契約締結の周囲の事情における法的に意味のあるものと意味のないものとを区別する契約法の基本的な問題である。最高裁は、「要素」というわが国になじみのある概念を用いて、この契約法の基本的な問題に答えようとしたと考えられる。とはいえ、最高裁の論証においては、この「要素」とは何かについての定式化（Formulierung）がなされていない。先に見たライヒ裁判所の判決が自らの判決の射程を明確にすることによって批判にさらす反証可能性を高めるという営みを行っていたのに対して、ここではそれが省略されている。理論的にいえば、賃料増減額請求権が事情変更の原則の明文化だとすれば、ここでは「要素」の明確化、その判定基準の明確化がなされていればよかったように思われる。この定式化の不十分は、この判決に限らず後に見るように多くの判決に認められることである。

　(2)　企業年金訴訟

　古典的な契約のモデルは、対等な両当事者が契約内容について十分に交渉したうえで、契約を締結するというものである。これに対して約款を用いた契約においては、一方当事者が契約内容を作成し、他方はたいていの場合その内容も知らずに、これをそのまま認めて契約を締結する。私的自治の原則から外れるこのような約款がそれにもかかわらず契約内容となりうるのは、一方で締結に際して約款に基づくことが指示され、この約款を相手方において知りうる状態にあること（周知性）、他方で約款の内容が合理的であること（相当性）に基づいている。では、このようにして一方当事者が定めた約款の内容が、一定の事項について当該の一方当事者が決定できるということであった場合に、なおこの約款が契約内容になり、さらにこの約款に基づいて一方当事者が決定したことが契約内容となりうるのか。言い換えれば、約款が約款作成者に対する契約内容作成についてのある種の授権だとすれば、この授権に基づいて定められ

た内容がまた内容形成の授権であることは認められるのか、つまり授権の授権は認められるのか。これが問題になったのが松下企業年金訴訟であって、事案の概要は以下のとおりである。

Xらは、Y会社の退職従業員でY会社が私的に運用する福祉年金制度に加入し、Y会社との間で年金契約を締結していた。Y会社が当初契約した年金支給額の減額を行ったので、Xらはこの減額が年金契約に違反して無効であると主張して、Y会社に対して減額前の約定年金額と既払額との差額の支払いを請求した。これに対して大阪高等裁判所は、2件の事件において同日に判決を下し、それぞれXらの請求を棄却した。この企業年金では、15年以上勤続した退職従業員が退職金の全部または一部を拠出し、企業が通常の運用利回りよりも有利な利回りで年金を給付していた。結果的には、企業は拠出金の運用だけではなく、企業の利益からもこの高利回りの年金給付をしていたが、営業利益の落ち込みにともなってこの年金運用に困難をきたした企業が、自らが定めた年金規定の年金改廃条項に基づいて、利率を改定して年金支給額を引き下げた、というのがこの事件の背景である。

2件の判決とも、理由づけはほぼ同じである[22]。最初に一般的に次のように述べている。

「本件制度においては、退職者に対する福祉の実現という目的の下に、被控訴人ら会社の退職者の多数の加入者との間の反復、継続する契約関係が予定され、また、各加入者の年金額を平等かつ公平に決定するため、支給率、支給期間等が技術的な計算により算出されており、被控訴人において、多数の契約者一人一人から、各自の年金額の基礎となる支給率、支給期間の計算過程等を含む契約内容全てについて等しく理解を得ることは困難である。被控訴人がこのような性質を有する制度の運営者として、多数の反復、継続する契約関係と技術的な契約内容とを合理的・画一的に処理し、また、各加入者を平等かつ公平に取り扱うという目的のために、あらかじめ、私企業における福祉年金制度の規律として合理性を有する本件規程を定めて、各加入者との間の年金契約の内容を、本件規程によらしめることとしており、制度上、これが容認されていると解される。そして、上記目的に照らせば、本件年金の受給を希望する者は、本件規程に定められた制度内容を一括して承諾して契約を締結するか、又は一括して拒否して契約を締結しないか二者択一をする以外になく、被控訴人との間で、預入限度内で退職金からの預入額を決める以外は、個別的に本件規程の定め以外の内容の特約

を締結することはできないというべきである。他方、被控訴人の方も、有資格者から本件規程に基づく申込みがあれば、これを拒絶することもできないといわなければならない。

　したがって、本件契約については、本件規程が本件制度の規律としての合理性を有しており、しかも、本件制度を規律する規範として本件規程が存在し、申込者がこれの内容を知ろうとすれば知り得た状況にあれば控訴人らにおいて、本件規程の具体的内容を知っていたか否かにかかわらず、本件規程によらない旨の特段の合意をしない限り、本件規程に従うとの意思で年金契約を締結したものとするのが相当であり、本件規程は、本件契約の内容となっていると解される。」(「理由」第3〈1〉1)

　本件年金制度は、①「多数の加入者との間の反復・継続する契約関係」を予定し、②「各加入者の年金額を平等かつ公平に決定するため、支給率、支給期間等が技術的な計算により算出」され、③「多数の契約者一人一人から、各自の年金額の基礎となる支給率・支給期間の計算過程等を含む契約内容全てについて等しく理解を得ることは困難」である、という特徴を有している。キーワードを拾いあげれば、この年金制度あるいは年金契約には「多数性」、「反復性」、「継続性」、「平等かつ公平性」、「技術性」という特徴があり、その結果として契約内容について契約当事者の一人一人の理解を得て個別的に合意を形成することは困難だと評価される。したがって、このような特徴をもつ制度を運営するために年金運用企業には、「あらかじめ、私企業における福祉年金制度の規律として合理性を有する本件[年金]規程を定めて、各加入者との間の年金契約の内容を、本件規程によらしめること」(傍点筆者)が許される、とされる。この結果、「本件規程が本件制度の規律としての合理性を有し」、かつ、「申込者がこれの内容を知ろうとすれば知り得た状況」にあれば、申込者の知・不知にかかわらず、契約を締結すれば基本的にこの規定が契約内容になる。

　一方当事者が定めた条項であっても、それに基づいて契約が締結されることが指示され、その内容が合理的であり、かつ、相手方においてその条項の存在を知り、または具体的に知ろうと思えば知ることができたときはこの条項は契約内容となる、というのは約款について確立された議論である[23]。しかし、約款に特徴的なのは「多数性」、「反復性」、「技術性」といったものであるのに対して、ここではさらに「継続性」と「平等かつ公平性」が付け加えられている。

「継続性」は、年金給付が長期間に及ぶことからくる特殊性である。長期間における経済変動などを考慮しなければならないことが、年金の改廃規定にかかわる。これに対して、「平等かつ公平性」は、年金受給者間の平等および公平、とりわけ既受給者と今後の受給者との平等・公平に関係するものであろう。今後の受給者は退職時の年金契約によって従来の利率よりも低い利率での給付、したがってより低い受給額での契約が可能である。既受給者の年金額を改定できないとすれば、両者の間に不平等が生じ、これが制度として望ましいのか、という問題が生ずる。約款との対比でいえば、約款は個別的合意による約款からの逸脱が可能であるのに対して、ここでは個別化が、長期にわたって運用される年金制度の運用において退職年次による年金額の大きな差異をもたらすのは望ましくないという評価である。

　こうした約款による契約とは異なる集団的契約像に影響を与えたと思われるのは、大津地裁を第1審[24]とする事件に鑑定意見を提出した内田貴の「制度的契約」論[25]である。内田は「契約」と「制度」を対比して次のように述べている[26]。「『契約』とは、合意によって権利義務を変動させること、あるいはそのような合意を一般的に意味しており、法的権利関係の原因として理解されている。本書では、契約をこのように理解したうえで、個人の意思の外部に確立された財やサービスの配分のための行動様式（仕組み）を意味する概念として、「制度」を用いることにする。」

　「個人の意思の外部に確立された財やサービスの配分のための行動様式」と定義された「制度」の典型例としては、「相手方の『必要性』に応じて給付を決定する権限が他方当事者に与えられる」社会保障制度が挙げられる。こうした「制度」によって行われる財やサービスの提供が民営化され契約を通じて提供されるようになると、そのような契約においては、多くの場合個別当事者の意思が支配する領域は限定され、当事者の意思の外にある仕組みも重要になる。このような仕組みの全体も視野に入れた契約が「制度的契約」と定義される。このような契約においては、「個別契約の当事者レベルで契約内容を交渉し決定することが、正義・公平には反するものと観念されるという大きな特徴がある」。「個々の当事者の意思による契約内容の形成が、……許容されない」[27]。

　こうした特徴が生ずる根拠は、制度的契約のもつ「外部性」に求められる[28]。

「個々の制度的契約は、不可避的に、他の主体の同種の契約や、潜在的当事者集団、さらには社会一般に影響を与えるため、一方当事者は、個別契約の締結や履行において、当該契約の相手方当事者のみならず、それ以外の(潜在的)当事者への配慮が要求される」。この潜在的な当事者への配慮の要求から、個別的な合意によって他の当事者よりも有利な内容を決定することが許容されない、というのであろう。そしてこのような配慮が要求されるのは、共同体の政治的決定によるとされる[29]。この場合の共同体とは、制度的契約にかかわる当事者全体の共同体ということになるのであろう。

　ところで、このような「制度的契約」概念は、「紛争解決の際の判断をガイドする概念」であるとされる。「あくまで判断をガイドするという機能にとどまるから、現実の紛争を解決するために、判決理由などで制度的契約という概念を用いることが不可欠だというわけではない」[30] ということになる。具体的な判定基準を提供するというよりも、思考を導く概念ということになるのであろう。さらに制度的契約概念は、「現代の社会現象を法学的観点から把握するための視点としての意義」を有するともいう。内田が法システムの閉鎖性を認めて環境からの「内部転写 (reentry)」を考えているかどうかは定かではないが、少なくとも法以外の社会現象を法学の中に入れ込むという視点は、共有しているように思われる。その限りで、内田のいう「ガイド」に、上述のヴィートヘルターの「法的パラダイム」との対応関係を見ることができる。さらに、「社会現象を法学的観点から把握するための視点」という考え方も、ヴィートヘルターのいう「法理論としての社会理論」という観念と類似すると見ることもできる。仮にこの対比が可能だとすれば、論者の「制度的契約」論は「上位」のレベルの論証と捉えることができるであろう。では、「中位」のレベルの論証はどうか。大阪高裁判決に戻って考察してみよう。

　裁判所はまず、会社が定めた年金規定全体の内容を検討したうえで、それが会社と退職従業員が締結する年金契約の内容となることを目的として定められたものだと認める(「理由」第3〈1〉2)。次いで、この年金規定が年金契約締結前に周知されていたかどうか、年金契約がこの年金規定を内容として締結されること、さらに退職従業員において年金規定について知ろうと思えば知ることができる状態にあったことについて検討し、この周知性も認める(「理由」第3〈1〉

3)。この認定に基づいて、本件年金規定が内容的に合理的である限り契約内容となりうること、年金改廃規定（年金規定23条）以外は合理的な内容であって契約内容となることを認めたうえで、改廃規定の合理性審査を行う。

　規定23条は、たしかに、「将来、経済情勢もしくは社会保障制度に大幅な変動があった場合、あるいは法制面での規制措置により必要が生じた場合は、この規程の全般的な改訂または廃止を行う」と規定しており、会社に無制限の改廃権を与えているように見える。しかし、裁判所は、「本件制度の目的趣旨に照らせば、本件改廃規定によって変更できる事項にはおのずと限界があり、例えば、預け入れ原資の元本をカットするような条項を追加することは勿論、本件給付利率を一般的な利率水準以下に下げること、中途一時払いの条項を削除するような改定は、到底できるものではなく、被控訴人［第1審被告会社］も、本件改定規程によるそのような変更ができる旨考えていなかったと認められる」と評価する（「理由」第3〈2〉1）。会社の改廃に対して退職従業員は、いつでも年金契約を解約して預入れ原資（退職金の全部または一部が充てられる）の残高の払戻し（中途一時払い）を受けることができる（規定11, 12条）[31]。この中途払戻し規定が改廃されない限り、退職従業員は年金支給の改定が不利益だと思う場合には、中途一時払いを受けたうえで、その金額を自分自身で運用することができる。したがって、改廃が一定限度内であると想定される限りでは、改廃規定は合理的なものと評価され、年金契約の内容となると評価される[32]。こうした評価に基づいて、この改廃規定に基づく具体的な改定が合理的であるかどうかをさらに審査したうえで、改定を有効としている（「理由」第3〈3〉）。

　以上の判断は、内容形成が会社による二重に一方的であるために、その内容の合理性の審査が二重になることを除けば、通常の約款のコントロールと異なるものではない。すなわち、一方当事者が一方的に作成した条項の周知性、この条項に基づく契約の締結、そしてこの条項の合理性についての審査である。この点では、最初に述べた（「上位」のレベルの論証）「平等かつ公平」の要請、したがって個別的合意による内容形成は許されないのだという「論拠」は、ここでの審査の判断基準になっていない。「制度的契約」論は、主として個別的合意を否定するために持ち出された論拠であるが、ここでの具体的判定においては個別的合意は問題にならなかったのである。このように見れば、「制度的契

約」は論拠としては機能していないことになる。

 ではなぜ「制度的契約」という論拠がもち出されたのか。それは、約款と個別的合意についての論証の仕方に問題があったからだと思われる。原告は要するに、本件年金支給額の改定は退職従業員に一方的に不利益を課すものであり、だから個別的合意でなければならない、という論拠によって改定が無効であることを論証しようとした。しかし、これは個別的合意の論拠の利用の仕方としては問題がある、と言わざるを得ない。まず、意思理論の基本は、債務の負担は原則として債務者の同意に基づかなければならない、ということである。本件改定によって、債務者は債務を負担するわけではない。たとえば、預入れ原資を放棄する義務を負担するとすれば、同意が必要だということになろう。さらに、債務を負担する同意であっても、個別的同意である必要はない。約款によることは認められる。しかし、約款は一方当事者が作成するものであるために、それが契約内容となるためには、約款により契約を締結する旨の当事者の同意があること、その際約款の内容について約款使用者の相手方に周知性があること、および約款の内容が合理的であることが必要である。

 ところで、約款と個別的合意の関係については、一般に次のような理論枠組みがある。すなわち、約款は一方当事者（約款使用者）が一方的に作成したものだから、その内容の合理性について裁判所のコントロールが及ぶ。これに対して、個別的合意がある場合には、両当事者がそれを欲したのであるから、公序良俗違反等一般条項による以外にはコントロールは及ばない。つまり、約款に対するコントロールは、個別的合意に対するコントロールよりもより厳格である。したがって、個別的合意の存在は通常厳格なコントロールを避けたいと思う約款使用者が主張する。逆に使用者の相手方は約款の内容的不合理性を主張すれば十分であって、個別的合意がないことまで主張する必要はない。極端な立場だけを抜き出せば、本件の退職労働者側（約款使用者の相手方）は、個別的合意でなければならない、しかし、個別的合意の前提（規定の内容を知っていること）はない、と主張した。ここで不必要に、個別的合意に焦点が当たってしまったのである。これに対して会社側は、個別的合意によることは平等・公平に反して許されない、とまで主張することになった。裁判所は、年金規定（約款）が契約内容となりうるかということに焦点を合わせ、約款コントロールの

通常の判定基準に従って問題の改廃規定およびそれに基づく年金支給額の改定が、契約の内容となることを認めたのである。

　約款と個別的合意との関係でいえば、約款はより厳格なコントロールに服する。しかし一般的には、前記の約款が契約内容となるための要件が満たされる限り、約款が契約内容となったものと事実上推定される。これに対して、個別的な合意は、このように厳格なコントロールを受けない。代わりにその存在は、それを主張する側が主張、立証しなければならない。このルールで本件を解決するには十分であった。「制度的契約」の論拠は不必要だったのであり、逆にいえばこの論拠は事実によって検証されていない。事実によって検証できない論拠を出すことは、法律家的精密さ、細心さに欠けると言わざるをえない。さらに言えば、論拠の仮説性を十分に自覚していないという点では学問的でもない。

(3)　小括

　サブリース判決と企業年金判決をここで取り上げたのは、それらがバブル経済の崩壊による経済・社会の変化によりもたらされた問題に対する応答だったからである。両判決ともに、ヴィートヘルターの言う「上位」のレベルの論証が当事者の主張にあり、これが裁判所をも一定程度説得した。とはいえ、裁判所はこの「上位」のレベルの論証からは結論を導くことはせず、具体的な判定（＝区別）基準を提示する「中位」のレベルの論拠に取り組み、論証を行った。少なくともここで検討した両判決のいずれにおいても、「上位」のレベルの論証はあまり意味をもたず、「中位」のレベルの論証が判決の結論にとって決定的な意味をもったように思われる。しかし、だからといって、早急に「上位」のレベルの論証は不要だという結論を下す必要はないであろう。法システムは、社会や経済といった環境に対して開かれていなければならない。環境の変化をシステムに取り込む（「内部転写」）回路として、「法理論としての社会理論」である「上位」の論証は重要な意味をもつ。他方で、こうして取り込まれたものは、それによって法システムが破壊されないためにはそのシステムの中に位置づけられなければならない。既存の法概念との整合性（区別できるのか、どのように区別できるのか）が確保されなければならない。これは、「中位」のレベルの論証である。ルーマンが「システムが環境からの刺激に反応し自己の可変性を

高める誘惑に曝される一方で、論証は、既存の万端性に支えられつつ万端性を回復するために役立つ」（本書 26 頁）というとき、最も重要になるのは「中位」のレベルの論証であろう。すでに見たように、両判決の裁判所の論証の中心はこのレベルの論証にあったのであり、それはごく当たり前のことであるとしても、やはり注目すべきであろう。

　このように、両判決とも「論証」は当然にあり、かなり自覚的に行われていたと言える。しかし、わが国の判決において論拠はしばしば示唆的にとどまり、明確に定義されない。論拠をルールの形で定式化し、一般的なルールの適用として具体的な解決を導き出すというスタイルになっていないことが多いのである。したがって、ルールとしての論拠、および、その論拠からの推論としての論証について、それぞれを検証の対象とすることにはなっていない。それは、結局論証全体の反証可能性・検証可能性を低めることになる。論拠をルールとして明確にすることは、もっと追求されてもよいのではないかと思われる。他方で年金訴訟では、論証にとって意味をもたない論拠が提出されている。検証されないルール＝仮説を提示することはあまり意味あることではない。ルール＝仮説は具体的な事案から導かれ、具体的事案において検証される（循環）ものだから（ex iure quod est regula fiat）。両者とも、論拠が仮説的なものであり、検証が必要なものであることに対する自覚が、乏しいのではないかと思われる。

5. 結果志向の裁判と論証

(1) 権利濫用

　ルーマンは、結果志向の古典的な例として、「権利を行使する者は何人をも害さず」の例外として権利の行使にもかかわらず損害賠償請求が認められるケースを挙げている。法 (ius) と不法 (iniuria) のコードという観点からいえば、法と不法を区別する基準が権利 (ius) の行使にほかならない。したがって、「権利を行使する者は不法を行わない」ということにもなる。しかし、「法の極みは不法の極み (summum ius summa iniuria)」という格言にもあるように、権利の行使がその極端な結果から加害行為、つまり不法行為にもなることは古くから自覚されていた。これを近代法は、権利濫用として定式化した。権利濫用のサ

ンクションは一方では、被害者に対する加害者の損害賠償である[33]。他方で、権利行使が裁判所を通じて行われる場合には、権利濫用の法理によって権利行使が認められない、つまり権利濫用法理は抗弁として機能する。この抗弁的機能の権利濫用法理の古典的な例は、権利行使を認めることによって行使者に得られる利益とその結果相手方に生ずる不利益とを比較考量して、後者がはるかに大きい場合に権利の行使を認めないケースである。たとえば、宇奈月温泉事件[34]、高知鉄道事件[35]、あるいは板付基地事件[36]といったケースである。とりわけ後二者の判決では客観的利益衡量だけが前面に出ており、これに対しては主観的事情をも考慮すべきだという批判を受けている[37]。この主観的事情を権利行使者の害意あるいは策略と解することができるとすれば、これはローマ法の exceptio doli（悪意の抗弁）や actio doli（悪意訴権）に連なる問題と捉えることができる。ここでは、比較的新しいケースで現代的な「ネットワーク」[38]取引に関係するサブディーラー事件について考察することにする。

サブディーラー事件の事実関係はおよそ次のとおりである。自動車販売店（ディーラー）Ｘが所有権を留保して自動車をサブディーラーＡに売却し、さらにこの自動車をＡはユーザーであるＹに売却した。ＹはＡに売買代金を弁済したが、ＡはＸに弁済しておらず、当該自動車の所有権を取得できない。Ａが支払い不能になったのでＸが留保した所有権に基づいて自動車の返還を請求した。最高裁は２つの判決において、Ｘの所有物返還請求を権利濫用として退けた。すなわち、Ｘは

> 「ディーラーとして、サブディーラーであるＡが本件自動車をユーザーであるＹに販売するについては、前述のとおりその売買契約の履行に協力しておきながら、その後Ａとの間で締結した本件自動車の所有権留保特約付売買について代金の完済を受けないからといって、すでに代金を完済して自動車の引渡しを受けたＹに対し、留保された所有権に基づいてその引渡しを求めるものであり、右引渡請求は、本来ＸにおいてサブディーラーであるＡに対してみずから負担すべき代金回収不能の危険をユーザーであるＹに転嫁しようとするものであり、自己の利益のために代金を完済したＹに不測の損害を蒙らせるものであって、権利の濫用として許されないものと解するを相当とする」[39]。

サブディーラーＡの無資力の危険をＸとＹとのどちらが負担すべきかの利

益衡量を行っており、明らかに結果が論拠として挙げられている。あるいは、XとAとの継続的な取引関係がある場合、一方でAが売り上げを伸ばすことは同時にXの利益になる。この意味でXがAを利用しているのに、他方でAの無資力の危険をYに負わせるという利益と損失の分配におけるアンバランスがある。判決が注目するのは、しかし、XがAのYへの自動車の販売に協力しておきながら、留保した所有権に基づいて返還請求し、自己の利益のために代金完済したYに「不測の損害」を被らせたことである。この場合、「自動車の販売に協力」とは、具体的にはXが「みずからYのために車検手続、自動車税、自動車取得税等の納付手続及び車庫証明手続等を代行し、そのために自社のセールスマンを二、三度Yのもとに赴かせたりした」ということである。

ところで、別の最高裁判決では、権利濫用を否定した原審判決を維持している[40]。原審判決によれば、Xが自らYのために車検手続、自動車税、自動車取得税等の納付手続、車庫証明手続を代行したわけではない。XとYの間に接触はなく、YはAを通じて、以上の手続を行っている。しかし、もちろん、所有者＝自動車登録名義人であるXの協力なしにAがこのような手続を行うことは不可能である。その意味で協力の程度の違いが両判決を分ける基準だったとすることはできないように思われる。原審認定で特徴的なことは、Yが多数の自動車を用いて営業を行う法人であり、所有権留保売買について十分に知っていたことである。したがって、Yは自ら代金を弁済したとしても「XのAに対する所有権留保の効果として、結局本件自動車の所有権を取得するに至らないことのありうることを予測していたものと解することができるから、控訴人が本件自動車の所有権に基づきその引渡しを被控訴人に求める本訴請求が、予測できない損害を被控訴人に被らせるものであるということはでき」[41]ないと認定されている。

これに対して、権利濫用が認められた2判決では、Yは「一般顧客」[42]、「単純なユーザー」[43]であって、自ら代金を弁済してなおXから所有物返還請求を受けるなど想定することは期待できなかった。おそらく、AとYとの間に所有権留保がありうることについては、Yは理解していたと考えられる。しかし、XとAとの間にも所有権留保があり、これが自らは代金を弁済したYに対してまでも効果を及ぼすことを理解することまでは、期待できなかったであろう。

その意味で、Xの所有物返還請求によってYが「不測の損害」を被ったという認定になったと考えられる。Xの側からいえば、取引の法的関係を十分に理解できない「単純なユーザー」であるYに所有権取得の期待を抱かせ、しかもこの期待を奇貨としてAの無資力の危険という「不測の損害」をYに負担させようとした点に権利濫用の考慮要素がある。極論すれば、Aの無資力の危険をYに気付かれないように負担させるというある種の欺罔行為をAにさせ、あるいはAをそうした欺罔行為をせざるをえない状態に置き、Aのその欺罔行為に乗って権利行使したところに「権利濫用」を見ることができるであろう[44]。

したがって、ここでは単にAの無資力の危険をXとYとのどちらが負担するべきかという利益衡量だけでなく、あるいはこの利益衡量を行う際に、Yの人的要素（簡単にいえば、取引の事情に通じた「事業者」か単なる「消費者」か）やXとAとの関係（継続的な取引関係があったかどうか[45]）、さらにはAとYとの関係も考慮される。とりわけ、XとAとの関係が継続的取引関係である場合、両者の間には所有権留保付売買契約だけでなく、その他のたとえば販売促進のための契約も結ばれる（「複合契約」[46]）。こうした契約関係が、いわば二重の所有権留保[47]という「単純なユーザー」には容易に理解できないものを必要とする。Aは販売を増やす（それはXの利益でもある）ためにこの理解できないものを意識的に明確にしない。そうしたAの行動を利用してXは販売増加による利益を享受しつつ、Aの無資力の危険を事情を理解できないYに転嫁する。ここでは、Xは単なる所有権留保売主ではない。この複雑な関係を、裁判所はさしあたりXの主観的事情（故意・策略 dolus）を通じて考慮の中に取り込む。主観的事情は、当然さまざまな客観的事情から推測（coniectura）によって認定されるものである。この客観的事情を類型的に把握できれば、単なる結果（利益）の衡量だけではない概念化への道、ルーマンのいう「万端性」への道が開けてくるのであろう[48]。

(2) 定数違憲訴訟

結果を論拠とする判決ということで思いつく最も有名な判決の一つは、衆議院議員定数違憲判決[49]であろう。この判決で最高裁の多数意見は、衆議院の議員定数を定めた公職選挙法が憲法14条の平等原則に違反することを認めなが

ら、この結果選挙を無効とする判決を下しても、「これによって直ちに違憲状態が是正されるわけではなく、かえって憲法の所期するところに必ずしも適合しない結果を生ずること」[50]を理由に、この選挙を無効としなかった。「憲法の所期するところに必ずしも適合しない結果」としては、「右選挙により選出された議員がすべて当初から議員としての資格を有しなかったこととなる結果」、①「すでに右議員によって組織された衆議院の議決を経たうえで成立した法律等の効力にも問題が生ずること」、および、②「今後における衆議院の活動が不可能となり、前記規定を憲法に適合するように改正することさえもできなくなること」が挙げられている。①は、無効判決を下した場合の遡及効の問題であり、②は将来効の問題である。以下、それぞれについて検討してみたい。

①については、②が続けて詳しく論ぜられるのに対して①はここで一言言及されているだけであり、論拠としてあまり意味をもつものではない。そうだったら、余計なことを書かなければよい。最高裁として恥ずかしいことであり、こういう結果を招来してしまったことに法史学を研究・教育する者として深く反省しなければならないと思っている。

紀元前43年、カエサル暗殺後の三頭政治の一角を占めるアントーニウスの子分バルバーチウスという男が法務官に選出された。ところが、彼の法務官任期中に彼が逃亡奴隷であるということが発覚した。もちろん彼は法務官になる資格がないのであるから、彼の法務官選出は無効とされた。問題は、彼が法務官として行った処分――その中には訴訟の開始を認める方式書（formula）の付与も含まれる――の効力もまた失われるのか、である[51]。これについて3世紀の法律家ウルピアーヌスは次のように報告している。

「D. 1, 14, 3 (Ulpianus) バルバーチウス・フィリプスは、逃亡奴隷であったのにローマの法務官職に立候補し、法務官に選任された。しかし、ポンポーニウスの述べるところでは、彼が奴隷であることを妨げる事由は何も存在しなかったので、法務官でなかったものとされた。しかし、彼は実際に法務官職を遂行していた。そこで以下のことを考察すべきである。すなわち、彼が奴隷であることが隠されていた間に法務官職を遂行したのであるから、それについてどう言うべきであるか、と。彼は［一般的な］法務官告示を出し、［具体的な］決定を行ったが、それは無効になるのか。それとも、法律またはその他の法に基づいて彼のもとに訴えてきた者たちの利

益 (utilitas) のためにすべきか。私の考えでは、この者たちにはなにも非難さるべき点はない。すなわち、以下のことがより人間的である。ローマ国民は、奴隷にこの権限を与えると決することもできたのであり、さらに、彼が奴隷だと知っていたら、自由人にするということもあったであろう。この法は、皇帝のもとではより一層守られるべきである。」

　事件は前1世紀、それを後2世紀のポンポーニウスが伝え、さらにそれを3世紀のウルピアーヌスが論じ、その後の不明の伝承過程を経て6世紀の『学説集 (Digesta)』に採録された。したがって、史料論的には難しい問題を含んでいる。事件当初であったかはわからないが、この問題の解決において、「法律またはその他の法に基づいて彼のもとに訴えてきた者たちの利益」が考慮されたこと、そしてウルピアーヌスが、「ローマ国民は、奴隷にこの権限を与えると決することもできたのであり、さらに、彼が奴隷だと知っていたら、自由人にするということもあったであろう」という理由づけを行ったことは、確実であろう。ここでは早くも結果（利益）を考慮した決定の理由づけが認められる。この理由づけがローマの法学者のコミュニケーションにおいていかなる意味をもったかは、ここからだけでは何も言えない。しかし、たとえば「公共の利益 (utilitas publica)」が一般的にも論ぜられ、また具体的解決の論拠としても用いられたことからすれば[52]、相応の意味をもったことは容易に想定できる。
　さらに重要なことは、ここでウルピアーヌスが結果＝利益の考慮による決定について、別の論拠を与えていることである。もちろんそれが共和政末の法状況あるいは法思考に適合するかどうかは別にして、もし国民がバルバーチウスが奴隷だということを知っていればまず彼を解放し、さらにその上で法務官に任命することができた[53]、だとすれば、国民は彼の行った処分を個別的に承認して、有効にすることもできたはずである（いわゆる「大から小への推論」あるいは「もちろん解釈」）。私法的には、奴隷の行為は主人が承認することによって主人に効果が帰属する[54]。国民が奴隷であって法務官の行為を承認する手続がない以上、それを擬制することになる。このウルピアーヌスの根拠づけ（論証）は、ルーマンの視角から見れば、情報に対する万端性の回復、新たな情報のシステムへの組み込み、あるいは利益の概念化と捉えることができよう。
　歴史をもう少し進めよう。2世紀後半のデーキウス帝のキリスト教弾圧に際

して、これに屈服し、信仰の中心である聖なる書物を官憲に引渡した司教たちがいた（「引渡した者」＝「裏切り者」(traditores)）。この者たちは、当然もはや司教とは認められない。問題は、この司教たちが「裏切り者」と発覚する前に司教として行った司教・司祭の叙任の効力、さらにはこうして任命された司祭の洗礼の効力である。裏切り者の排除を徹底しようとするならば、叙任も洗礼も無効とし、再叙任・再洗礼を要求することになる。現に教父キプリアーヌスをはじめとするカルタゴ教会はこの立場をとった。しかし、この立場をとると無効な司祭によってなされた洗礼も無効になる。もちろん、無効な洗礼を受けた者が生きていれば、再洗礼を行うことができる。しかし、無効な洗礼を受けただけで死んだ者（とりわけ幼児）は、洗礼なしで死んだことになる。これらの人々は救済されないのか。これらの人々が救済されるべきだというなら、洗礼は有効なものとされなければならない（結果の考慮）。結局「父と子と聖霊の名において」洗礼が行われた限り（正規の手続の遵守）、たとえそれが表見的な司祭によって行われたとしても有効となる、という立場をローマ教会は取ることになる。5世紀初めまで続く「ドナチスト論争」である。同じ問題は、11世紀後半から始まるグレゴーリウス改革において、「聖職売買」や「妻帯」によって叙任が無効とされた司教や司祭をめぐっても生じた[55]。

「行った人の力によって（ex opere operantis）」ではなく、「行われた行為によって（ex opere operato）」効果が生ずる——この説明は、もちろん万端性の回復——という、「人（Person）」と「職務（Amt）」、あるいは「人」と「制度」の関係という法学の最重要問題に関係する[56]。もちろん、法史学者が紹介し、教えていなかったという第一次的責任は認めなければならない。しかし、無権代理や表見代理、表見支配人、事実上の会社、事実上の公務員といった法概念や法制度に思いを巡らすなら——これは、当時の最高裁スタッフに期待できないことではない——、「筆が滑った」では済まない問題だったのではなかろうか。

これに対して問題②の将来効の問題について、最高裁は丁寧に論じている。そこで展開される論証は見事であり、さまざまな法解釈方法が駆使されている。まず違憲の法令、国権行為を無効とする憲法98条1項の規定が問題となる。この規定を適用すれば、憲法に違反する国権行為である選挙を無効にしなければ

ならない。しかし、憲法98条1項がこのように定めたのは、無効にすることが「通常は憲法に違反する結果を防止し、又はこれを是正するために最も適切である」からである。しかし、無効にすることによって「必ずしも憲法違反の結果の防止又は是正に特に資するところがなく、かえって憲法上その他の関係において極めて不当な結果を生ずる場合」もありうる。この場合には、無効にすべきではない。これはいわゆる立法目的（ratio legis）――この場合は違憲の結果の防止または是正――を考慮して、適用することによってこの目的に反する結果がもたらされる場合には、適用を限定するという、いわゆる「目的論的縮小解釈（teleologische Reduktion）」が行われている。あるいは、スコラ学的、またはコモンロー的な言い方をすれば、違憲の法令または国権行為には、無効になる場合とならない場合があり（「分類（divisio）」）、本件選挙の場合は無効にならない場合に仕分けられる（「分別（distinctio, distinguishing）」）[57]。

　公職選挙法204条、205条1項の解釈はより複雑である。一方で、選挙の無効を争うことができる204条の訴訟は認めたい。他方で、その訴訟の結果として無効判決を下すのは避けたい。まず後者については、ここでも目的論的縮小解釈、あるいは、分別が行われる。205条1項が無効判決を規定するのは、「公選法の規定に違反して執行された選挙の効果を失わせ、改めて同法に基づく適法な再選挙を行わせること（同法109条4号）を目的」（傍点筆者）とするが、その前提は、「同法の下における適法な選挙の再実施」である。この前提を欠いて、「同法自体を改正しなければ適法に選挙を行うことができないような場合」には、205条1項をそのまま適用することができない。

　では、そもそも204条による無効訴訟を認めるべきではないのか。ここでは、準則（rule, Rechtsatz）から原則（principle, Grundsatz）へと遡り、この原則から別の準則を導き出すという手順[58]がとられる。まず204条に基づく訴訟が「現行法上選挙人が選挙の適否を争うことのできる唯一の訴訟であり、これを措いては他に訴訟上公選法の違憲を主張してその是正を求める機会はない」ということが確認される。ここで憲法の大原則、「およそ国民の基本的権利を侵害する国権行為に対しては、できるだけその是正、救済の途が開かれるべきであるという憲法上の要請」が持ち出される。そこから、〈基本権である選挙権および平等権を侵害する国権行為に対して是正、救済を求めることができる憲法上の

権利〉(原則) が導かれ、204条 (準則) の訴訟はこの原則の一適用例として位置づけられる。したがって、「前記公選法の規定が、その定める訴訟において、同法の議員定数配分規定が選挙権の平等に違反することを選挙無効の原因として主張することを殊更に排除する趣旨であるとすることは、決して当を得た解釈ということはできない」ということになる。

では、選挙権侵害を是正することを求める憲法上の権利 (原則) から、本件に適用される具体的な準則がどのようにして導き出されるのか。選挙を無効にすることが不当な結果になるということをもう一度確認した[59]うえで、いわゆる事情判決に関する行政事件訴訟法31条の類推が検討される。類推の作法に従って、この準則から行政処分の違法な場合の取消しに限られない「一般的な法の基本原則」の存在を推論し、そこから本件事案の場合にも適用可能な〈国権行為が違憲であるがしかし有効〉の準則が導き出される。もっとも、この判決には「一般的な法の基本原則」が何であるのかの定義がなく、またこの基本原則から導き出された本件事案に適用される準則も明確にされていない。「もとより、明文の規定がないのに安易にこのような法理を適用することは許されず、殊に憲法違反という重大な瑕疵を有する行為については、憲法98条1項の法意に照らしても、一般にその効力を維持すべきものではない」と述べることによって、この「法理」の濫用の危険を念頭に置いてはいる。しかし、ドイツの法律家ならこの濫用を避けるために——もちろん仮説的に——行うであろう明確化、定義が欠けている。そのことが、あるいは論証の不十分という批判を呼ぶかもしれない。

論拠としての裁判の結果という観点から、以上の検討をまとめておこう。①は判決自体も論じていないので②についてだけ述べると、たしかに判決の結果は論拠となっている。しかし、重要なことは、無効にした場合の不当な結果だけが論拠とされているわけではない。不当な結果をもたらす可能性のある条文 (テクスト) について目的論的縮小解釈を行うことによって、不当な結果の回避の条文適合性が検証されている。あるいは、条文の拡張あるいは類推のための論証手続は意識的に取られている。以上からすれば、本判決の結果からの論証は、マコーミックの言葉を用いれば当該事案限りの「行為結果主義」ではなく、条文との整合性を検討した上での「規則結果主義」ということができる。

(3) 小括

　本節では、裁判の結果が論拠として意味をもつ権利濫用の場合と定数違憲訴訟を検討した。サブディーラー事件も権利濫用の法理を論拠としてはいるが、結果に対する利益衡量だけでなく、顧客にとっての予測可能性といった他の要素も取り込んで類型的に捉えようとしている。もちろん、権利濫用というのであれば、権利者（所有権留保ディーラー）の行為態様にもっと焦点を合わせて、とりわけその主観的事情を意識的に類型的に明確化する必要があったであろう。この点で、定式化（Formulierung）が不十分で法と不法の区別の基準が曖昧だという批判は、甘受しなければなるまい。しかし、それにもかかわらず、区別の基準を志向していることが明確であることは、評価されて然るべきであろう。高い評価は、定数違憲訴訟の論証に一層当てはまる。事情判決の類推適用という一見して結果志向的な印象を与えるにもかかわらず、最高裁の多数意見は条文との関係を丹念に検討して〈裸の結果衡量〉を明確に避けている。もちろん、ここでも定式化はなお不十分であるが、いわば規則結果主義のレベルに達していると評価することができる。

6.　論証の論証──「法学のための闘争」

　最後に狭い意味での法学の世界における「論証」と「論拠としての裁判の結果」における議論を検討することを以て本稿を閉じることにする。20 年以上前に平井宜雄は、「議論（argumentation, argument）」を武器にして、とりわけ法学部生にはびこる非合理主義に対する戦いに立ち上がった。この問題意識は、筆者もまた共有する。もちろん、平井の主張はいくつかの点で修正が必要であると考える。第一に、すでに述べたように平井は argument も argumentation も等しく「議論」として立論している。しかし、「論拠」と「論証」はやはり分節すべきであると考える。「論拠」を根拠として言明を根拠づける「推論」の過程を分節し（全体が「論証」）、言明が根拠づけられているかどうかは「論拠」と「推論」それぞれの正しさの検証によって審査されるべきである。もちろん、「論拠」の正しさを検証する場合、その「論拠」自体が別の「論拠」から論証されることが通常である。たとえば、民法 94 条 2 項を類推適用して原告の所有権

返還請求を退ける場合、いわゆる権利外観法理が論拠となる。しかし、この権利外観法理自体、民法 94 条 2 項を論拠とし、さらには 109, 110 条などを補助的な論拠として、論証されるものである。このように、全体としての論証は、論拠と推論のセットが多層的に積み上げられたものであることが多い。とはいえ、それぞれを分節して検証することが必要である。そもそも分節しなければ検証手続としての討論が成り立たない可能性があり、あるいは、少なくとも分節することによって検証手続は容易になる。分節して討論することの恩恵を最もよく受けているのが法律家なのであり、逆に分節的な討論ができなければ法律家にはなれないであろう[60]。分節（articulation）とは、言うまでもなく「条項（article）」の派生語であり、条項は法律家の終生の友である。

　もう一つの平井の問題は、論拠としてのテクスト、条文の問題が、重視して論ぜられていないということである。平井を批判する星野英一もこのことを意識してか、彼自身が条文を重視することを両者の違いとして挙げている[61]。しかし、星野は自己を自然法論者と自覚し法律実証主義に批判的な立場をとるのだから、本当はなぜ自分が条文を重視するのかをもっと積極的に論証する必要があるだろう。テクストの意義についてルーマンは本書の中で、コモンローの先例的判決がテクストであることを否定するマイケル・ムーアを批判して次のように示唆的に述べている。「これは、警告の例にすぎないものとして——テクストを離れた論証が許されれば法システムがどんなことになるかの一例として——受けとめることができよう」[62]。

　平井の「議論」という言葉は、誤解を招きやすい。日常用語としての「議論」は、「議論が成り立つ」とか「議論が活発に行われた」というように、少なくとも 2 人の人間の行為を想定している。しかし、論拠を挙げて論証する行為は、論証によって説得する相手を想定しているとはいえ、1 人の人間の一方的行為である。相手に対する一方的な主張、もっといえば相手が同意することを求める一方的な提案である[63]。相手がどのように受けとめるのかはわからない。そもそも全く無視されることだってありうるであろう。法学的論証は、したがって、相手を法律家と想定し、無視されないように論拠をもち出して、無理やりにでも土俵に上げようとする。あるいは、相手を土俵に上げるために自分も同じ土俵に上がっているということを示さなければならない。法律家としての相

手が無視できないのは、現代法を前提とする限り、なによりも法律の条文である。もちろん、法律の条文の内容は解釈可能であり、相手は重要でないと考えるかもしれない。しかし法律の条文が存在すること自体は解釈の余地はないのであって[64]、これをもち出すことによって、これを共通の前提として、この条文が問題に関係するのかどうか、では条文はどのように解釈されるのかという形で、対話が成立しうる。要するにコミュニケーションの困難を考慮すれば、コミュニケーションを成立させる共通の前提としてテクスト、条文が重要だということである（不可欠だとまで言えるかどうかは留保するが）。平井が〈議論によって生き残った法律論〉というとき、コミュニケーションの可能性についてあまりにも楽観的である[65]。

　法律家の認識は、ルーマンが述べるように、ある行為に（合）法または非法（もしくは不法）のラベルを張り付けることである。この認識が学問的であるのは、法／非法（不法）の判定基準を明示してその正しさについて公開の討論に委ね、同時にこの判定基準の適用の正しさについても公開の討論に委ねることに依存する。判定基準の正しさを公開の討論に委ねるということは、それを仮説として提示し、反証可能性を認めることである。適用の正しさもまた、仮説として示される。判定基準は、今までの用語法に従えば論拠であり、その適用は推論である。論拠も推論もいずれも仮説であり、反証可能性を認めている。平井もまたこの点では一致している（「反論可能性」）。だから、平井の「議論」論は、「学者中心主義」に対する強烈な批判にもかかわらず、学問・法学の擁護の論である[66]。

　次に「論拠としての裁判の結果」の我が国の法学における議論を見てみよう。ここでは、平井が主要な論争の相手とした星野英一の利益考量論がなによりも検討されるべきであろう。本書第3章のマコーミックが示した枠組みは、「行為結果主義」と「規則結果主義」の対置である。前者は、「一定の行為についての具体的な利益計算」に注目する。これは、利益考量論の言う、具体的事案における対立する当事者の利益を比較考量するということにあたると理解できる。これに対して、後者は、「〈既存の規則〉または〈それ自体が一般的な利益をもたらす効果によって支えられると想定される規則〉との適合性によって、判断する」とされる。マコーミックは、ルーマンが「結果主義」として「行為結果主

義」を念頭に置いて、それに対して危惧を抱いていることに賛意を表している。しかし、結果志向といっても多くの法律家のそれは「規則結果主義」であり、その点でルーマンほど危機感を抱いていない。同じことは、メンゴーニおよびグリムの2人の憲法学者にも感じ取ることができる（本書第6章、第7章）。法律家の自信なのか、それとも鈍感さなのかはわからない。しかし、規則結果主義という説明が2人の法律学者に親和的であることは確かである。

　では、利益考量論はこの2つの結果主義の中でどのように位置づけられるのか。規則結果主義との関係を考えるには、あるいは星野が影響を受けたと考えられる[67]フィリップ・フォン・ヘックを媒介とすることができる。利益考量（または利益衡量）という概念、あるいは立法過程の歴史的研究の重視は、明らかにヘック的である。しかし、ヘックが重視したのは、具体的事案における利益衡量よりも、立法者の利益衡量、つまり条文を作る際に行われた利益衡量である。条文を文言や概念によって説明するのではなく、そこにおける利益衡量によって説明しようとしたのである。だからこそ、立法過程の歴史的研究が重視される。さらに言えば、立法者意思説をとる。この立法者意思によって条文を解釈してゆく。もちろん、具体的事案の利益衡量も行われる。これと条文の利益衡量が対比された上で、条文が適用される。具体的事案の利益衡量を行う際に基準となるのは、条文の利益衡量であり、「虚心坦懐に」利益衡量を行うのではない[68]。このようにみれば、ヘックの利益法学は明確に規則結果主義である。同時に法律の拘束を認める法律実証主義である。利益を持ち出すことによって法律（条文）の解釈を柔軟にすることは目指されているが、法律から自由に利益衡量してよいということにはならない。

　星野は、条文の利益衡量というヘックの考え方をとらなかった。おそらくは、立法者意思説、あるいは、法律実証主義に対する拒否がそうさせたのであろう。では、星野の利益考量論において条文の利益衡量は考慮されないのか。もちろん考慮される。立法過程の研究が重視され、立法者がいかなる利益を保護しようとして立法したのか（ratio legis）の解明に全力が傾注される。そして、この立法者の利益衡量は法律の解釈において、具体的事案における利益考量にさいして重要な意味をもつ。だからこそ、「虚心坦懐」な利益衡量に対して、より複雑なものとして「利益考量」という言葉を使ったのであろう。しかし、ヘック

と決定的に違うのは、すでに述べたように、この立法者の利益衡量が拘束することを拒絶することにある。では、利益考量の基準は何か。有名な「価値のヒエラルヒー」である。この言葉はさまざまに誤解を受けている。しかし、忘れてならないのは、この言葉が絶対的で全能の存在を信じ、その前で無力でちっぽけな実存でしかない自己を自覚した人のものだということである。この「価値のヒエラルヒー」は、だから、暫定的で限定的なものでしかありえない[69]。それは主観的で仮説的なものであり、本稿の言葉を用いれば「提案」である。他者の賛同を求める主張であり、だからこそ論証を必要とする。論拠が条文やそれを解釈した判例、要するに実定的なテクストである限り、「価値のヒエラルヒー」に基づく利益考量は、それゆえ行為結果主義ではなく規則結果主義になるはずである。

　具体的事案における利益衡量を行う際に、法律家は具体的事案を観察する。この観察する法律家を観察するならば（観察の観察）、法律家は予断と偏見、要するにさまざまな前理解をもって事案を観察している。とりわけ長年の法学教育と法律家としての経験の蓄積によって、特殊な見方で観察する。この特殊な見方をルーマン流に言えば、〈「法システム」として〉ということになる。この特殊な見方が法律家でない人々の見方と異なることを自覚し、この特殊な見方の意義と限界を理解し、その上でこれを固持する（でなければ、コミュニケーションは破綻する）のが、観察の観察を行う法律家の営みであろう。では、観察の観察を行う法律家を観察する（観察の観察の観察）ことにどんな意味があるだろうか。たとえば、本書第4章におけるダンカン・ケネディの論稿には、結局どんな意味があるのか。法律家の営為そのものにとっては、おそらく何の意味もないであろう。ただ彼の観察（一つのサードオーダーの観察）は、システムにどっぷり浸かって安住している——これは本当のところ矛盾である。システムは自己と環境とを常に区別することによって成り立つのであり、したがって常に環境を注視していなければならない——ことを、許さないだろう。法システムは閉鎖しているのだから、法のことだけを考えればよい——〈本願誇り〉ならぬ〈システム誇り〉——ということは許されない。システムの限界を自覚しながら、しかしそれを維持しなければならない。サードオーダーの観察は、結局のところ、「法律家をより謙譲に、しかしより責任感を持ち、より正直な人間に

する」[70] という戦後法学の最初の問題提起に直接繋がるのである。

注
1) 平井宜雄『法律学基礎論覚書』。初出は『ジュリスト』916 号（1988 年）から 926 号（1989 年）に 9 回にわたり連載。以下では最近発刊された『平井宜雄著作集 I 法律学基礎論の研究』（有斐閣、2010 年）から引用する。なお、それ以前の論考については、同 68 頁注 3, 4, 5, 6 参照。
2) 訳語選択についての説明は、前掲書 67 頁注 1 にある。もっとも、そこでは、「論証」という訳語がなぜいけないかについての「論証」はない。
3) 木庭顕「余白に」来栖三郎『法とフィクション』（東京大学出版会、1999 年）365 頁以下、特に 367 頁参照。
4) 平井前掲書（注 1) 75 頁以下参照。
5) この点は、平井宜雄・星野英一・田中正明・瀬川信久「法解釈論と法学教育」『ジュリスト』940 号（1989 年）39 頁以下の議論の混乱と無関係ではない。
6) 平井前掲書（注 1) 75 頁。
7) 平井が「マクロ正当化」における論証に否定的なのは、論証をあまりにも狭く解しているからではなかろうか。「一般的言明の正当化を演繹論理によって行うことは不可能」（平井前掲書 75 頁）といい、「『演繹』は……純粋に形式的規則に基づく推論を指す」（同 75 頁）というとき、ルーマンの言う「根拠」による区別と「誤謬」による区別（本書 20 頁参照）とを混同しているのではなかろうか。形式論理の規則に照らして「誤謬」があれば、「根拠」にはなりえない。しかし、「誤謬」がないからといって「根拠」として十分だということにはならない。形式論理の規則に適合しないこと（「誤謬」）は、根拠となりうることを排除するという意味で形式論理は「論証」に意味をもつとしても、それ以上の意味はない。「根拠」と「誤謬」のこのような関係は、平井の言う「ミクロ正当化」でも変わりなく認められる。
8) 本判決、および、そこでの問題について詳しくは、下井隆史「雇傭ないし労働契約における受領遅滞と危険負担——いわゆる『領域説』の検討を中心に」商大論集 18 巻 1 号（1966 年）21–50 頁、特に 32 頁以下参照。
9) Betriebsrat の訳語としては、「経営協議会」という訳語が一般的なようである。しかし、Betrieb はここでは「経営」ではなく、「事業所」を意味する。周知のように、ドイツにおける共同決定（Mitbestimmung）は、事業所レベル（事業所評議会）と企業レベル（監査役会）に区別され、管轄事項も異なる。また、労働者代表制という観点からは、「協議会」という決定するのかどうかあいまいな概念よりも、決定機関としての性格が明確な「評議会」の方がより良いと考える。
10) RGZ 106, 272, 275 f.
11) RGZ 106, 272, 276.
12) RGZ 106, 272, 277.
13) 東京高判平成 12 年 1 月 25 日民集 57 巻 9 号 1213 頁、1351 頁以下。
14) 最判平成 15 年 10 月 21 日民集 57 巻 9 号 1213 頁。

15) 以上の、契約解釈とそこにおける私的自治の原則の問題については、北村一郎「契約の解釈に対するフランス破毀院のコントロオル（1–10・完）」法協 93 巻 12 号 (1976 年)–95 巻 5 号 (1978 年) が古典的文献である。しかし、その後の民法学者の研究はこの成果を十分に吸収していないように思われる。
16) 最判昭和 42 年 11 月 16 日民集 21 巻 9 号 2430 頁、2436–37 頁の上告理由参照。
17) なお、別の性質決定の論証が不十分であるという言い方は、興味深いことに、賃貸借契約を肯定する側からも、否定する側からもなされている。松並重雄『最高裁判所判決解説平成 15 年（下）』（法曹会、2004 年）562 頁および注 19 引用文献。下森定「サブリース訴訟最高裁判決の先例的意義と今後の理論的展望（下）」金商 1192 号 (2004 年) 6 頁。
18) 厳密にいえば、性質決定は契約解釈の問題であり、法律問題ではあるが、事実認定と密接に関連するので、法律審である最高裁判所が独自に性質決定をすることはできない。せいぜい原審認定事実を前提にすれば、このような性質決定が可能だということを述べることができるにすぎない。原審の性質決定が正しいと評価できればそれを維持し、間違っていると考えれば破棄するのであるから、結果的には積極的な「性質決定」はしていないことになる。ここでは、当事者の契約書における「賃貸借契約」という「性質決定」を否定する原審裁判所の「性質決定」を理由不備として否定することによって、当事者の「性質決定」にさしあたり立ち返ったと評価できよう。
19) 藤田補足意見が、法廷意見の「賃貸借契約の法システムの中」での解決の他に、「借地借家法の枠外での民法の一般法理、すなわち、信義誠実の原則あるいは不法行為法等々の適用を、個別的に考えて行く可能性」を示唆しているのは、このような周囲の諸事情の考慮の仕方と関係すると思われる。
20) ヴィントシャイトの「前提」理論については、さしあたり、五十嵐清『契約と事情変更』（有斐閣、1969 年）75–81 頁参照。
21) ジャック・モリィの「原因」論については、さしあたり、竹中悟人「契約の成立とコーズ (3)」法協 127 巻 2 号 (2010 年) 2–17 頁参照。
22) 大阪高裁第 1 民事部判平成 18 年 11 月 28 日 1973 号 62 頁、同第 7 民事部平成 18 年 11 月 28 日判時 1973 号 75 頁。以下では、第 1 民事部判決に即して論ずる。
23) 約款法理の基本的な考え方については、さしあたり、内田貴『民法 II（第 3 版）』（東京大学出版会、2011 年）17–18 頁参照。
24) 大津地判平成 16 年 12 月 6 日 1892 号 62 頁。
25) 内田貴『制度的契約論――民営化と契約』（羽鳥書店、2010 年）所収論文。引用論文の初出は 2006 年。
26) 以下、内田前掲書『制度的契約論』（前注）63 頁以下。
27) 同書 65 頁。
28) 同書 88 頁。
29) 同書前注箇所。
30) 同書 96 頁。
31) ちなみに、本件年金契約では、退職従業員死亡時に預け入れ原資が残存する場

合、これが遺族に一時払いされる（規定 13 条）。この点で、本件年金契約には終身定期金契約（民法 689 条以下）の不可欠の要素である「射倖性 (aléa)」がない。

32) その他に判決は、第 1 審原告（控訴人）退職従業員の主張に一つ一つ答えている。すなわち、本件改廃規定が未受給者を対象とするもので、既受給者を対象としないという主張（「理由」第 3〈2〉2）、本件改廃規定の要件が不明確であるという主張（同 3）、本件年金契約では年金契約の締結によって総額について債権が発生し、履行期がその後に順次到来するのだから、その後の給付内容の変更はできないという主張（同 4）、本件改廃規定が年金規定の付則に規定されていることからしてこの改廃規定で給付の変更はできないという主張（同 5）、本件改廃規定が信義則・公序良俗・消費者契約法 10 条に違反するという主張（同 6）、被控訴会社も改定のためには原告らの合意が必要と考えていたという主張（同 7）、について答えている。

33) 不法行為法における過失 (culpa) あるいは違法性 (iniuria) 概念が十分に発展していなかった段階では、故意 (dolus) が認められない場合でも、権利濫用を論拠として損害賠償責任が認められた（信玄公旗掛の松事件、大阪アルカリ事件等）。しかし、その後の不法行為法の発展、過失や違法性概念の深化によって、このような公害事件において権利濫用による不法行為という構成の必要はなくなった。他方で、故意不法行為の場合、とりわけ被侵害利益が権利として十分に確立されていない場合には、なお権利濫用による不法行為を認める余地はあるように思われる。たとえば、地下水の汲み上げが問題となった小松園事件（大判昭和 13 年 6 月 28 日新聞 4301 号 12 頁）。これは、ローマ法の actio doli（悪意訴権）あるいはドイツ民法 826 条の問題であるが、日本民法 709 条の規定の仕方が一般的であることから、個別的検討は、なお十分ではないように思われる。

34) 大判昭和 10 年 10 月 5 日民集 14 巻 1965 頁。
35) 大判昭和 13 年 10 月 26 日民集 17 巻 2057 頁。
36) 最判昭和 40 年 3 月 9 日民集 19 巻 2 号 233 頁。
37) 「権利濫用の濫用」としてしばしば論ぜられているところである。最近のものとして、大村敦『別冊ジュリスト民法判例百選 I（第 6 版）』(2009 年) 4–5 頁参照。
38) ネットワークの問題については、グンター・トイブナー（村上淳一訳）「別々のものの複合——契約でも組織でもないネットワークの法」法曹時報 57 巻 9 号 (2005 年) 2591 頁以下。最近のものとして、藤原正則「ネット契約としてのフランチャイズ契約？——最判平成二〇年七月四日判時二〇〇八号三二頁を契機に、ドイツの同様の事件との対比で (1–2・完)」北法 60 巻 6 号 (2010 年) 1393 頁以下、61 巻 1 号 (2010 年) 1 頁以下、とりわけ 8 頁以下参照。
39) 最判昭和 50 年 2 月 28 日民集 29 巻 2 号 193 頁。
40) 最判昭和 56 年 7 月 14 日判時 1018 号 77 頁。
41) 東京高判昭和 54 年 11 月 29 日下民集 30 巻 9–12 号 652 頁。
42) 最判昭和 50 年判決（上記注 39）第 1 審における当事者の主張（民集 200 頁参照）。
43) 東京高判昭和 54 年 2 月 27 日判時 922 号 51 頁。
44) 比較できる利益状況として、延長された所有権留保と包括的債権譲渡の優劣に関するドイツの判例がある。製造業者 P に原材料納入業者 L が所有権留保して材料を

納入し、さらに原材料を加工した製品の売買代金債権をLに譲渡させた。他方で、Pに融資した銀行Bは、この融資債権を担保するために製品の売買代金債権をBに包括的に譲渡させた。製品の売買代金債権についてPからLとBとに二重に譲渡されるが、その優劣は譲渡契約の確定日付（公正証書の作成日付）によって決せられる。一般的には、銀行が優先することが多い。しかし、銀行Bは製造者Pの資産状況、取引形態から製品の売買代金債権をLに譲渡しなければならないことを知っていて、それにもかかわらずその債権をあらかじめ自己に譲渡させている。つまりBが、PがすでにBに譲渡した債権をLに二重譲渡させるように仕向けている、結局欺罔行為をさせるように仕向けていると見ることができるので、Bの包括的債権譲渡は良俗に反する、というのがドイツ連邦通常裁判所の判断である。この判例については、拙稿「担保権の物上代位と債権譲渡（1）」NBL 726号（2001年）10–11頁参照。

45) 福岡地判平成2年2月22日判タ764号199頁は、過去に1回の取引があっただけとして、サブディーラーではないと認定している。

46) トイブナー（前掲注38）2606頁以下、藤原（前掲注38）特に北法60巻6号1394–99頁、61巻1号51–52頁参照。

47) もちろん、所有権留保はXのみが行っており、Aは所有権留保できない。しかし、Yから見れば、Aが所有権留保していると想定していると考えられる。その意味で、「二重の」という言葉を用いた。

48) トイブナー前掲論文は、このような試みとして理解できる。さらに、actio doli あるいは exceptio doli、つまり dolus（策略）の問題を事案限りの問題としてではなく構造的な問題として捉えようとする木庭顕『ローマ法案内——現代の法律家のために』（羽鳥書店、2010年）111, 160頁参照。

49) 最大判昭和51年4月14日最判民集30巻3号223頁。

50) 同上判決「理由」三。

51) R. Knütel, Barbatius Philippus und seine Spuren, *Falsus praetor, parochus putativus*, Scheinbeamter, in: D. Schwab (Hrsg.), Staat, Kirche, Wissenschaft in einer pluralistischen Gesellschaft. Festschrift für Paul Mikat zum 65. Geburtstag 1989, S. 345 ff.

52) ローマ法における utilitas publica については、さしあたり、Th. Honsell, Gemeinwohl und öffentliches Interesse im klassischen römischen Recht, in ZRG RA 95, 1978, 138 ff.

53) 奴隷解放の手続については、原田慶吉『ローマ法（改訂版）』（有斐閣、1955年）51–52頁。被解放者が政務官になれないことについては54頁参照。しかし、こうした法も民会（立法権者）によって変更可能だという理由であろうか。中世の標準注釈はそのように解している。cf. Glossa ordinaria in D. 1, 14, 3 *v. servo*.『標準注釈』は、桐蔭横浜大学サヴィニー文庫（http://savigny.toin.ac.jp/）所蔵の1551年リヨン版を用いた。

54) 命令訴権（actio quod iussu）について、原田（前注）216頁。事後的な承認（ratum haberi）でも同様である。M. Kaser/R. Knütel, Römisches Privatrecht, 19. Aufl., 2008, 49.11.

55) 以上は、堀米庸三『正統と異端――ヨーロッパ精神の底流』(中公新書、1964 年) に詳しく書かれている。最高裁裁判官および調査官にとってこの西洋史学界を代表する著者の一般教養書は、視野の外にあったのであろうか。
56) この問題と訴訟法学の基本原則である処分権主義、弁論主義の成立過程との関係について、拙稿「Azonis Summa in C. 2. 10――K. W. ネル『早期学識法訴訟手続における審判人の地位について』の紹介を兼ねて」北法 38 巻 2 号 (1987 年) 295 頁以下、特に 308 頁参照。
57) divisio および distinctio については、さしあたり拙稿「法学の学問性――比較法史学の観点から」法律時報 83 巻 4 号 (2011 年) 106 頁以下、特に 107 頁参照。distinguishing については本書 26 頁、および、田中英夫『英米法総論 (下)』(東京大学出版会、1980 年) 490–93 頁参照。
58) これは、以下でも見るように、本来は類推の手順である。しかし、ここでは類推の手法を用いて 204 条の拡張がなされている。
59) 「仮に一部の選挙区の選挙のみが無効とされるにとどまった場合でも、もともと同じ憲法違反の瑕疵を有する選挙について、そのあるものは無効とされ、他のものはそのまま有効として残り、しかも、右公選法の改正を含むその後の衆議院の活動が選挙を無効とされた選挙区からの選出議員を得ることができないままの異常な状態の下で行われざるをえないこととなるのであって、このような結果は、憲法上決して望ましい姿ではなく、また、その所期するところでもないというべきである」(「理由」三) という論証は、少数意見との対抗上最大の説得力をもつと思われる。
60) 現在の法曹養成のお題目になっている要件事実教育の歴史を遡れば、近代前期の「報告書 (Relation)」作成技術を経由して中世のローマ・カノン訴訟法の「指問 (positiones)」手続に至る。そこにおける articuli (争点項目) の意義については、小菅芳太郎「指問手続 (項目手続) 覚書」北法 38 巻 4 号 (1988 年) 585 頁以下。特に 591 頁は、指問 (項目) が「継受カノン法訴訟手続の分析的学問的性格を最底辺で担う」と指摘する。報告書及びその作成技術の法律家養成における意義については、石部雅亮『実務法学』(Praktische Rechtsgelehrsamkeit) について――レラチオーンステヒニク (Relationstechnik) を中心に」海老原明夫編『法の近代とポストモダン』(東京大学出版会、1993 年) 137–66 頁参照。
61) 前掲シンポジウム (注 5)「法解釈論と法学教育」ジュリスト 940 号、24 頁第 2 段。
62) 本書 35 頁注 7。さらに対応本文も参照。
63) 「提案としての法」というアイディアは、西川洋一「初期中世ヨーロッパの法の性格に関する覚え書」北法 41 巻 5・6 号 (1991 年) 2075 頁以下、2112 頁に負っている。法的言明が提案でしかない、あるいは、ありえないということは、何も中世初期に限定する必要はないであろう。提案、または、それに対する同意のあり方が、制度化されているかどうか、あるいはその程度の違いでしかない。
64) 法律の制定は、言うまでもなく「儀礼」である。儀礼のコミュニケーションとしての意義については、なによりも、木庭顕『政治の成立』(東京大学出版会、1997 年) が I および II において徹底して議論している。結論的に述べているところをあ

えて挙げるとすれば、116 頁参照。簡単には、拙稿「儀礼が法を創る」葛西康徳・鈴木佳秀編『これからの教養教育──「カタ」の効用』（東信堂、2008 年）78–108 頁参照。ルーマンもまた、コミュニケーションとしての儀礼を、「他の選択の余地なき（alternativlos）」一義的なコミュニケーションとして説明する。N. Luhmann, Soziale Systeme: Grundriß einer allgemeinen Theorie, 1984, S. 613. 同頁の注 34 において、「儀礼が限定され、他に選択の余地なきものとされたコミュニケーションのためのコードとなる、ということはこの間によく知られるようになったテーゼである」と述べ、Mary Douglas, Natural Symbols: Explorations in Cosmology, 1970 以下の文献を参照している。

65) この点は、すでに村上淳一『〈法〉の歴史』（東京大学出版会、1997 年）89–93 頁で指摘されている。

66) 以上について、とくに法の学問性と反証可能性について、さしあたり前掲注 57 の拙稿参照。

67) 星野英一『民法論集 1 巻』（有斐閣、1970 年）「はしがき」5 頁参照。

68) 以上のヘックの利益法学については、やはり、法学理論研究会訳「ヘック・法解釈と利益法学（一-六・完）」法政研究 42 巻 4 号（1976 年）–44 巻 3 号（1978 年）が重要である。法規（Gesetzesvorschrift）の利益衡量の重要性については、たとえば、43 巻 2 号 238 頁、法規の利益衡量（価値判断）の拘束については 44 巻 1 号 132 頁、135 頁参照。念のために言えば、ヘックは、法（制定法プラス慣習法）の欠缺を認めるのであって、すべての裁判官の決定が法律に根拠づけられるという法律実証主義をとるわけではない。法律の文言にとどまらずに、法律制定により保護が図られた利益（立法者・法規の利益衡量）を考慮して、欠缺補充を行おうというのである。

69) 「できるだけ、〈何人も否定することのできないような価値〉を捉えるように努めたい」（星野英一「民法解釈論序説・補論」前掲（注 67）『民法論集 1 巻』57 頁）という言明は、〈　〉内を見れば絶対的に響くが、その周辺の言葉からは、全く暫定的・仮説的なものでしかありえない。

70) 来栖三郎「法の解釈と法律家」同『来栖三郎著作集』第 1 巻（信山社出版、2004 年）83 頁、初出は 1954 年。

索　引

あ 行

悪意　62, 85, 94–97, 211, 226
アクター　62, 94
　自由な――　91–93
アドルノ, Th.　122
アメリカ　65, 70, 73, 76, 79–81
アリストテレス　29
イェーリング, R. v.　102, 105, 117
意外性　25
五十嵐清　225
イギリス　48
意識不全　95
石部雅亮　19, 145, 228
板付基地事件　211
イタリア　7
　――憲法裁判所　145–64
一貫性　34
イデオロギー　59–60, 62, 64–65, 68, 72, 74, 76, 78–86, 89–97, 109, 160
因果性　29
ヴィーアッカー, F.　111, 117
ヴィーコ, G. B.　100, 139
ヴィートヘルター, R.　8, 10, 99–141, 189, 190, 194, 196, 206, 209
ヴィントシャイト, B.　201, 225
ヴェーバー, M.　123, 157
ヴェーラー, H.　124
ヴェルデ, T.　119
内田貴　205–06, 225
宇奈月温泉事件　211
ウルピアーヌス　214–15
エーアリヒ, E.　154
エッサー, J.　111, 117, 119
海老原明夫　228
エントロピー　37
大きな物語　24
大阪アルカリ事件　226

か 行

ガーダマー, H.-G.　147
カーネマン, D.　5
解釈　22–23, 37, 42–43, 45, 48–49, 62, 70, 72, 74, 81–83, 86, 88–89, 96, 105, 146, 165
　――学　4, 100, 150, 156–57
　――コミュニティー　68
　――的論証　(→論証)
　――論　102
解説　50
蓋然性　151–52, 158, 170, 184
概念　15, 32, 34
概念法学　32, 103, 105
外部観察　129
外部参照　31–34
苛酷規制　165–66
仮想空間　32
可塑性　16
価値のヒエラルヒー　223
寡婦給養　49–50
可変性　7–9, 26, 29–30, 33–34, 37, 42, 121–22, 166, 183, 185, 209
環境　32–33, 115, 121, 146–47, 149, 209
環境法　39
監護権　28
観察　16–17, 20, 24, 35, 120, 128, 154
　――の観察　19–20, 24, 28, 121, 128, 223
　サードオーダーの――　183, 223
　セカンドオーダーの――　19, 24, 28, 38, 121, 183
カント, I.　28, 100, 116, 124
慣例　68
企業年金訴訟　202–09
　松下――　203
キケロー　115
危険責任　29
規則結果主義　9, 218, 221–23
規則功利主義　4
基礎的危機　22
規範　41
　――的予期　32
基本権　168, 175–81, 217
　――裁判　173, 175
儀礼　228–29
議論　16, 189, 219–20
緊急権　39

偶有性　106
区別　16, 19–20, 22–24, 26, 33, 121, 124, 126–28, 200
　　──論証による──　19
グリム, D.　i, 6, 9, 165–88, 222
来栖三郎　229
経済行為の理論　5
経済理論　8
形式　20–22, 24–25, 30–31, 121
　　──の誤謬　21
形式計算　31
刑事訴訟　30
啓蒙　108
ゲーテ, J. W. v.　100
ゲーデル, K.　24
結果　52, 102, 119, 121, 138, 154, 165, 215
　　──衡量　29–30, 42, 165–66, 184, 219
　　──志向　3–5, 7–10, 28–30, 44, 51–53, 87, 150–52, 165–66, 182, 210
　　──志向的法思考　i
　　──主義　3, 10, 221
　　──の考慮　216
　　──の顧慮　166, 169, 170–72, 176, 179–82, 186
　　──の反映　8
決定　3, 11, 15, 19, 26, 28, 37, 43, 69
ケネディ, D.　7, 59–97, 223
ケルゼン, H.　136
ゲルバー, K. F. v.　102
言説　84
現代福祉国家　7, 9
現代法の政治化　7
憲法　136–37, 146, 153, 157, 159–60, 162, 174, 218, 222
　　──厳格主義　174
　　──裁判　161, 173
　　──裁判所　3
　　──訴訟　i, 155
原理　24, 34
権利創出活動　9
権利の政治化　9
権利濫用　210–213, 219, 226
行為結果主義　44, 53, 221–23
行為功利主義　4
合憲性　173
構成　104
　　──主義　8, 104, 128, 130–31, 138

構造連結　129, 138
拘束　65, 79, 83
　　──された合理性　6
　　──性　65–66
高知鉄道事件　211
衡平法　38
公理　22, 24
功利主義　4–5, 30, 52, 121
合理性　11
合理的再構成　54–55
衡量　29, 33, 42, 49–50, 121, 138, 152, 184
　　結果──　29–30, 42, 165–66, 184, 219
　　法益──　29–30, 184
　　利益──　9, 29–30, 34, 39, 42, 44, 151, 184, 211, 213, 222–23
コーイング, H.　170
小菅芳太郎　228
コッホ, H. J.　169
木庭顕　224, 227–28
誤謬　20–22, 24, 27, 224
　　形式の──　21
小松園事件　226
コミュニケーション　16, 23, 25, 41, 63, 83, 118, 120, 130, 147, 215, 221, 223, 229
　　論証的──　17
コモンロー　26, 35, 47–48, 59, 77, 217, 220
根拠　15, 20–22, 24, 27–28, 41–44, 224
根拠づけ　15–16, 20–21, 24, 26–28, 30, 42, 50–51, 55–57, 60, 74–75, 77, 85–86, 115, 123, 172, 184, 190
　　法律家的──　51–53, 57
コンサーヴァティヴ　77, 86, 89–94, 96

さ　行

サードオーダーの観察　(→観察)
差異　124
　　──の仕分け人　94, 97
　　──を仕分ける裁判官　89–90, 95
再帰　128
　　──性　16, 28
最高裁判所（日本）　212–14, 216
再生産　18
再転写　209
サイバネティクス　24
裁判　3–7, 9–11, 15, 28, 30, 54, 79, 116
　　──実務　61
　　──所　10, 19, 27, 52, 211

──の結果　111, 165–88, 218
　　──例　42, 46, 50
裁判官　7, 28, 33, 39–40, 54, 59–62, 64–67, 69–74, 76–97, 99, 158, 161
　　──による決定　72, 76
　　──による法創造　73, 80–81, 84, 88
　　差異を仕分ける──　89–90, 95
　　両極的──　91–95, 97
サイモン, H.　38
サヴィニー, F.C. v.　102–04, 116–17
先取り的反応　28
作動　16–18, 23, 32, 35, 110, 128
サブディーラー事件　211, 219
サブリース判決　195–202
サマーズ, R.　45, 170
サルターティ, C.　101
参照　31
ザンブーク, T.　119
自己観察　16, 18–19, 23, 32, 41, 43, 54, 129
　　論証の──　21
自己記述　32
自己規定性　8
自己参照　23, 31–34, 115, 121, 128, 146, 156
自己塑成　16, 18, 27–28, 34, 43, 56, 120–21, 128–29, 184
自己適用　23
　　──論理　44, 53, 56, 137
事実関係　21
事実的契約関係　18
自照　19
　　──性　19, 35, 130
　　──的　129
システム
　　──社会学　124, 137
　　──理論　8, 106, 108, 127, 131
　　社会──　32
　　心的──　20, 36
　　政治──　7, 59–61
　　法──　7–8, 16–19, 26, 30–33, 35, 37, 41, 44, 46, 52, 54, 56, 117, 124, 146, 147, 150, 156, 158, 172, 183–84, 206, 223
自然法　104
実際の結果　38
実践　27, 43
指定　19
司法的合理性　18
市民社会　124

市民法　116
下井隆史　224
衆議院議員定数違憲判決　213–19
自由主義　59–60
シュトルム, T.　100
シュミット, K.　136
シュルスキー, H.　18
シュルツ, W.　126
シュレーダー, J.　19, 145
上告審　60
　　──裁判所　3
照射作用論　179
冗長性　25
承認　35, 37
条文　23, 73, 84–85, 158, 218, 220, 221, 222
情報　25–27, 30, 37, 41–44, 54, 121
　　──加工　25
所有権　113
シラー, J.C.F. v.　99–100
自律　154
　　──的　113
信玄公旗掛の松事件　226
随意条項　114
推論　219–20
スペンサー – ブラウン, G.　20, 22, 25, 31, 36, 124, 147
スミス, A.　124
スメント, R.　136
正義　34, 49, 52, 94, 106, 116, 152
制限　70–71, 77, 81, 84–85
　　──された能動家　88–89, 91, 97
政治システム　7, 59–61
政治文化　95, 97
正当化　56, 133
正統化　106
制度経済学　124
制度的契約　205–08
セカンドオーダーの観察　(→ 観察)
世間知　33
節度　34, 94
全体社会システム　138
センチュリータワー事件　195
前提　201, 225
先例変更　26
相応性　175, 178
相互性　126
創出　27, 43

索　引　233

相続放棄（DDRでの）　112
疎外　63

た　行

竹中悟人　225
多数説　30
脱パラドクス化　4, 106, 132
妥当　18
田中英夫　228
中庸　34, 91, 101
中立性　80–81, 90
提案　223
定式化　202, 219
抵触　160
　　——法　10
適応法学　112
適用論　127
テクスト　19–20, 22–24, 26, 35, 42–43, 46, 48, 65, 83, 100, 105, 120, 147, 149, 218, 220
手続化　130
転写　31, 206
　　内部——　31–33, 115, 121, 128, 147
ドイツ　4, 7, 38, 111, 145–47, 153, 189, 226–27
　　——歴史法学派　102
　　——連邦憲法裁判所　4, 165–88
トイプナー, G.　i–ii, 16, 26, 121, 226–27
トヴァースキ, A.　5
ドゥオーキン, R.　9, 80, 90, 151, 160, 163
答責性　49
トーピク　152–53, 159
独立性　92–93
ドナチスト論争　216
トポス論　19

な　行

内部転写　31–33, 115, 121, 128, 147
二項対立　20
西川洋一　228
日本　189–229
　　——国憲法　216–17
認知的開放性　41
認知的予期　32
ネットワーク　226
ネル, K. W.　228
能動家　87–88

制限された——　88–89, 91, 97
能動的な裁判官　86, 93, 95

は　行

ハート, H. L. A.　35
ハーバマース, J.　117–18, 125, 137, 139
媒質　34, 151, 184
パウル, J.　122, 139
パヴロフスキー, H.-M.　171–172
破毀院　147–48, 153, 164
ハッセマー, W.　i, 30
原田慶吉　227
パラドクス　3–4, 8, 15, 29, 103–04, 106, 126, 130, 132
ハルトマン, N.　145
判決　3, 19, 26, 28, 74–75, 78, 85, 95, 152, 189
　　——の結果　115
　　——発見　60–61, 64
バンコウスキ　47
反証可能性　221
反対論拠　87
判断　74–75
万端性　7–9, 25–28, 30–31, 33–34, 37, 42–44, 121–22, 137, 166, 183–85, 210, 213
範疇横断的　46–47
パンデクテン法学　145
ビーレフェルト・サークル　i, 45
裨益　131
ビスマルク, O. v.　123
批判哲学　106, 131
批判理論　8
ビュドリンスキ, F.　170
評価法学　103
平井宜雄　189–90, 193, 219–21, 224
比例原則　175
ファーガソン, A.　119
フィーヴェック, T.　145
フィードバック　16
フィッシュ, S.　62
フーゴ, G.　102
フェミニズム　38, 90
フォイアーバハ, A.　63
フォルストホフ, E.　136
付加価値　116
不確実性　29
不確定性　8, 15, 126, 128

複雑性　51, 70
藤原正則　226–27
フッサール, E.　20
ブフタ, G. F.　102
プラクシス　120–21
フランス　38, 174, 201
分節　220
ヘアベルガー, M.　111
ヘーゲル, G. W. F.　116, 124
ヘック, P. v.　117, 222, 229
ヘルメノイティク　146–47
弁護士　81–82
ポイエーシス　120–21
法　72, 100, 119, 149
　通用している──　17
法／非法　16–18, 29, 110, 116, 120, 124, 137, 221
法益　178
　──衡量　29–30, 184
法化　118
法解釈　52, 145, 149
　──論　i, 3–4, 9, 25, 33, 46, 54–55, 101–02, 104, 110–11, 117, 127, 131, 133, 146, 150, 152–53, 156, 158, 160, 166, 175, 181, 194
法学　101–03, 107, 111, 117, 149
　──者　54
　──的論証　（→論証）
法規　11, 105
法規制　109
法規範　5
法源　56, 100, 104–05, 146
法原理　105
方策　67, 82–87, 94–95
法システム　7–8, 16–19, 26, 30–33, 35, 37, 41, 44, 46, 52, 54, 56, 117, 124, 146, 147, 150, 156, 158, 172, 183–84, 206, 223
法社会学　3
法条　67
　──への忠実　62
法性決定　197, 225
法制度　104
包摂　25, 160, 163
法体系　101
法治国家　59
法的
　──結果　38

　──決定　3–7, 9–10, 15, 30
　──原理　30
　──拘束　68
　──根拠　111, 115, 165–88
　──状況についての処理　17
　──パラダイム　196, 206
　──方法論　104
　──論証　（→論証）
法適用　170–71
法の規範性　108
法の実定性　108
法の仕分け　126
法発見　156
法文化　31, 77, 99
方法論　3
法源実証主義　30
ホウムズ, O. W.　74–76, 79
法命題　105
法律　54, 124
　──学　102–03, 111, 117, 155
　──実証主義　146, 222
　──への拘束　69, 94
　──論　ii, 30, 120
　書かれた──　116
法律家　8, 10, 15, 18, 22, 37, 56, 67, 72, 102–03, 105, 110, 119, 128, 145, 155, 165, 172, 184, 220–23
　──の解釈　55
　──の決定　56
　──的根拠づけ　51–53, 57
　──的作業　68, 84, 97
　──的判断　78
　──的方法　102, 117
　──的方法論　104
　──的論拠　5, 88
　──的論証　（→論証）
法理論　i, 3, 29
ホーフェルド, W. N.　75, 79
ホーマン, K.　117–18
星野英一　220–22, 229
補償　48–50, 181
ホッブズ, Th.　59
堀米庸三　228

ま　行

マクロ正当化　190
マコーミック, N.　i, 9, 36, 38, 41–57, 150,

170, 190, 218, 221
松下企業年金訴訟　（→ 企業年金訴訟）
マルクス，K.　63, 123
ミクロ正当化　190, 194, 224
ミニマリスト　80, 85
ミニマリズム　77, 81
ミュラー，W.　170
民主主義　59
民法　132–33, 139, 145, 147, 157–59, 166, 176, 191–92, 201, 219–20
ムーア，M.　220
村上淳一　229
命令　54
メンゴーニ，L.　4, 6, 19, 145–164, 222
モリィ，J.　201, 225

　　　や　行

予見　11
予測可能性　6, 34, 50

　　　ら　行

ラーバント，P.　102
ラーレンツ，K.　170–71, 182
ライザー，L.　117, 119
ライヒ裁判所　191, 193
ライプニツ，G. W.　158
ラズ，J.　42
ラデーア，K.-H.　36
利益　32–34, 40–42, 52, 75, 131, 211, 215
　　──衡量　9, 29–30, 34, 39, 42, 44, 151, 184, 211, 213, 222–23
　　──考量　221–22
　　──法学　33, 103, 105, 229
リオタール，J.-F.　24
リスク　41, 87, 108, 138, 141, 167, 202
立法　60–62, 79, 103, 137
　　──者　222–23
　　──部　61–62
リベラル　77, 86, 88–94, 96

リュースマン，H.　169
良識　49
類推　46
ルーマン，N.　i–ii, 7–8, 15–40, 41–45, 51, 53–54, 56, 106, 111, 115, 117–25, 137–38, 146–47, 151, 156–58, 166, 171–72, 183–85, 190, 209–10, 213, 215, 220–24, 229
レーンクイスト，W.　97
歴史法学　102
連邦憲法裁判所　113, 153
連邦通常裁判所　114, 227
ロック，J.　59
ロットロイトナー，H.　111
ロマン主義　122
論拠　3, 15, 17–18, 21, 24, 37, 46–48, 50, 52, 54, 75, 78–79, 81, 84, 87–88, 96, 185, 189, 190, 197, 207–08, 214, 218–20
論証　7, 15–17, 21–27, 34, 37, 45, 48, 53, 57, 79, 87, 101, 110, 115, 118, 120, 128, 155, 158, 182–83, 189–90, 210, 219–20, 224
　　──作業　19
　　──による区別　（→ 区別）
　　──の我執　20
　　──の自己観察　（→ 自己観察）
　　──のレベル　190, 193
　　──理論　23
　　解釈的──　47
　　「上位」レベルの──　193, 195, 206–07, 209
　　「中位」レベルの──　194, 198, 200, 209–10
　　特殊＝裁判所的な──　7
　　法学的──　220
　　法的──　5, 7, 33, 85, 185
　　法律家的──　ii, 15, 18, 22–23, 30, 42, 44, 53, 55–57, 68, 73, 75, 82, 118, 120–21, 138, 145, 149, 153, 184, 189–90
論争　68

訳者紹介
村上淳一
1933年生まれ．東京大学名誉教授，桐蔭横浜大学終身教授．イェーリング『権利のための闘争』，ルーマン『社会の教育システム』『ポストヒューマンの人間論』など訳書多数．主要著書に『ゲルマン法史における自由と誠実』(1980年，東京大学出版会)，『仮想の近代』(1992年，東京大学出版会)，『〈法〉の歴史』(1997年，東京大学出版会)，『システムと自己観察』(2000年，東京大学出版会)など．

小川浩三
1953年生まれ．桐蔭横浜大学教授．主要著書・論文に「アウグスティーヌスのconsuetudo universae ecclesiaeについて」海老原明夫編『法の近代とポストモダン』(1993年，東京大学出版会)，「中世学識法における判決と慣習法」『法制史研究』46号 (1997年)，『複数の近代』(編著，2000年，北海道大学図書刊行会)，「ローマ法・比較法・民法解釈学批判」村上淳一編『法律家の歴史的素養』(2003年，東京大学出版会)など．

結果志向の法思考
利益衡量と法律家的論証

2011 年 9 月 22 日　初　版

［検印廃止］

編　者　グンター・トイブナー
訳　者　村上淳一・小川浩三
発行所　財団法人　東京大学出版会
代表者　渡辺　浩
113-8654　東京都文京区本郷 7-3-1 東大構内
電話 03-3811-8814　Fax 03-3812-6958
振替 00160-6-59964
印刷所　研究社印刷株式会社
製本所　牧製本印刷株式会社

© 2011 J. Murakami & K. Ogawa, Translators
ISBN 978-4-13-031185-4　Printed in Japan

R〈日本複写権センター委託出版物〉
本書の全部または一部を無断で複写複製（コピー）することは，著作権法上での例外を除き，禁じられています．本書からの複写を希望される場合は，日本複写権センター(03-3401-2382)にご連絡ください．

K・W・ネル著 村上淳一訳 小川浩三解説	ヨーロッパ法史入門 権利保護の歴史	46	2400円
N・ルーマン著 村上淳一訳	社会の教育システム	46	3600円
N・ルーマン著 村上淳一編訳	ポストヒューマンの人間論	46	3800円
村上淳一編	法律家の歴史的素養	A5	3400円
木庭 顕著	デモクラシーの古典的基礎	A5	22000円
木庭 顕著	政治の成立	A5	10000円

ここに表示された価格は本体価格です．御購入の際には消費税が加算されますので御了承下さい．